本书得到河南财政金融学院学术著作出版基金资助；河南省软科学研究项目"绿色创新引领河南制造业高质量发展的路径、效果与对策研究"（212400410506）的阶段性研究成果。

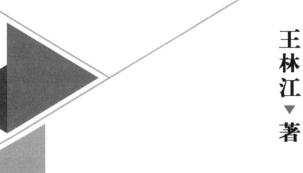

王林江 ▼ 著

对外直接投资溢出效应研究

Research on Spillover Effect of Outward Foreign Direct Investment

经济管理出版社
ECONOMY & MANAGEMENT PUBLISHING HOUSE

图书在版编目（CIP）数据

对外直接投资溢出效应研究/王林江著 . —北京：经济管理出版社，2022. 6
ISBN 978-7-5096-8529-7

Ⅰ. ①对… Ⅱ. ①王… Ⅲ. ①对外投资—直接投资—研究—中国 Ⅳ. ①F832. 6

中国版本图书馆 CIP 数据核字（2022）第 095891 号

组稿编辑：吴 倩
责任编辑：吴 倩
责任印制：黄章平
责任校对：董杉珊

出版发行：经济管理出版社
　　　　　（北京市海淀区北蜂窝 8 号中雅大厦 A 座 11 层　100038）
网　　　址：www. E-mp. com. cn
电　　　话：（010）51915602
印　　　刷：唐山玺诚印务有限公司
经　　　销：新华书店
开　　　本：720mm×1000mm/16
印　　　张：16. 5
字　　　数：287 千字
版　　　次：2022 年 6 月第 1 版　　2022 年 6 月第 1 次印刷
书　　　号：ISBN 978-7-5096-8529-7
定　　　价：78. 00 元

前　言

随着"走出去"战略和"一带一路"倡议的深入实施，作为中国企业"走出去"的主要方式，对外直接投资驶入了高速发展的"快车道"。在中国企业"走"得更广的同时，我们希望其能够更好地"走进去"，更加希望其能"走上去"，以推动国内产业结构转型升级。那么，企业作为"走出去"战略与践行"一带一路"倡议实施的重要载体，快速发展的对外直接投资与企业成长性的关系如何，势必会影响到国家战略目标的实现，也是政府引导企业对外直接投资政策制定和企业对外直接投资决策的科学依据。

不同于西方发达经济体的跨国公司拥有先进的技术、雄厚的资本、丰富的管理经验等，它们为寻求利润而进行海外投资。从技术水平、管理能力等因素来看，中国对外直接投资的大部分企业在全球竞争力上处于劣势，一般向行业综合发展状态高于自身的发达经济体投资，项目规模较小，除华为等少数公司已跻身于国际先进行列外，大多数企业还处在国际化初级阶段，在进行对外直接投资时侧重于"经验获得"，寻求从"逆向溢出"中获益，它们进入海外市场的动机在很大程度上是为了学习先进的技术和管理经验，相对于获取短期利润，有时国际化所包含的学习机会和互补性资产的获取机会显得更为重要，可提升企业竞争力，弥补所付出的代价。"逆向溢出"主要体现在以下三个方面：

第一，合规性逆向溢出。与来自发达经济体的跨国企业相比，新兴经济体跨国企业资源基础较弱，国际化经验不足，使其面临东道国政府和全球管制机构时更为弱势，其规制合法性更容易受到其他组织的影响。此外，对东道国本土公司的经营方式、竞争策略等进行模仿与同构，既可以提高跨国公司的组织合法性，也可以促进其对东道国市场管制的认识，进而能够规避海外直接投资中的外来者劣势。

第二，管理逆向溢出。跨国公司也有意将其海外运营子公司用作新的管理实践的起源，这些新的管理实践随后会应用到整个公司，即企业管理的国际化并不是单向的，不仅仅局限于对海外市场、海外子公司的管理，在海外运营的先进管理理念、管理方法也能"回流"到母公司。

第三，技术逆向溢出。技术上处于劣势的企业仍可以通过对外直接投资进入国外市场，在于其可通过同国外先进技术在距离上的接近来获得技术溢出。

那么，快速发展的对外直接投资是否以及如何影响企业成长？对外直接投资的逆向溢出效应是否会对企业的成长产生影响？目前的学术讨论集中于对外直接投资对公司绩效、技术进步、全要素生产率的影响，鲜有研究讨论对外直接投资的逆向多元溢出效应对企业成长的影响以及将逆向多元溢出效应分别纳入模型进行解析，这也成为本书研究的逻辑起点。本书对上述问题的解释有助于正确评价企业"走出去"对自身成长的影响以及国家"走出去"战略的成效。

基于此，结合对外直接投资已有学术研究，本书首先从纵向的角度出发，认为一个跨国企业从海外获益的多少取决于其对外直接投资的程度，分别用"多国嵌入性""多公司嵌入性"来衡量企业对外直接投资程度；其次将对外直接投资多样性嵌入作为重要前置变量，将公司自主创新能力、内部控制有效性以及社会责任承担水平分别作为中介变量，分别用来衡量对外直接投资在技术、管理、合规性三个方面逆向溢出效应的影响效果，并构建了基于对外直接投资逆向多元溢出的企业成长路径研究框架，深入分析各变量间的关系假设，提出本书研究的关系模型；最后利用中国沪深 A 股非金融上市公司的经验数据实证检验了上述假设命题，并探究其作用机理。

在本书即将付梓之际，感谢本书所引用的各位学者的研究成果。感谢在完稿过程中对本书提出意见和建议的各位专家，感谢你们的不吝批评、指教。感谢经济管理出版社的编辑们在本书立项、审稿、编辑排版过程中进行了大量细致的工作，尤其感谢负责本书编辑的吴倩老师，使本书得以完美地呈现在大家面前。

囿于个人的知识理论水平与能力，本书尚存在不足之处，恳请大家多提宝贵意见。

王林江

2022 年 1 月

目　录

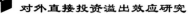

第一章　导论

第一节　研究背景与研究意义

一、研究背景

2000 年之前，中国企业的对外直接投资（Outward Foreign Direct Investment，OFDI）水平较低，2001 年中国政府确立"走出去"战略，随着"走出去"战略和"一带一路"倡议的深入实施，作为中国企业"走出去"的主要方式，对外直接投资驶入了高速发展的快车道。2018 年，中国对外直接投资流量为 1430.4 亿美元，全球占比 14.1%，居全球第二位。截至 2018 年底，中国企业在境外设立对外直接投资企业 4.3 万家，遍布全球 188 个国家或地区，对外直接投资存量达 19822.7 亿美元，全球占比 6.4%，位居全球第三（2018 年度中国对外直接投资统计公报，2019）。当前中国企业对外直接投资呈现规模逐年扩大、领域不断拓宽、实力持续增强、跨国并购日趋活跃等特点，中国企业对外直接投资也更加注重全球产业链布局和本地化运作，"走出去"正迈向更高层次，体现在对外直接投资从资源寻求型转向资源、技术、市场全面寻求型，投资领域从商贸服务扩展到一般制造、高端制造、新兴产业等多重领域，投资形式也在向多元化发展。

中国企业对外直接投资的快速增长，在促进国际资本流动以图合作共赢的同时，更有助于实现资源的全球配置，进而有利于释放企业在国内面临的产业结构调整和转型压力，有利于释放国内经济下行压力下的市场风险，有利于充分利用国际国内两个市场，有效平衡和降低企业单一市场的运营与行业周期性风险，更有利于企业成长。然而，从技术水平、管理能力等因素来看，中国对外直接投资的绝大部分企业同发达国家仍存在较大差距，使得中国企业面临跨国经营水平较低、国际化绩效较差等诸多问题。在中国企业"走"得更广的同时，我们希望其能够更好地"走进去"，更加希望其能"走上去"。那么，企业作为实施国家"走出去"战略与践行"一带一路"倡议以推动国内产业结构转型升级的重要载体，快速发展的对外直接投资与企业成长性关系如何，势必会影响到国家"走出去"战略目标的实现，也是政府科学引导企业对外直接投资和企业合理地实施对外直接投资策略的有力依据。

综上，企业作为实施国家"走出去"战略与践行"一带一路"倡议以推动国内产业结构转型升级的重要载体，快速发展的对外直接投资是否以及如何影响企业成长？进一步地，对外直接投资的逆向溢出效应是否对企业的成长产生影响？目前的学术讨论集中于对外直接投资对公司绩效、技术进步、全要素生产率的影响，鲜有研究讨论对外直接投资的逆向多元溢出效应对企业成长的影响以及将逆向多元溢出效应分别纳入模型进行解析，这也成为了本书研究的逻辑起点。本书对上述问题的解释有助于正确评价企业"走出去"对自身成长的影响以及国家"走出去"战略的成效。为回答上述问题，本书首先从理论机制进行了分析；其次以2010~2017年中国A股上市公司为样本，聚焦于对外直接投资及其逆向溢出效应对企业成长的影响，分别使用对外直接投资哑变量、对外直接投资广度与深度来衡量企业对外直接投资水平，将企业对外直接投资水平作为重要前置变量，将公司自主创新能力、内部控制有效性以及社会责任承担水平分别作为中介变量，来分别衡量对外直接投资在技术、管理、合规性三个方面逆向溢出效应的影响效果，并构建了企业成长理论框架，进一步深入分析各因素之间的关系；最后提出本书研究的实证模型，实证研究了上述问题，并探究其作用机理。

二、理论意义

第一，本书拓展了对外直接投资经济后果的研究文献，为后续研究提供借鉴。本书从对外直接投资进行海外多样性嵌入入手，考察了海外多样性嵌入的逆向多元化溢出效应对企业成长的影响，进一步丰富了企业对外直接投资行为产生的经济后果的文献。

第二，本书在一定程度上丰富了企业成长理论。本书探究了企业对外直接投资在不同情境下对企业成长的异质性影响，并分别考察了自主创新、社会责任履行在二者之间的中介作用，以及公司内外部治理机制对社会责任中介作用的调节机制，丰富和拓展了国际直接投资理论、跨国企业成长机理的相关研究，对跨国企业在发展过程中提升自身竞争优势具有重要的理论价值。

第三，本书的研究结论在一定程度上丰富了资源基础理论在企业层面的应用研究。本书从资源基础观的角度阐明了对外直接投资对企业社会责任履行与企业成长的作用关系，在一定程度上完善了资源依赖理论中企业追求资源的获取对企业成长的影响机制。

第四，本书丰富了新兴市场国家企业社会责任履行的相关文献。关于对外直接投资与企业社会责任履行关系的研究，多以发达国家企业为样本，可能囿于经济发展水平和对外直接投资的开展程度，在新兴市场国家中对外直接投资与企业社会责任履行的相关实证非常少。虽然中国对外直接投资起步较晚，但发展速度非常快，加之制度环境、文化差异和企业自身能力的差距，使得中国企业对外直接投资对其社会责任履行的影响可能与发达国家或地区有所差别，因而本书的研究将进一步丰富新兴市场国家企业社会责任的文献。

第五，本书也有助于组织学习理论的发展。关于组织学习和知识吸收的发现和假设主要基于对发达国家跨国公司的研究，对于新兴市场经济体的海外子公司是否以及如何通过其独特的组织学习方式来促进公司整体创新，研究甚少。本书基于中国情境的研究成果，丰富了组织学习理论。

三、现实意义

首先，为政府制定对外直接投资政策与跨国企业更好地成长提供理论依据和经验借鉴。在国家推进"一带一路"倡议、经济结构转型升级的背景下，本书检验了中国对外直接投资通过多元溢出效应对企业成长的影响，为政府更好地引导、监管企业的对外直接投资行为，更好地服务实体经济发展提供参考，同时为跨国企业更好地成长提供理论依据和实践指导。

其次，有助于准确判断中国企业对外直接投资作为一种学习工具的有效性。长期以来，人们一直认为对外直接投资可以成为新兴市场企业学习先进技术和管理实践的重要途径，基于此，本书研究了对外直接投资对企业成长的影响及作用机制，为企业提升国际学习效果或从跨国学习的角度来推动中国企业的对外直接投资提供经验与建议。同时，所得研究结论对其他发展中国家的跨国公司运营也具有重要启示意义。

最后，为跨国企业实施社会责任战略提供理论支持与实践建议。当今国际市场上利益相关者的利益保护、履行社会责任、倡导价值投资等呈日益增强的趋势，本书关于企业在对外直接投资过程中社会责任履行的研究，有利于进一步打开社会责任履行对企业成长的作用"黑箱"，对于中国企业在"走出去"过程中如何有效实施社会责任战略与管理具有较为重要的现实指导意义。

第二节　研究现状与研究框架

一、中国对外直接投资的特性

（一）中国企业对外直接投资发展的制度驱动性

自 2001 年确立"走出去"战略以来，在中国政府对企业跨境投资的大力支持和引导下，对外直接投资进入了快速发展的轨道。商务部数据显示，2002～2016 年我国对外直接投资流量年均增速高达 35.8%，2017 年国家加强对海外投资的真实性和合规性审查，使当年对外直接投资出现近 14 年来的首度下降，同比下降 19.3%，但对外直接投资行业结构更趋优化，且仍位居全球第三。中国影响企业对外直接投资的相关政策是随着"走出去"战略的发展而推进的。这一战略旨在通过进一步减少或消除企业跨国投资的阻碍，来增强中国跨国企业竞争优势。

当前中国企业对外直接投资呈现规模逐年扩大、领域不断拓宽、实力持续增强、跨国并购日趋活跃等一系列特点，且中国企业海外投资更加注重全球产业链布局和本地化运作，"走出去"正迈向更高层次，体现在对外直接投资从资源寻求型转向资源、技术、市场全面寻求型，投资领域从商贸服务扩展到一般制造、高端制造、新兴产业等多重领域，投资形式也在向多元化发展。

可以看出，得益于中国制度因素的驱动，中国的对外直接投资发展迅猛（关鑫和齐晓飞，2018），因而制度力量可能对中国跨国公司的国际化扩张决策产生深远的影响（Buckley et al.，2007），如有的对外直接投资项目可以被视为政府发展计划的一部分，在很大程度上影响了对外直接投资的结构。中国对外直接投资具有其特有的要素驱动机理（高鹏飞等，2019）。资本、技术、管理和信息等直接诱发要素可以统称为生产要素驱动因素，是任一国家对外直接投资都不能缺少的决定因素。中国对外直接投资决定因素还包括由技术创新和制度创新所组成的"创新驱动因素"，制度创新驱动是中国对外直接投资的特色，源于中国对外直接投资大多情况下通过顶层设计后向下传导，从"走出去"战略的提出与推进，再到"一带一路"倡议的实践都体现出制度经济学范式的特征。

从发达国家对外直接投资的典型化事实来看，发达国家跨国公司的母公司主要集中于从事研发等总部密集型活动，即创造跨国公司的"所有权优势"，而将生产、加工等劳动力密集型活动外包给海外子公司或其他企业，导致母公司对技术人员、管理人员等熟练劳动力的需求高于生产人员，优化母公司员工结构。然而对于所有权优势相对缺乏的中国企业来说，我国企业对外直接投资的动机是为了获取海外技术和资源，从而更好地发挥国内企业的相对成本优势，服务于海外市场和国内市场需求。虽然相对于发达经济体，中国海外投资所有权、内部化优势等不明显，但也有自身的比较优势，如中国的对外直接投资不同于西方的重大创新就在于从国家战略层面推动对外直接投资增长，"走出去"战略通过国家层面的制度支持，能够帮助企业降低"外来者劣势"，并为其提供制度上的保障，进而有利于降低不确定性和交易成本。这也有助于解释当前中国企业海外投资迅猛发展的行为。

综上，对外直接投资应当视为中国经济发展战略的一部分而不仅仅是企业的自发行为，即不是完全以企业选择和企业行为作为"走出去"的基础，而是以国家战略、政府支持、企业行为和市场行为共同构成"走出去"的基础（王跃生和陶涛，2010）。

（二）中国企业对外直接投资动因分析

自20世纪初确立"走出去"战略以来，在中国政府对企业跨境投资的大力支持和引导下，中国企业对外直接投资进入了快速发展的轨道。国内外学者针对中国企业对外直接投资动因进行了解释。在国际直接投资理论中，通常将OFDI动机分为自然资源寻求、市场寻求、效率寻求和战略性资产寻求四种（Dunning and Lundan，2008）。当前，中国企业对外直接投资动因有其更加多元化的自身特征，除上述四大动因之外，还有国家战略利益寻求动因，即提升本币金融影响力、分散外汇资产风险、提升本国政治经济综合影响力等，这在"一带一路"倡议的推进中得以很好的体现（高鹏飞等，2019）。

在研究中国企业对外直接投资动因的结论中，较多学者认为战略性资产寻求是中国企业对外直接投资的最主要动因。不同于西方发达国家跨国公司拥有先进的技术、雄厚的资本、丰富的管理经验等，它们为寻求利润而进行对外直接投资，中国企业大多在全球竞争力上处于劣势，一般向行业综合发展状态高于自身的发达国家投资，项目规模较小，除华为等少数公司已跻身于国际先进行列外，大多数企业还处在国际化初级阶段，寻求成本最小化并不是中国企业对外直接投资的主要动机，这主要源于国内生产成本仍占据优势，使中国企业更有可能在国内而非中国以外的低成本地点建立生产设施，它们进入海外市场的动机很大程度上是为了学习先进的技术和管理经验，相对于获取短期利润，国际化所包含的学习机会和互补性资产的获取机会显得更为重要。如 Walcott（2014）以中国在美国东南部三个州（北卡罗来纳州、南卡罗来纳州和乔治亚州）的对外直接投资行为为例，结合同研究机构、州商务部门以及公司等的访谈资料，研究发现中国公司进入的主要目的是寻求利润丰厚的市场和在特定领域的先进知识；Chen 等（2012）认为新兴市场跨国公司的 OFDI 倾向于减少利用现有的所有权优势，而更倾向于增强在获取新知识时公司特定的优势。对外直接投资是企业在获取战略性资产的许多选择中存在争议但也是最有效的方法（Chung and Alcácer，2002），特别是对于新兴市场企业来说尤其如此，且对于一些财务实力雄厚的企业来说，传统的逐步国际化可能太慢，他们倾向于通过收购在技术、品牌、分销网络等方面拥有战略资产的外国公司来加速其国际化（Deng，2009；Madhok and Keyhani，2012），发挥并购双方公司的协同效应，增强收购方公司在国内和东道国的竞争力。因而，战略性资产寻求型对外直接投资可用来解释中国企业如何通过对外直接投资来减弱自身的竞争性劣势（Child and Rodrigues，2005；Mathews，2006；王碧珺，2013）。

为了解释中国的对外直接投资行为，需要将三个特别因素，即资本市场不完善、特殊的所有权优势和制度因素考虑到跨国公司一般理论中（Buckley et al.，2007），如关鑫和齐晓飞（2018）从制度理论视角，基于中国省际 OFDI 流量数据来探究政府政策动机对 OFDI 的影响，研究发现制度因素显著影响了对外直接投资，且对于不同的所有权类型，制度因素的作用也不完全相同。

综上，中国企业对外直接投资应当视为中国经济发展战略的一部分而不仅仅是企业的自发行为，可见，中国的 OFDI 是在一种非成熟市场经济下由政府主导和推动的对外直接投资模式，企业对外直接投资动因包含获取战略性资产、自身利润最大化和国际化发展的企业目标以及获取战略性资源、加速知识创新、促进国内产业升级、提升国际竞争力的国家目标。因而，中国企业的对外直接投资行为是企业目标与国家目标综合作用的结果，能够对企业成长产生积极的影响。

二、对外直接投资的逆向多元溢出效应

（一）对外直接投资逆向溢出

对于发展中国家企业而言，对外直接投资一方面优化企业资本配置，另一方面可以学习到先进技术、管理经验等，对于企业持续发展具有重要意义，主流观点认为，对外直接投资可以通过"逆向溢出效应"为企业带来正的外部性。本书把逆向溢出效应大致归纳为以下三类。

第一，逆向技术溢出。自内生增长理论产生以来，国际技术溢出论题就成为经济学研究领域的一个重要论题。技术上处于劣势的企业仍可以通过对外直接投资进入国外市场，在于同国外先进技术在距离上的接近可以获得技术溢出（Siotis，1999），从而在理论上证明了 OFDI 逆向技术溢出的可能性。作为后发国家，技术外溢效应是新兴市场国家技术进步的重要途径之一。在中国推进"创新驱动"战略以促进产业结构升级的背景下，国内学者大多从逆向技术溢出视角来验证 OFDI 对企业技术进步效应的存在性、差异性（李梅和柳士昌，2012；毛其淋和许家云，2014；赵宸宇和李雪松，2017；李东阳等，2019），基本厘清了逆向技术溢出的技术进步效应的主要作用机制和影响因素，在宏观和微观层面进行了有效的验证。而企业自身的技术进步是企业成长的重要途径。

第二，逆向管理知识溢出。跨国公司也有意将其外国运营单位用作新的管理实践的起源，这些新的管理实践随后会转移到总部和整个公司（Edwards et al.，2010），即企业管理的国际化并不是单向的，不仅仅局限于对海外市场、海外子公司的管理，在海外运营的先进管理理念、管理方法也能回流到母公司，形成逆向溢出效应。新兴市场国家的企业，在跨国经营能力组合中的差距不仅涉及技术和品牌，还涉及跨文化管理或收购后的整合管理，尤其是相关的关键管理能力（Arp，2014）。新兴市场国家大多数有对外直接投资项目的企业仍处于"国际化"的早期阶段，传统上将其视为渐进的成长和学习周期的过程（Johanson and Vahlne，2009）。鉴于跨国公司在"外国"条件下如何运营的经验知识有限，许多对外直接投资旨在促进公司学习管理知识以提升自身能力（Meyer and Thaijongrak，2013)。管理知识，包括企业管理知识产权的现有禀赋及其管理和组织实践，在决定企业竞争力方面发挥着重要作用。可通过多种渠道学习先进管理知识：首先，海外新建子公司招聘当地的具有公司管理经验的人才或并购成立的子公司留用原来的管理人才，通过让其参与公司的管理，获得新的管理知识，转移回流到母公司的管理实践中。其次，海外子公司可以观察学习其上下游的供应商、客户及竞争对手的管理方法，以提升公司的管理水平，应对公司管理的国际化要求。而公司管理水平的提高有助于弱化委托代理问题，降低信息不对称程度（Altamuro and Beatty，2010)，增加公司经营的安全性，进而有助于公司的成长。

第三，逆向合法性溢出。合法性溢出是指不同组织由于"认知上相关"，其合法性会互相影响，如跨国公司中单元组织的合法性会传递给其他组织，合法性的溢出有正面和负面之分，正面的溢出有利于组织合法性的增强或维持，而负面合法性溢出则会严重损害已有的组织合法性（Kostova and Zaheer，1999）。与来自发达国家的跨国企业相比，新兴经济体跨国企业不仅天生带有母国不完善的制度环境所刻下的"烙印"，而且资源基础较弱，国际化经验不足，使其面临东道国政府和全球管制机构时更为弱势，其规制合法性更容易受到其他组织的影响。如社会对环境管理的期望，欠发达国家的子公司并未在东道国传达不良的环境绩效，相反，他们采取了对环境负责的做法，同时考虑了财务和声誉收益，以表明他们对环境保护的承诺并提高公司的环境合法性（Zeng and Eastin，2012）；魏江和王诗翔（2017）通过案例研究发现，海外子公司通过合法性溢出能够影响其他海外子公司和母国总部合法性。此外，对东道国本土公司的经营方式、竞争策略等进行模仿与同构，既可以提高跨国公司的组织合法性，也可以促进其对东道国市场管制的认识，进而能够规避对外直接投资中的外来者劣势。

（二）逆向多元溢出与组织学习

对外直接投资的溢出效应还取决于公司作为溢出接受者的作用，即对外直接投资的溢出涉及公司国际学习的过程，从组织学习的角度，对外直接投资的溢出效应实际发生，有两个因素非常重要，即国内企业向海外企业和市场学习的机会，以及国内企业向海外企业和市场学习的能力。对外直接投资可以通过子公司嵌入不同国家的环境，学习不同技术、管理实践和文化价值体系，来增加企业的学习机会，反过来又会对国内母公司产生积极的溢出效应。特别是新兴市场的国内企业更希望从发达市场的同行那里探索与学习技术和管理实践（Hitt et al.，

2006）。此外，对外直接投资对企业成长的影响取决于国内企业的学习能力，如消化吸收能力，在组织学习中的重要性已在管理和战略文献中得到了很好的研究（Zahra and George，2002）。

三、研究框架与内容

综上，目前中国企业对外直接投资行为是企业目标与国家目标综合作用的结果，一方面是国家的产业结构转型升级，另一方面是企业的"增值、增效"及可持续发展，使得对外直接投资的战略性资产需求更为重要。在本书的研究框架中，对外直接投资程度可以从三个方面进行概念化：①子公司所在国家或地区的社会制度多样性；②子公司进入国外市场中的技术多样性；③子公司进入国外市场中的管理多样性。因此，对外直接投资程度反映了跨国公司所面对的国外社会制度、技术和管理技能的变化，通过"多国嵌入""多公司嵌入"，基于逆向"溢出"效应可从与当地知识库的互动以及不同国外市场的影响中，学习先进的制度、技术和管理技能，使得自身能力得以提升，从而可能有助于企业成长。本书使用公司自主创新能力、内部控制有效性以及社会责任承担水平，来分别衡量对外直接投资在技术、管理、合规性三个方面逆向溢出效应的影响效果，并进一步探究其对企业成长的影响效应。本书的主要内容安排如下：

第一章为导论，包括研究背景、研究框架构建，研究目的、思路与创新点。

第二章为对外直接投资基础理论与影响效应。包括对外直接投资理论、企业成长理论、资源基础理论、利益相关者理论等基础理论，企业对外直接投资、自主创新、内部控制有效性、社会责任与企业成长之间关系的相关文献梳理以及评述。

第三章为对外直接投资对公司社会责任承担、企业成长影响的经验研究。该章节首先分析了对外直接投资对企业社会责任履行的影响，在此基础上，进一步研究东道国制度质量、产权性质、所处行业、公司治理水平等因素对两者关系的影响；其次研究了对外直接投资对企业成长的影响，并进一步探究产权性质、内部控制、境外机构持股等公司内外部因素对两者关系的影响；再次探究了社会责任履行对企业成长的影响，并进一步研究产权性质、分析师关注、境外机构持股等因素对两者关系的影响；最后检验了社会责任履行在对外直接投资与企业成长之间的中介效应，并进一步研究了内部控制有效性与分析师关注作为公司内外部治理机制所发挥的调节效应。

第四章为对外直接投资对企业内部控制有效性、企业成长影响的经验研究。该章节在研究对外直接投资对企业内部控制有效性影响的基础上，进一步研究分析师跟踪、进入模式、是否有合格境外机构投资者（QFII）持股、是否在发达国家拥有子公司以及是否在避税地拥有子公司等内外部因素如何影响两者之间的关系。

第五章为对外直接投资对企业自主创新能力、企业成长影响的经验研究。首先，该章节在研究对外直接投资对企业自主创新能力影响的基础上，进一步研究企业吸收能力、产权性质、进入模式、是否有 QFII 持股、是否在发达国家拥有子公司以及是否在避税地拥有子公司等内外部因素如何对两者之间的关系产生影响；其次，探究了自主创新对企业成长的影响；最后，研究了自主创新能力在对外直接投资与企业成长之间的中介效用。

第六章为总结与建议，包括本书的主要研究结论、政策启示，研究的局限性和对未来研究的展望。

本书构建的基本研究框架如图 1-1 所示。

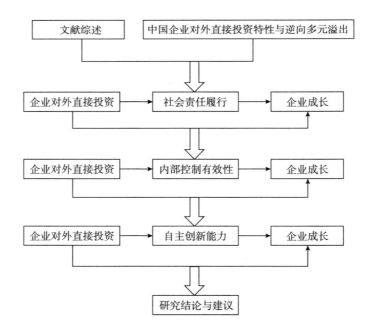

图 1-1　本书的研究框架

第三节　研究目的、思路与创新点

一、研究目的与方法

（一）研究目的

随着中国政府"走出去"战略的推进，企业对外直接投资迅猛发展。在国家当前实施"一带一路"倡议、"创新驱动"发展战略以及倡导"合作共赢"的大背景下，中国对外直接投资进入新阶段，全面推进双向开放，支持企业扩大对外直接投资，融入全球产业链、价值链、物流链，同时政府已开始更注重对外直接投资的质量与企业的可持续发展。那么，接下来的问题是，我国企业大规模"走出去"是否以及如何影响企业成长？进一步地，对外直接投资的逆向溢出效应是否对企业的成长产生影响？据此，对上述问题的解答就成为本书的研究目的，基于企业成长的视角，本书探究了对外直接投资的逆向多元溢出效应在企业对外直接投资与企业成长关系之间扮演的角色。本书期望通过对上述问题的解答能够为政府制定对外直接投资相关政策和企业有效实施对外直接投资战略提供理论依据和经验借鉴。

（二）研究方法

本书采用定性分析和定量分析相结合的方法，在归纳分析国内外文献的基础上，结合中国制度背景，提出理论框架和研究假设，建立回归模型进行实证研究。本书采用的主要研究方法如下：

1. 文献研究法

主要通过对对外直接投资、自主创新、内部控制、社会责任、企业成长相关文献的回顾与述评，论证之间的关系，为本书构建对外直接投资的逆向多元溢出效应与企业成长的理论框架提供理论依据。

2. 实证研究法

本书以实证研究法为主，选取 2010~2017 年中国沪深 A 股非金融上市公司作为研究样本，搜集并整理公司年报、国泰安数据库、万得数据库等二手数据，分别采用主要变量差异检验、普通最小二乘法回归模型，在稳健性检验中，采用

PSM 方法、工具变量法、Heckman 两阶段模型等方法减弱内生性问题的影响，并考虑了更换回归方法、主要变量的替代，控制了可能的遗漏变量等，进一步对回归结果进行了验证。

二、研究思路

本书从对外直接投资的动因出发，探究对外直接投资逆向多元溢出效应对企业成长的影响，并分别考虑自主创新、内部控制有效性、社会责任履行在对外直接投资与企业成长之间的可能作用，结合对外直接投资已有学术研究，构建本书的研究框架。首先，在对外直接投资过程中，获得并有效利用外部资源，特别是发达国家的先进技术、创新知识资源以及管理经验，有助于促进中国企业"增效、增值"。其次，社会责任是中国跨国企业更好地"走进去"和更好地执行"走出去"战略的关键；组织学习理论认为国际化的过程是组织自我学习的过程，也是企业社会责任学习的过程（Cho et al.，2015），在国际化过程中，新兴市场国家的跨国公司在社会责任学习需求和能力方面会迅速上升，进而提高社会责任水平（Zeng et al.，2015），有助于企业获取声誉资本、关系资产等资源，从而影响境内对外直接投资企业能否"走上去"，即是否有助于企业成长。据此，本书基于企业成长的视角，创建一个整合"企业对外直接投资—多元溢出效应—企业成长"的研究框架，探究企业对外直接投资的溢出效应。

基于以上研究主题，首先，在对国内外相关文献进行分类梳理的基础上，找出与本书研究主题密切相关的学术研究文献，进行理论分析，提出本书的研究假设；其次，根据研究内容，搜集、整理所需数据；再次，根据理论分析构建模型，对研究假设进行实证检验；最后，得出研究结论及启示，指明本书的研究局限及未来研究方向。

三、创新点

本书的主要创新点如下：

第一，对 OFDI 海外多样性嵌入的关注与以往的研究视角不同。以往文献大多基于企业是否有 OFDI 的二元逻辑来研究对外直接投资对企业的溢出效应，而对外直接投资不是企业统一的跨境资本流动，且在许多方面都存在差异；本书从纵向的角度出发，认为一家跨国企业从海外获益的多少取决于其对外直接投资的国际化程度，分别用"多国嵌入性""多公司嵌入性"来衡量企业对外直接投资的国际化程度，OFDI 海外多样性嵌入更大可能通过接触学习不同的技术和管理技能，提高国内公司的知识积累，也更有可能找到这些知识要素的新的、有效的组合，来应用于自身的技术和管理实践。

第二，探究了对外直接投资的逆向管理溢出效应。本书基于管理知识逆向溢出效应和组织学习效应，依据中国情境下，研究对外直接投资的海外多样性嵌入对企业内部控制有效性的影响。

第三，丰富了新兴经济体企业通过对外直接投资促进社会责任履行以及企业成长的情境理论。迄今国内研究主要是在传统的国际化理论框架下研究跨国经营的经济后果，本书基于资源基础理论、利益相关者理论等，从中国企业对外直接投资的主要动因出发，构建"走出去—走进去—走上去"的研究框架，研究对外直接投资促进企业社会责任履行及企业成长的影响机制，丰富了新兴经济体国际直接投资理论、跨国企业成长机理的相关研究。

第四，研究了对外直接投资影响中国上市公司社会责任履行的机制。已有研究主要限于发达经济体，与发达经济体的跨国经营公司相比，中国企业对外直接投资比较优势不显著，跨国经营的经验不足，且公司内部治理结构、面临的国内市场环境都与发达经济体跨国公司有较大差异。据此，本书基于中国情境下的研究能够为新兴资本市场上对外直接投资对企业社会责任的影响提供独特而重要的经验证据，与现有文献形成了较好的互补。

第五，探讨了企业履行社会责任与企业成长的相容性。以往文献对企业为何履行社会责任的研究主要集中于社会责任履行对企业财务绩效的影响，而本书对这一问题的研究是基于中国企业通过对外直接投资进行国际扩张的情境下，把能够给企业带来声誉资本、关系资产等资源作为企业社会责任履行影响企业成长的"桥梁"，进而为解释这一问题提供一种新视角。

第二章 对外直接投资基础理论与影响效应

当前中国企业对外直接投资呈现规模逐年扩大、领域不断拓宽、实力持续增强、跨国并购日趋活跃等一系列特点，且中国企业对外直接投资更加注重全球产业链布局和本地化运作，"走出去"正迈向更高层次，体现在对外直接投资从资源寻求型转向资源、技术、市场全面寻求型，进一步地，更好地"走进去"，从而更好地融入全球产业链，以期获得并有效利用外部资源，特别是发达国家的先进技术、创新知识资源以及管理经验，从而有助于促进我国企业"增效、增值"，更好地"走上去"。鉴于此，本章从国际直接投资理论发展分析中国企业对外直接投资动因及其效应，并着重对对外直接投资、社会责任履行与企业成长之间关系的相关研究文献进行梳理。

第一节 基础理论与评析

一、对外直接投资理论

国际直接投资理论以往的研究主要集中在发达国家的跨国公司，这些公司一般遵循渐进式的国际化过程，以投资收益最大化为主要动因，而以中国为代表的新兴市场国家的经济崛起，对外直接投资快速增加，但其对外直接投资显著不同于发达经济体的跨国公司，用主流国际直接投资理论如厂商垄断优势理论、比较优势理论、市场内部化理论以及国际生产折衷理论，均不能很好地解释发展中国家的对外直接投资问题。不过，随着发展中国家对外直接投资活动的陆续开展，相关研究理论也得以发展。鉴于此，本书首先分析了几个适合阐释发达国家对外直接投资的主流代表理论，其次选择了一些有助于解释发展中国家对外直接投资问题的理论，最后结合以上理论，分析中国企业对外直接投资动因及其效应。

（一）适合于阐释发达国家对外直接投资的主流代表理论

1. 厂商垄断优势理论

厂商垄断优势理论由美国经济学家海默（Hymer）于1960年在其博士论文中首次提出。该理论认为市场不完全是跨国企业垄断优势产生的根源，这些优势来源于先进核心技术、管理能力、资金、规模经济等方面，成为企业实现对外直接投资利益的条件。该理论的重要贡献在于首次以垄断优势概念来解释国际经营行为，开辟了最早的国际直接投资理论的研究领域，标志着独立的国际直接投资理论的形成。

厂商垄断优势理论较好地阐释了知识密集型产业国际直接投资现象，也为发达国家之间的"双向投资"现象提供了理论基础。但是无法阐释跨国企业扩大的情形，带有微观厂商理论色彩和贸易替代作用的观点。研究对象主要是美国等发达国家，不能涵盖发展中国家的对外直接投资活动。

2. 比较优势理论

比较优势理论由日本大学教授小岛清于1978年提出。小岛清认为，一国的对外直接投资应该按照一定的顺序进行国际直接投资，即从本国所有产业系列中已经处于或即将处于比较劣势的产业开始，而这些产业在投资的东道国具有比较优势或潜在优势。该理论的主要贡献是从宏观比较优势的视角研究国际直接投资行为，国际直接投资不仅要考虑跨国企业的垄断优势（微观层面），还要考虑国际分工的比较优势（宏观层面），并遵循国家之间宏观比较优势的原则。

比较优势理论存在一定的局限性，只反映了日本战后某个时期国际直接投资的特征，不能很好地解释以水平分工为主的发达国家之间的对外直接投资问题，同时按照该理论发展中国家只能接受发达国家的边际产业。

3. 市场内部化理论

市场内部化理论（Buckley and Casson，1977）认为，国际分工是通过跨国公司内部化进行的，为了克服外部市场的失效导致企业交易成本的增加，从而通过对外直接投资，把原来在国外市场交易的业务转换为在公司所属企业之间进行，即外部市场内部化。该理论的主要贡献是引入科斯的交易费用理论，首次较为系统地提出国际公司的市场内部化理论，成为国际直接投资理论的一个转折点，从跨国公司内在的经营动机与决策过程方面研究国际直接投资发生的主要原因。

市场内部化理论对于投资的方向和小规模企业的短期投资行为缺乏解释力，其仅仅从技术经济的角度来阐释企业对外直接投资的决定因素，忽略了非生产因素或非经济要素等其他的重要影响因素，也不能很好地说明发展中国家的对外直接投资的区位选择问题。

4. 国际生产折衷理论

国际生产折衷理论由英国邓宁（Dunning）于 1977 年首次提出。该理论认为企业必须在同时拥有所有权优势、内部化优势以及区位优势的情况下方能进行对外直接投资。该理论的主要贡献在于弥补了以往理论一直无法解释为何美国等发达国家接受外商直接投资的缺陷。

然而，国际生产折衷理论的研究视角是基于企业微观层面，忽略了企业所处外部环境的影响，适用于解释美国等发达国家的对外直接投资行为，在解释发展中国家的一些企业在不具备相对优势的情况下却成功进行对外直接投资活动稍显不足。

（二）适合于阐释发展中国家对外直接投资的主流代表理论

1. 小规模技术理论

小规模技术理论（Wells，1977）认为发展中国家企业的相对竞争优势来自低成本。这种低成本优势主要来自拥有可满足小型市场需求的小规模生产技术。这意味着即使是生产规模较小、技术水平较低的发展中国家企业也可以通过跨国直接投资参与国际竞争。发达国家的跨国企业通常拥有大型市场的技术优势和规模经济优势，而对于较小的市场规模，发达国家中的跨国企业难以发挥规模经济效应。这对于发展中国家跨国企业的小规模技术优势是个机会。即使东道国的市场很小，通过使用低成本的小规模生产，小规模的技术优势仍然可以获利。因此，来自发展中国家的境外直接投资应机而生。

小规模技术理论可以解释一些发展中国家之间的对外直接投资情形，进而丰富了国际直接投资理论。然而，仍存在以下问题。首先，小规模技术投资理论不能解释发展中国家对先进发达国家的反向投资问题。其次，小规模技术理论难以解释发展中国家持续进行的对外直接投资和跨国并购问题。

2. 技术当地化理论

技术当地化理论（Lall，1983）认为，尽管发展中国家跨国企业的技术特征体现为规模较小、使用劳动密集型和标准化技术，然而该技术的形成却包含着企业自身内在的创新活动。这些创新活动主要包括在特定文化背景下的创新、特定顾客偏好下的创新与特定要素配置下的技术创新。以上创新活动已经形成了发展中国家跨国企业独有的比较优势。

技术当地化理论解释了发展中国家自身的比较优势及其跨国企业对外直接投资的特有优势。这在一定程度上解释了发展中国家的对外直接投资问题，但该理论仍然无法解释从发展中国家到发达国家的直接投资现象。

3. 投资发展阶段理论

投资发展阶段理论（Dunning，1981）从国民经济发展程度的视角解释了其境外直接投资的规模。从宏观角度探究了对外直接投资与国内经济发展程度之间的内在联系机制。认为一个国家的经济发展程度以及所有权、内部化与区位优势的现状将影响资本的流向和对外直接投资的能力，一个国家的国际投资状况与人均 GDP 存在正相关关系。该理论动态地描述了一个国家在经济发展的不同阶段利用外国投资或对外直接投资的特征。随着发展中国家的经济发展，根据发展中国家企业的跨国投资行为，该理论与国际生产折衷理论进行了重新组合（Narula and Dunning，2010），提出发展中国家的企业要积累所有权优势、区位优势与内部化优势，在三者同时具备的情况下，就能够成长为跨国企业。而投资发展阶段理论并不能解释来自母国制度环境中的所有权优势，而这种优势可以在企业国际扩张时弱化"外来者劣势"。

4. LLL 理论

LLL（Linkage-Leverage-Learning）理论由 Mathews 在 2002 年提出，随着经济发展新现象的出现，Mathews 对理论作了进一步的补充与完善（Mathews，2017）。LLL 理论的关键在于提供了一个以加速国际化为重点的战略框架，即"联系—杠杆—学习"：联系即利用全球经济的相互联系特性，与拥有先进技术的公司或已经在目标市场中活跃的公司建立联系并加以利用，联系可以通过多个渠道进行，如合资、技术许可协议等；杠杆即获得先进技术、知识或市场等战略性资源，并进一步整合；学习即通过组织的国际学习来提升自身竞争力，或循环使用联系和杠杆作用，作为建立国际化公司的动态能力和全球影响力的一种手段，培育跨国公司的独特优势。因而，LLL 理论作为一个战略框架，适应了全球经济相互联系的特点，为新兴市场的国际化公司提供了一种缩小自身与先进企业之间差距的、可以利用的赶超策略。

5. 后发优势理论

后发优势理论由美国经济史学家 Alexander Gerschenkron 于 1962 年提出。后发优势是新兴市场国家在推进工业化进程中所独有的优势，其能够通过引进、学习、吸收长期以来在发达国家中积累的技术，借鉴国外先进的管理经验和成功案例并获得快速工业化，这为发展中国家的对外直接投资提供了新的研究视角。后发优势主要来源于学习和模仿创新，以及市场经济内在规律所形成的后发优势，制度创新也是后发优势的一个重要来源（关鑫和齐晓飞，2018）。在一定程度上，可以认为中国企业的后发优势除企业本身的优势之外，还具有国家的制度性优势，这源于中国当前经济和社会特征的独特性，政府在主导对外直接投资的战略和资源分配上均起到了重要作用。

由此可见，一般的发展中国家对外直接投资理论认为企业优势来源于小规模制造和技术当地化两个方面，但也不能很好地解释中国企业的对外直接投资行为，因为中国利用劳动力成本低的有利条件可以进行大规模制造。投资发展阶段理论有值得借鉴的地方，但也无法完全解释中国企业的对外直接投资行为。后发优势理论和 LLL 理论可以解释基于中国企业和发达国家之间存在的客观差距，企业通过对外直接投资的战略资产寻求动机以及国际化学习行为。

（三）对外直接投资的"多元化"战略效应

对外直接投资既是资本在全球的跨境流动，同时也是优化全球资源配置。对外直接投资这种国际资本的流动是以跨国公司作为行为主体进行投资的行为，以提高生产力和实现资本增值为目的（关鑫和齐晓飞，2018），也是发展中国家和转型经济体许多政府促进本国产业升级、企业竞争力提升的战略措施之一，同时也是企业多元化战略的一种体现。

对于发展中国家的大部分企业而言，企业自身在技术水平、管理水平等方面存在缺陷，通过对外直接投资的形式嵌入不同环境，可能可以在一个更为先进的市场上获得有关信息，积累经验，进而提高自己的整体运营能力，从而形成一种追赶（国际）先进企业的态势，以获得在全球化竞争中的优势。此外，与吸引外商直接投资相比，对外直接投资可以增强由内向全球化战略创造的"被动"学习模式中的"主动"性质（Nam and Li，2013），即对外直接投资通过主动嵌入国外市场环境中，可以接触到更多的新外部资源，这些资源可能无法通过外商直接投资接触到，例如隐性知识，而获得广泛的外部资源是提高其竞争能力的关键因素。进一步地，企业通过对外直接投资的海外网络嵌入可以在多国或设立多个子公司来进行，本书从多国嵌入性和多公司嵌入性两个角度来探讨企业多元化战略效果的异质性。

1. 多样性嵌入溢价（价值驱动效应）

多国嵌入性。在经济全球化背景下，这种嵌入性有助于同东道国当地供应商、消费者以及其他合作者建立良好的网络，且在多个地方嵌入是跨国公司利用知识寻求竞争优势的基本方式（Jensen and Szulanski，2004）。当某个公司的对外直接投资目的国具有更高的多样性，也就意味着可以嵌入具有多种技术和管理实践的环境中，环境中的知识多样性为学习提供了更强大的基础，因为它增加了传入信息将与已知信息相关的可能性（Cohen and Levinthal，1990）。知识暴露的多国嵌入性对公司探索新知识和相关知识的倾向产生正向影响。接触更多种类的技术和管理惯例也可以为国内公司提供更多机会，以重组这些技术和惯例以创造自己的竞争优势。新知识的创造通常是将现有知识的要素重新组合（Kogut and Zander，1992；Katila and Ahuja，2002）。从这个视角来看，对外直接投资目的国多样性使得接触到的技术和管理实践的多样性也越大，相应地合并的潜力就越大，这是因为使用相同的知识元素集可以创建的新组合数量有限（Katila and Ahuja，2002）。随着可以接触到不同国家相关公司的技术和管理实践，提高了国内公司学习和利用这些要素进行重新组合以提升企业技术、管理能力的可能性。尤其是对于中小型企业而言，它们在商业网络中的嵌入程度决定了其国际学习和成长的过程（Musteen et al.，2014）。然而，对于一些企业来说，关键合作伙伴是来自发达经济体的成熟跨国企业，它们与这些企业建立了创新或供应链合作伙伴关系（Prashantham and Dhanaraj，2015），帮助公司在合作伙伴的国际网络内实现国际化。

多公司嵌入性。海外子公司正成为跨国公司知识网络体系中重要的学习者和知识贡献者，公司独特优势的产生与维持正由原来单一的母公司导向转变成为整个公司网络的集体责任。海外子公司的增加可以帮助企业通过更多渠道获取东道国的知识要素（李梅和余天骄，2016）或合作机会，更有利于企业"学习效应"的发挥。因为海外子公司更接近的地理距离使技术知识可以更快、更低的成本进行转移（Hertenstein et al.，2017），通过与东道国的竞争对手、供应商、客户、政府和非政府组织等利益相关者的互动活动，子公司可以观察和模仿当地的先进方法，然后在与当地利益相关者合作期间将其吸收整合到自身运营中。

综上，对外直接投资可以看作是企业学习先进技术和管理经验等知识的载体，也可看作是海外嵌入、知识外溢、干中学和合法性等多种效应的集中体现，即通过对外直接投资在国外进行多样性嵌入，以利用在本国不容易获取的知识、技术和市场（Contractor et al.，2003；Lu and Beamish，2004；Wan and Hoskisson，2003），增强其整体国际竞争力（Kim et al.，2010）。鉴于国家或地区的制度及经济发展程度的不同（Wan and Hoskisson，2003），海外嵌入多样性可使跨国公司更灵活地整合或优化配置不同的国际资源，同时也使公司面临更多的学习机会（Lee and Makhija，2009），进而汲取更广泛的知识并通过应用这些知识来获得经济效益。同样，跨国公司可以通过获得扩展的跨国网络来增加其战略灵活性（Lee and Makhija，2009），以实现更好的协调控制和更高的运营效率。跨国投资提升了企业获利能力，体现在投资的海外子公司数量正向影响了企业绩效（Vermeulen and Barkema，2002）。因而，企业可以通过对外直接投资策略享受"多样性嵌入溢价"，同时，对外直接投资的"多样性嵌入溢价"提高了溢出效应以及组织学习对企业成长的解释力。

2. 多样性嵌入折价（价值侵蚀效应）

一方面，很多中国企业又是在缺乏所有权优势和吸收能力相对低下的情况下以加速或超负荷的方式实现国际化，这将导致中国企业无法有效消化和吸收国际化经历，最终影响国际化的绩效（汪洋等，2014）。如海外并购的目标公司，一般都是当时经营存在困难或近几年业绩持续下滑的公司，且大多是溢价收购（孙淑伟等，2017；孙翔宇等，2019），或并购后双方不能进行有效的整合，势必对国内母公司的财务状况产生不利影响（尤其是刚完成并购的几年内）。另一方面，企业在从事海外生产、经营时必须适应不同制度环境、经济状况、文化习俗、价值观念等变化，这可能会导致代理问题、资源分配无效（Martin and Sayrak，2003），导致企业可能会遭受"多样性嵌入折价"。此外，海外子公司极易受到东道国潜在的政治、经济、行业等风险的冲击，逆向传递至国内投资公司，而多国嵌入性、多公司嵌入性可能会进一步扩大投资公司的经营风险，从而侵蚀投资企业的价值，不利于企业的成长。

二、企业成长理论

与古典经济学家的成长思想相对应，从企业经营管理的角度来分析影响企业成长决定因素的有关理论，被称为现代企业成长理论，其代表有彭罗斯（Penrose）的企业成长理论；从企业经营管理的某项关键职能出发来定义企业的成长，代表性的理论有安索夫（Ansoff）的战略成长理论、德鲁克（Drucker）的经营成长理论和钱德勒（Chandler）的管理与技术成长理论。

（一）彭罗斯的企业成长理论

1959 年彭罗斯提出企业成长理论，并建立了"企业资源—企业能力—企业成长"分析框架模型。他认为企业内在因素决定企业的成长，即企业使用自己拥有的生产资源所产生的服务是企业成长的原动力，并非由市场的均衡力量等外在因素决定，企业拥有及配置资源的效率能够决定企业能力，而企业能力决定了企业成长速度和方式。随后的研究常常采用该理论框架对企业的成长性进行分析。

（二）安索夫的战略成长理论

安索夫认为，企业成长要向其特长领域发展，尽可能向有关联的经营项目发展，以获取独特的竞争优势。企业成长战略有四个属性：规划适当的产品—市场范围；战略类型要依据发展的范围和方向进行划分与选择；运用竞争能力的优势；协同效应的灵活运用。因而，安索夫强调企业对自身现实能力（现有技能和资源特征）和潜在实力（现有项目与新开拓项目之间的关联性）的掌控。

（三）德鲁克的经营成长理论

德鲁克认为，企业成长能力的关键在于本身有成长潜力的人和组织上，企业成长和员工成长是一致的，企业的成长程度完全由其员工所能成长的程度决定，而在员工中，中高管理层是企业成长的关键控制性因素，在某种程度上决定了企业的成长速度和成长方向。

（四）钱德勒的管理与技术成长理论

钱德勒认为，现代企业的成长是适应市场扩大和技术创新形势而在管理机构方面出现的反应。技术进步与市场拓展是企业成长的根本，势必引起企业生产和分配领域的根本性变化，而"现有的需求与技术将创造出管理协调的需要和机会"，由于借助管理协调的现代企业提供了比借助市场协调的古典企业更高的效率，进而导致一系列经济组织形式上的反应。

从以上几个企业成长理论对比分析可知，企业成长受制于企业的战略行为、协同作用、管理竞争力、技术进步等多方面的因素。而中国企业的对外直接投资行为，实质上也是企业的一种多元化战略和成长方式，利用自身的比较优势，以提升技术能力、拓展市场为导向进行对外投资扩张，以期获得先进技术、管理技能等战略性资产和市场，同时企业也要提升自己的国际化经营能力，进而有效地整合和配置资源，从而有利于促进企业成长。

三、资源基础理论

1984 年 Wernerfelt 创建资源基础理论。资源基础理论的核心要义是企业基于自身资源和能力与其他企业竞争，旨在解释企业如何在竞争环境中保持独特和持续的优势。Wernerfelt 提出能推动企业成长的要素是企业有价值的资源，且资源应具有异质性和不完全流动性，因而在构建资源影响企业竞争优势或企业成长的研究框架中，主要基于两个假设：第一，企业拥有的资源具有异质性；第二，资源在企业之间具有不完全流动性。基于资源基础理论的观点，企业资源是企业拥有的人力资本、技术资本、声誉等，能够提升企业核心竞争力并会促进企业绩效的提升。

从资源基础理论出发，企业的海外扩张是企业成长的模式之一，源于扩张能够产生一种资源利用的途径。中国企业对外直接投资是将企业剩余资源和部分既有资源转用的一种战略行为，并与寻求市场、先进技术、先进管理经验等战略性资源的动机有关，亟须从外部网络中获取补充资源，通过资源的获取与有效整合，激发企业的成长。

从资源基础观的战略理论出发，首先，社会责任是企业资源的一种，能否为企业成长带来正向影响，一方面取决于该资源的特殊性价值，另一方面取决于企业的资源整合能力，以及是否把该资源转变为企业的竞争力，以促进企业成长。其次，企业社会责任能够为企业带来外部资源。资源基础理论关注企业层面的变量，特别是企业绩效和企业成长等结果变量。而企业社会责任是企业层面的战略决策，能够容易解释企业社会责任如何对企业成长产生影响，比如企业承担社会责任帮助政府解决社会问题并能够为企业带来市场准入权和土地等关键性资源（Hussain and Moriarty，2016）。同时资源基础理论也聚焦于企业声誉（Attig et al.，2016；程聪等，2019）、关键人力资本（McWilliams and Siegel，2011）等战略性资源对企业成长的影响，石军伟等（2009）发现社会责任水平通过提高企业声誉，降低了企业潜在风险，进而促进企业竞争优势的提升。同时，企业社会责任履行还可以带来社会资本（罗津和贾兴平，2017；靳小翠，2018），进而整合社会资源，促进企业发展。Torugsa 等（2012）通过研究 171 家中小企业社会责任行为发现，社会责任的良好表现会显著促进企业财务绩效的提升，源于企业积极的企业社会责任行为会提升员工的认同感和创造力，进而转化为企业核心竞争力。

四、利益相关者理论

1984 年 Freeman 提出利益相关者理论，其核心观点在于，企业应当综合平衡各个利益相关者的利益要求，而不仅专注于股东财富的积累。企业不能一味强调自身的财务业绩，还应该关注其本身的社会效益。企业管理层应当了解并尊重所有与企业行为和结果密切相关的个体，尽量满足他们的需求。

根据利益相关者理论，将各利益相关者纳入组织决策，既是一种伦理要求，也是一种战略资源，而这两点都有助于提升企业的竞争优势。大量文献认为，利益相关者对于维持公司的竞争力和长期价值创造至关重要，积极的利益相关者关系不仅可以帮助公司获得竞争优势，而且可以长期保持优势（Choi and Wang，2009），如通过善待员工，公司可以增强对潜在员工的吸引力（Jones et al.，2014）及现有员工敬业度（Flammer and Luo，2017）、提升员工的创新生产力（Flammer and Kacperczyk，2016），进而增强企业竞争优势（Jones et al.，2014），并最终提高公司绩效（Edmans，2012）。客户对公司社会责任履行也很敏感，企业社会责任可以作为卖方质量和非机会主义行为的宝贵信号，产生商誉、销售和利润（Elfenbein et al.，2012）。与此相关的是，公司在社区和自然环境方面的行为已被证明会影响财务绩效（Flammer，2013），特别是通过改善环境足迹，公司可以从更好的环境中受益，如良好的公司声誉、提升员工和消费者的满意度（Bansal and Roth，2000；Delmas and Pekovic，2013）。

利益相关者理论认为，利益相关者的数量、需求与公司多元化水平正相关（Kang，2013；Xu and Liu，2017）。当公司进入海外市场经营时，由于不同东道国法律制度、社会文化、经济发展水平的差异，对外直接投资公司将面临数量更多、需求更多样化、合法性要求更高、更为强大的利益相关者（Brammer et al.，2006；Kang，2013；Attig et al.，2016），如东道国政府、全球竞争者、海外顾客和社区、非政府组织、国际媒体等（Kang，2013）。基于合法性和战略性动机，对外直接投资公司更有可能回应利益相关者需求，承担更多的社会责任（Kang，2013；Cho et al.，2015；Zeng et al.，2015），以获取更多的资源（Branco and Rodrigues，2008）。

第二节 对外直接投资与企业社会责任履行

一、对外直接投资对企业社会责任履行的影响

有关对外直接投资与企业社会责任关系的探讨，已有文献大多来自国外的研究，国内相关的研究还很少见。大多从企业国际化[①]的角度，探究了企业国际化与企业社会责任之间的关系，所得结论并不一致，一种观点认为企业国际化与企业社会责任之间具有正相关性，但另一种观点认为二者之间可能存在负相关关系。

基于响应利益相关者需求的角度，Brammer 等（2009）研究认为，跨国公司履行社会责任的水平会影响利益相关者对公司经营的参与，跨国公司可以通过增加在市场上的社会责任活动来表明其对国外市场的承诺，以缓解沟通问题和心理距离的不利影响；El Ghoul 等（2011）研究发现，为保护及提升公司在全球的声誉，跨国公司更有可能回应利益相关者的要求；跨国公司在多个国家运营时，更加多样化的利益相关者环境所带来的压力可能会促使跨国公司增加其社会责任活动；跨国公司面临的环境、劳动保护的国际标准和制度压力，促使跨国公司在社会责任方面采用国际化的标准和政策，确保公司至少满足法律的要求（Brammer et al.，2006）。

基于"制度逃逸"动机，Simerly 和 Li（2000）、Brammer 等（2006）研究认为跨国公司到制度更为宽松的国家去投资，即在社会责任标准低的国家或地区进行生产活动，会降低社会责任整体水平，因而在这种情况下，企业国际化难以形成对企业社会责任的正向影响：首先，跨国公司进入海外市场的动因之一是利用东道国宽松的环境法规和安全准则等规避国内市场社会或环境规制（Strike et al.，2006；Cho et al.，2015）。有研究表明发达国家对外直接投资时加剧了东道国的环境污染等（肖红军等，2018），从而降低了社会责任水平。其次，跨国公司居于全球价值链的顶端，可能对东道国的经营进行压榨，如廉价工资、压低原材料价格等（Strike et al.，2006；Cho et al.，2015），降低了公司整体社会责

---

① 对外直接投资是企业国际化的一种重要形式。

任。最后，跨国公司也可能因为追求短期利润最大化而降低对利益相关者的回应，进而降低社会责任投入（Kang，2013），削弱企业国际化和企业社会责任之间的积极关系。

二、社会责任履行与企业成长

社会责任履行与企业成长关系的研究在近些年来才成为学术界研究的热点。在 20 世纪 70 年代以前，学者争论的重点是企业是否应履行社会责任。1979 年 Carroll 创造性地提出三个维度的企业社会责任概念，随后 Wartick 和 Cochran（1985）、Wood 和 Jones（1995）进一步完善并发展成为企业社会绩效模型，这为社会责任履行与企业成长关系的研究提供了初步的理论依据，有关企业社会责任履行经济后果的研究文献也开始呈上升之势。

在以往文献中，国外学者对于企业社会责任与企业财务绩效（体现企业成长性的一些指标）二者之间关系进行了大量的研究，但所得研究结论并不一致：①正相关性。如 Bird 等（2007）探究公司社会责任活动与财务绩效之间的关系发现，积极的社会责任活动正向影响了公司财务绩效；Harjoto 和 Laksmana（2018）基于美国 1998~2011 年的 1718 家公司样本数据，研究了企业社会责任对企业成长产生影响的机制，并通过企业社会责任对承担风险的影响，发现社会责任表现与企业成长呈正相关关系，源于企业社会责任的参与通过减少过度承担风险和规避风险来指导管理风险决策。②负相关性。如 Brammer 等（2006）研究英国公司社会责任承担与财务绩效的关系发现，社会责任承担与股票回报率之间呈显著负相关，体现在社会责任履行最差的公司却在资本市场上回报率最高，且优于股市指数回报率。③无相关性。McWilliams 和 Siegel（2000）认为以往研究之所以出现企业社会责任对财务绩效影响（正或负向）不一致的结论，可能是由于有误的经验分析所致，如没有控制研发投入，而研发投入是决定公司业绩的重要因素，他们进一步在控制研发投入因素后，发现公司社会责任对财务绩效具有中性影响；Soana（2011）研究发现，社会责任与公司财务绩效之间没有统计学上的显著联系。④非线性关系。如 Barnett 和 Salomon（2012）基于企业从社会责任中获利的能力取决于其利益相关者影响力的理论论证，研究发现社会责任履行与公司财务绩效之间关系呈 U 形。

随着中国经济发展由"量"向"质"的转变，中国企业社会责任履行对企业绩效的影响在近些年来也逐渐成为学者研究的热点，大部分研究结论肯定了企业履行社会责任的积极作用。如宋丽娟（2016）的研究表明，企业履行社会责任的价值创造机理在于其信誉效应与效率效应，其中信誉效应起主导作用，即企业社会责任履行可为企业带来信誉资本，有助于促进企业成长，促使企业更好地履行社会责任，形成一种良性循环。黄珺和贺国亮（2017）研究发现，企业社会责任履行水平与企业成长呈正相关关系，技术创新在二者关系之间发挥了中介效应，且在不同产权性质的企业中体现具有异质性。Li 等（2017）用中国制造行业上市公司数据实证研究表明，企业履行社会责任能够提升企业成长，媒体关注在企业社会责任与企业成长关系之间具有中介作用。殷世波等（2014）对中国金融行业企业履行社会责任的实证研究结果表明，企业社会责任履行在短期内对企业经营绩效影响不大，但会积极促进企业的长远发展。但也有不同的声音，如权小锋等（2015）基于 2008~2013 年中国上市公司经验数据，研究企业社会责任履行对股价崩盘风险的影响，得出中国上市公司履行企业社会责任体现了管理层"自利工具"特征并非"创值"特征的结论。

由此可见，社会责任与企业财务绩效之间的关系仍存在争议，以上不一致的研究结论可能表明社会责任履行与企业成长性之间的关系不存在或不稳定，或源于社会责任履行与企业成长性之间较强的内生性，或是选择分析模型时遗漏了相关关键变量，或是研究方法的差异、样本企业所处社会情境的差异，还可能在一定程度上受到企业社会责任与企业成长性衡量方法的影响。

第三节　对外直接投资与企业内部控制有效性

一、对外直接投资对企业内部控制有效性的影响

（一）学习效应

新兴市场国家的企业，在跨国经营能力组合中的差距不仅涉及技术和品牌，还涉及跨文化管理或收购后的整合管理，尤其相关的关键管理能力（Arp，2014）。国内大多数有海外投资项目的企业仍处于"国际化"的早期阶段，传统上将其视为渐进的成长和学习周期的过程（Johanson and Vahlne，2009）。鉴于跨国公司在"外国"条件下如何运营的经验知识有限，许多海外投资旨在促进公

司学习管理知识以提升自身能力（Meyer and Thaijongrak，2013）。

跨国公司也有意将其外国运营单位用作新的管理实践的起源，这些新的管理实践随后会转移到总部和整个公司（Edwards et al.，2010）。因此，本地企业对跨国公司的反向溢出也可能发生在管理知识方面。然而，从东道国公司向国内母公司的逆向管理溢出的强度取决于母公司的管理水平。反向溢出更可能出现在位于发达国家的新兴市场跨国公司（Zou and Ghauri，2008），其他发达国家的跨国公司则不需要向当地公司学习先进的做法。但由于组织的惰性，这种调整更多地发生在生产技术上，而在管理实践方面却发生得较少，如国内母公司可能对自身管理能力十分自信（可能是由于在国内取得了显著成功），这阻碍了海外管理知识的溢出效应，难以对企业内部治理产生影响。企业在对外直接投资进行跨国增值过程中，嵌入国内外两种不同的制度、经济环境内，面对不同国家的市场、规制、规范等方面的差异，同时企业在规模、治理边界、员工来源等方面也发生了变化，需要企业自身动态调整自身资源、结构、管理等来适应新环境（Doyle et al.，2007），加之不同于发达国家企业的渐进性国际化，中国企业往往倾向于迅速国际化，进而对公司管理能够动态调整以适应复杂环境的能力要求提高，然而它们在全球市场上作为后来者经验不足（Yang and Stoltenberg，2014），其组织结构、人员配置、管理方法以及理念等可能由于不能及时、有效地调整而产生新问题，同时利益相关者的复杂化与多元化加大了跨国企业治理的难度和协调成本，进而导致公司原有内部控制体系出现一定程度的低效或失效，降低企业内部控制体系的有效性。

（二）机会主义效应

跨国经营一方面给公司带来了规模效应和经营的灵活性，另一方面也提高了经营活动和组织结构的复杂性（Duru and Reeb，2002），复杂的经营环境、多样的风险也给企业的发展带来了更多的不确定性。同时，国际经营加剧了管理层、投资者、分析师和监管部门等彼此间的信息不对称（Hope and Thomas，2008；Brauer and Wiersema，2017），投资者和监管机构大都只能通过公司的相关报告来了解其经营状况，却很难综合国际化企业在各个国家的经营信息，也难以识别这些信息的真实性和准确性。少部分学者关注到管理层可能利用这种信息不对称来谋求私利（Hope and Thomas，2008），如利用短期国际资本市场的不完善转移利润或损失进行套利。因此，跨国公司环境复杂、信息不对称程度增加以及管理层机会主义动机增加，不利于企业内部控制有效性的提高。

二、内部控制有效性与企业成长

内部控制是公司治理的一个重要方面（Hazarika et al.，2012），系统而有效的内部控制是实现公司治理的基础设施建设。内部控制产生的本源就是代理问题，同时内部控制要解决的核心问题就是信息不对称，内部控制通过一系列制衡和监督的制度安排可以防止逆向选择和道德风险的发生。有效的内部控制有助于提高会计信息质量（Altamuro and Beatty，2010），降低信息不对称程度，弱化委托代理问题，增加公司经营的安全性，进而有助于公司的价值创造。林钟高等（2007）选用2005年底前在沪深A股300家含各种行业的上市公司为样本，研究发现内部控制质量显著正向影响了企业成长，说明内部控制有效性的提升有助于企业成长，随后国内一些学者的研究也大都支持这一结论（肖华和张国清，2013；杨松令等，2014；王爱群等，2015）。

第四节　对外直接投资与企业自主创新

一、企业国际化对企业创新的影响

企业国际化[①]与企业创新关系的研究一直以来都是经济学和管理学共同关注的一个重要热门话题。国外学者进行了大量研究，对于企业国际化与企业创新二者之间关系的研究结论并不一致，企业国际化经营能否促进企业创新存在两种相反观点（Bustos and Paula，2011；Bratti and Felice，2012）。一种观点认为企业国际化有利于企业创新，作为学习和累积知识过程的国际化可以为企业获得更多新的市场前沿信息、资源、技术等要素，利用海外市场分担和降低创新成本（Kotabe et al.，2007），形成跨国创新战略联盟（Santos et al.，2004），具有学习效应和竞争促进效应（Bratti and Felice，2012），进而提升企业创新动机、提高技术创新能力以获取更多的创新独占性收益。另一种观点则认为，企业国际化会增加企业专有知识和技术泄密的风险（Sanna-Randaccio and Veugelers，2007），同

---

① 企业国际化一般包括出口、对外直接投资等方面，因而在以往的研究文献中，对企业国际化的界定是不同的。

时也增加了企业大量的信息交换和管理成本，以及不同研发团队之间的沟通障碍和机会主义行为，很难形成具有凝聚力的研发团队（Von Zedtwitz and Gassmann，2002），从而增加企业创新的成本和风险，不利于企业创新。进一步地，企业创新所产生的自身竞争优势又能够促进企业国际化。企业产品创新、专利和工艺创新等，都会增强企业的市场势力，进而对企业的出口可能性和倾向产生重大正向影响，推动企业开拓国际市场（Cassiman and Golovko，2011）；且创新能力强的企业具有自选择效应。因而企业创新和企业国际化经营之间有较强的内生性，在一定程度上造成了目前对二者之间关系研究的结论不一致。因此，以上不一致的研究结论可能表明企业国际化与企业创新之间的关系不存在或不稳定，也可能源于选择分析模型时遗漏了相关关键变量，或源于研究方法的差异、对企业绩效衡量的指标不同，还有可能源于样本企业所处社会情境的差异。

二、对外直接投资对中国跨国公司技术进步的影响

我国自 21 世纪初确立"走出去"战略以来，对外直接投资作为"走出去"战略的一种重要形式，其对企业技术创新的影响研究逐渐成为国内学者关注的热点，有关研究也随着中国企业对外直接投资的逐步开展而深入。自内生增长理论产生以来，国际技术溢出论题就成为经济学研究领域的一个重要论题。一国的技术进步不仅依赖国内的研发资本，而且依赖国外的研发资本。作为一个后发国家，技术外溢是中国技术进步的重要途径之一。技术外溢是经济外在性的一种表现，指外国的研发知识资本通过各种渠道的非自愿性扩散，这种扩散有助于东道国的技术进步，而外国却难以从东道国的支付中获得全部补偿（王英和刘思峰，2008）。随着中国对外直接投资的迅猛发展，国内学者关注的热点也逐渐从外商投资的技术溢出效应转向对外直接投资的逆向技术溢出效应。

基于省际层面的研究。刘明霞和王学军（2009）利用 2003~2007 年的省际面板数据，研究发现对外直接投资对国内技术效率的促进作用不显著，而人力资本可提升吸收能力，增强对外直接投资对技术进步的积极溢出效应。肖文和林高榜（2011）则运用 2003~2007 年中国 30 个省际数据，研究结果显示对外直接投资对技术进步的作用并不显著。与以上结论相反，王英和刘思峰（2008）通过测算中国 1985~2005 年对外直接投资溢出的外国研发资本存量，结果发现对外直接投资对国内技术创新有较弱的阻碍作用，他们认为可能跟样本期间

内中国对外直接投资的规模较小（OFDI 从 2003 年才开始逐步扩大，相关数据才开始详细统计）、对外直接投资的"挤出效应"以及传递机制和吸收能力不足等问题有关。之所以出现相反的结论，可能跟选用研究数据样本期间，中国企业的对外直接投资还处在起步与探索阶段，加之统计数据的滞后及缺失，且样本数据的限制在一定程度上影响了分析结果的可靠性（谢建国和周露昭，2009），因而实证研究的大部分条件尚不成熟，准确地评价对外直接投资的技术进步效应存在较大难度。随后李梅和柳士昌（2012）研究发现，对外直接投资的逆向技术溢出效应存在明显的地区差异，且会受到诸如国内对外开放程度、经济发展水平、研发投入、科技人力资本以及金融发展规模等表征吸收能力因素的影响（尹东东和张建清，2016）。进一步地，沈春苗和郑江淮（2019）基于 2003～2015 年中国对 29 个 OECD（经济合作与发展组织）成员国对外直接投资流量，对国内 30 个省份从发达国家获得的逆向技术溢出水平进行测算，实证检验发现，对外直接投资逆向技术溢出抑制了国内技能偏向性技术进步，表明中国的对外直接投资并未获得国外的核心技术，他们认为制约对外直接投资逆向技术溢出效应的因素既与国内存在的产能过剩和技术吸收能力不足有关，也与 GVC（全球价值链）低端锁定和发达国家的技术封锁意愿有关。对比早期研究发现，中国对外直接投资对技术创新的影响越来越明显的原因可能是，近年来中国对外直接投资结构出现变化，转向欧美等技术先进的发达国家的投资项目较多，同时投资企业的吸收能力不断增强，从而有效促进对外直接投资的逆向技术溢出效应。

基于企业层面的研究。自企业异质性理论提出后，企业跨国投资行为也成为异质性理论的重要研究领域之一。国内学者从微观企业内部出发探究对外直接投资的技术进步效应。基于倾向得分匹配方法，毛其淋和许家云（2014）使用 2004～2009 年企业层面微观数据的研究结果表明，对外直接投资与企业技术创新之间存在显著因果效应，且对企业技术创新的促进作用具有持续性，但不同类型的对外直接投资对企业创新的影响存在差异；叶娇和赵云鹏（2016）使用 2005～2007 年企业层面数据研究发现，对外直接投资正向影响了企业创新，但在不同的行业和地区存在差异。随后赵宸宇和李雪松（2017）使用 2010～2014 年中国沪深 A 股上市公司经验数据，实证结果表明，对外直接投资有助于提升投资企业的技术创新能力。与以上使用二元逻辑变量衡量对外直接投资不同的是，基于企业国际化程度的视角，李东阳等（2019）采用海外资产所占总资产比例、海外子公司数和海外投资东道国数来衡量企业国际化程度，使用 2008~2016 年中国沪深 A 股 142 家制造业上市公司经验数据研究发现，国际化程度与企业创新显著正相关，且企业自身的吸收能力以及投资区位都对二者之间的关系产生了显著影响。由此可见，国内学者现有研究对 OFDI 对企业技术创新的重要性已做了较多的工作，基本厘清了逆向技术溢出的技术进步效应的主要作用机制和影响因素，在宏观层面和中观层面进行了有效的验证。然而在企业微观层面的研究偏少，度量企业创新能力的指标存在局限性，对企业受 OFDI 影响的创新行为研究不够全面，逆向技术溢出的微观传导机制尚待进一步发掘。

综上所述，一方面，国内学者对于中国对外直接投资逆向溢出效应是否存在的观点并不统一，且大多基于全要素生产率的视角来进行研究，同时也有少数学者从以专利产出数量为表征的创新能力角度来研究对外直接投资的逆向溢出效应；另一方面，国内大多数研究集中在省级数据层面，有些学者虽然从微观企业层面研究 OFDI 对企业创新的影响，但多数仍停留在回答企业"是否 OFDI"及其对企业创新的影响，且大都主要关注 OFDI 与企业创新的直接关系，对于影响 OFDI 与企业创新之间关系的内外部因素的研究尚显不足。

三、对外直接投资的学习效应

企业技术创新被认为是企业实现价值提升和保持竞争优势的核心手段（Tian and Wang，2014）。从知识溢出的角度来看，起源于一个国家的知识越来越有可能超越国界并为其他国家的技术进步做出贡献。以往文献在跨国公司如何从知识外溢中受益方面已取得了一定的共识（Zhang and Li，2010），将知识外溢效应汇总为四种机制：一是示范效应，跨国公司通过与海外公司的接触活动，观察这些公司的技术和管理实践，并在自己的业务中模仿它们。二是与东道国上游或下游公司建立联系。当跨国公司与东道国供应商和分销商建立前向和后向的联系时，通过它们可以获取技术指导和支持。三是外溢可能通过员工流失发生，不可避免地会雇用当地的技术和管理人员，这将提高子公司以及母公司的技术知识和管理技能。当东道国公司的员工在新兴市场跨国公司工作时，有关东道国公司技术和管理实践的详细信息会传播到国内公司，从而产生积极的溢出效应。另外，中国的跨国公司通过在发达国家设立具有高素质人力资源特征的研发中心，以增强其在当地的嵌入度，并融入当地的创新体系进行学习。四是竞争效应，来自新兴市场但在发达经济体中竞争的公司在东道国面临比其本国经济体更大的竞争压力，这可以迫使跨国公司提升其创新意识，更新其生产技术。

从组织学习的角度来看，技术创新能力是内生的，需要通过有组织的学习和产品开发实践才能获得。关于新兴市场经济体对外直接投资的文献表明，由于这些企业在对外直接投资中可以利用的传统所有权优势（如全球品牌认知、专有知识等）有限，因而不是母公司向子公司输入技术、管理的模式，而是获取东道国技术知识（Srinivasan et al.，2007）。对外直接投资活动是一种独特的"嵌入式海外学习"组织学习形式，可以通过以下两种形式促进企业技术创新：①探索性学习，跨国投资企业有机会去了解在全球市场中其所在行业的市场前景、技术资源和商业模式等新知识和信息，能够帮助跨国投资企业拓展现有的知识学习边界，探索潜在的技术创新机会。②开发性学习，跨国投资企业可以通过研发合作等方式更深入地学习交流海外子公司的创新知识，帮助母公司提升技术创新能力。以往的文献主要基于对发达经济体国际化企业的研究，发达经济体的企业通常依靠内部研发和学习累积的经验来发展其技术优势。与发达经济体的跨国公司相比，新兴市场经济体跨国公司研发资源累积较少，却处于激烈的全球化竞争环境中，必须在更短的时间内提升其研发能力，通过向在发达国家经营网络中的行业领导者、其他企业（如供应商）间接学习来降低其研发资源薄弱的劣势（Banerjee et al.，2015）。

第五节　对外直接投资与企业成长

一、对外直接投资与发达国家企业成长

已往文献多从企业是否国际化或国际化程度的视角，研究企业国际化与企业绩效的关系，但所得观点不一。如正相关关系（Marano et al.，2016）、负相关关系（Powell，2014）、U 形关系（Berry and Kaul，2016）、倒 U 形关系（Jain and Prakash，2016）、M 形关系（Almodóvar，2012）、S 形关系（Dittfeld，2017），甚至两者之间不相关等。结论的不统一，同对企业国际化的界定与衡量标准、企业绩效的衡量指标有一定的关系，如在研究有关国际化与企业绩效基本关系的国际

文献中，跨国企业的绩效测量指标可大致分成三类，分别是营业利润率、净资产收益率、总资产报酬率等会计指标，企业的每股盈余等市场指标，结合客观财务数据与主观问卷数据等综合指标；还可能与样本选择性偏差，如不同时期的样本表现出不同的趋势，以及样本所处的情境（市场环境、制度变迁等）差异，等等，这都有可能影响企业国际化所产生经济后果的研究结论。因而，上述基于发达国家的跨国公司研究，产生了更多的问题，而不是确切的答案，尽管不同的观点得到了相应经验证据的支持，但还有待深入探究企业国际扩张对企业绩效的影响机制，且发达国家的跨国公司一般遵循渐进式的国际化过程，而来自像中国这样的发展中国家的跨国公司，具有一些与发达国家跨国公司不同的扩张模式。因此，基于对发达国家跨国企业的分析结论可能不适用于发展中国家的企业成长研究。

二、对外直接投资与中国企业成长

对外直接投资是企业国际化的一种重要形式，国内学者研究对外直接投资对企业绩效的影响主要基于以下几个角度：第一，基于国际化投资理论考察对外直接投资对企业总体产出、出口方面等的影响，大多发现对外直接投资促进了企业产出提升、国内就业增加（李磊等，2016）和出口提升（张春萍，2012；蒋冠宏和蒋殿春，2014b；林志帆，2016；刘海云和毛海欧，2016；邹衍，2016；杨连星等，2019）。第二，基于"逆向技术溢出"视角研究对外直接投资对企业生产效率的影响，以技术创新产出或全要素生产率等指标来探究对外直接投资对企业生产效率的提升效应及其异质性（刘明霞和王学军，2009；李梅和柳士昌，2012；毛其淋和许家云，2014；蒋冠宏和蒋殿春，2014a；袁东等，2015；戴翔，2016；赵宸宇和李雪松，2017；姚惠泽和张梅，2018；韩先锋，2019）。第三，基于资源配置效率视角，白俊红和刘宇英（2018）选取 2003~2014 年中国 29 个省份的平衡面板数据作为样本，研究发现对外直接投资显著改善了中国整体资本与劳动力的资源错配，提升了资源配置效率；李平和马晓辉（2019）使用 1998~2007 年在《中国工业企业数据库》与《境外投资企业（机构）名录》匹配成功的企业作为 OFDI 企业，采用 PSM-DID 模型进行实证检验，发现对外直接投资显著缓解了企业要素错配，而资源配置效率的提升有助于企业的成长。第四，基于金融学理论探究对外直接投资对企业绩效的影响。宋林等（2019b）采用中国 2010~2017 年发生海外投资事件的沪深 A 股非金融类上市公司数据，研究发现对外直接投资整体上促进了企业绩效提升，具体体现在显著促进企业全要素生产率提升及产能利用率优化，但对企业盈利能力的影响不显著，进一步基于公司对外直接投资动机研究发现，仅有市场寻求动机的对外直接投资对企业盈利能力产生了正向影响。周燕和郑涵钰（2019）使用1996~2015年中国上市公司对外直接投资的经验数据，研究发现对外直接投资扩张速度显著促进了对外投资企业的投入资本回报率，并且在资本密集型行业或向发达市场国家投资的促进效应更加显著。而杨平丽和曹子瑛（2017）选用中国《境外投资企业（机构）名录》与工业企业数据库（2003~2011年）的匹配企业数据，则发现中国企业OFDI总体上降低了企业利润率，进一步分类研究发现，对外直接投资行为显著降低了商贸服务类及当地生产类企业的利润率，但对技术研发类及资源开发类企业的利润率影响是不显著的。

综上，企业国际化究竟会对企业成长性产生怎样的影响，国外既有研究尚未达成一致的观点，而国内有关对外直接投资与企业成长关系的研究文献，大多发现对外直接投资对企业持续发展起到了促进作用，不过国内多数研究集中在宏观层面的省级数据，有些学者虽然从微观企业层面经验数据研究OFDI对企业成长性的影响，但主要关注OFDI与企业绩效的直接关系，较少分析影响OFDI与企业成长之间关系的内外部因素。

第六节　本章小结

基于上述研究文献回顾分析，本书发现：

学者对中国对外直接投资的研究始于其动因的研究，并逐渐拓展至对外直接投资的影响因素、经济后果等方面。虽然国内现有研究对中国企业国际化和作为企业国际化的一种重要体现形式的对外直接投资的经济后果有较多探讨，但所得结论存在异质性。且有关对外直接投资的经济后果主要集中在技术创新、全要素生产率、出口等方面，而研究对外直接投资通过多元溢出效应影响企业成长的文献还很少见。

首先，国内学者对中国企业对外直接投资的研究始于21世纪初政府确定"走出去"战略前后，主要集中在对外直接投资的战略和动因、进入模式和区位选择等方面，比如对外直接投资战略及动机（Deng，2009；黄益平，2013；陈怀超等，2013；吴先明和黄春桃，2016；李自杰等，2017；李童和皮建才，2019）、进入模式和路径选择（徐莉和班博，2012；王碧珺，2013；周茂等，2015；李康宏等，2016）、区位选择及影响因素（赵春明和何艳，2002；宗芳宇等，2012；王永钦等，2014；王恕立和向姣姣，2015；李新春和肖宵，2017；蒋为等，2019）。近年来国内陆续出现的对外直接投资经济后果的研究，大多围绕对外直接投资的技术寻求、市场寻求、资源寻求三个主要动机来展开，主要集中在技术溢出效应（刘明霞和王学军，2009；李梅和柳士昌，2012；毛其淋和许家云，2014；赵宸宇和李雪松，2017；姚惠泽和张梅，2018；韩先锋，2019）和生产率效应（蒋冠宏和蒋殿春，2014a；袁东等，2015；戴翔，2016），也较为关注对外直接投资后的出口效应（张春萍，2012；蒋冠宏和蒋殿春，2014b；林志帆，2016；刘海云和毛海欧，2016）和企业绩效（杨忠和张骁，2009；杨平丽和曹子瑛，2017；杨连星等，2019）等，在对外直接投资与企业成长关系相关研究方面，国内大多数研究集中在宏观层面的省级数据，有些学者虽然从微观企业层面经验数据研究 OFDI 对企业成长性的影响，但多数仍停留在回答企业"是否 OFDI"及其对企业绩效的影响，且大都主要关注 OFDI 与企业绩效的直接关系，对于影响 OFDI 与企业成长之间关系的内外部因素的研究尚显不足。

其次，积极履行社会责任，是企业增强核心竞争力，实现可持续发展的内在需求。在逆全球化兴起的背景下，在对外直接投资中积极承担社会责任，是实现"一带一路"倡议，打造政治互信、经济融合、文化包容的利益共同体、命运共同体和责任共同体的基础。且在社会责任履行对企业成长的影响上，既有的研究还不够全面，社会责任履行对企业成长的微观传导机制尚待进一步发掘。基于此，研究中国企业对外直接投资对其社会责任履行的影响以及对企业成长的传导效应，亦可以作为一个重要的研究话题。

再次，有效的内部控制有助于提高会计信息质量（Altamuro and Beatty，2010），降低信息不对称程度，弱化委托代理问题，增加公司经营的安全性，进而有助于公司的价值创造。对外直接投资活动会对企业内部控制有效性产生影响，进而影响企业成长，可以作为一个重要的研究话题。

最后，由于中国经济发展阶段与发达国家不同，制度差异也较大，企业对外直接投资的动因及跨国经营水平等与欧美等发达国家差别较大，因而对外直接投资的价值驱动效应也会有较大差异，在对外直接投资对企业技术创新影响研究所使用的数据方面，现有研究大多选用省际层面的数据进行实证分析，可能导致现有的研究结论对企业异质性因素影响考虑不足。基于此，本书以中国沪深 A 股非金融上市公司为样本，研究中国企业的对外直接投资行为通过影响本身自主创新能力进而产生对企业成长的传导效应。

第三章 企业对外直接投资的合规性溢出效应

第一节 对外直接投资与企业社会责任履行

一、问题提出

与发达国家公司相比，新兴市场国家公司对外直接投资及履行社会责任的制度背景、动机、路径、经验与经济后果均有所不同（Guillén and García-Canal，2009；Aggarwal et al.，2011）。作为最大的发展中国家，随着"一带一路"倡议的推行，中国企业对外直接投资步伐加快，在全球对外投资中表现突出，成为一道亮丽风景线。2018年，中国企业对外直接投资流量为1430.4亿美元，全球占比14.1%，居全球第二位，对外直接投资存量位居全球第三（2018年度中国对外直接投资统计公报，2019）。近年来，企业社会责任履行成为媒体和社会大众关注的焦点，也是公司治理、商业伦理等组织与管理领域的重要议题与研究热点（徐细雄等，2018；王站杰和买生，2019）。

然而，由于在对外直接投资过程中出现一系列与社会责任相关的问题，跨国公司经常因此受到攻击（Attig et al.，2016）。如2011年，中国紫金矿业因未披露奥布兰科矿项目的重大环境和社会风险，被处高额罚款；中国石油天然气集团有限公司和中国石油化工集团有限公司在蒙古、印度尼西亚、墨西哥及加蓬等地的项目因破坏当地环境被紧急叫停等，均对中国对外投资提出了新的挑战。习近平总书记指出"我国企业走出去既要重视投资利益，更要赢得好名声、好口碑，遵守驻在国法律，承担更多社会责任"①。积极履行社会责任，是企业树立良好社会形象、增强核心竞争力、实现可持续发展的内在需求。在逆全球化兴起的背景下，在对外直接投资中积极承担社会责任，是实现"一带一路"倡议，打造政治互信、经济融合、文化包容的利益共同体、命运共同体和责任共同体的基础。因而，研究中国企业对外直接投资对社会责任履行的影响，具有重要的理论与现实意义。

目前关于企业对外直接投资经济后果的研究大多集中在对公司绩效（杨忠和张骁，2009；周超和苏冬蔚，2019）、技术进步（肖慧敏和刘辉煌，2014）、全要素生产率（蒋冠宏和蒋殿春，2014a）的影响，关于对外直接投资对公司社会责任的研究较少（Yang and Rivers，2009；Kang，2013；Attig et al.，2016；Zeng et al.，2015），处于起步阶段（Xu and Liu，2017），尚不成熟（Hah and Freeman，2014；黄凌云等，2018），未得到一致的结论（Kang，2013；Hah and Freeman，2014；黄凌云等，2018），Brammer 等（2006）、Brammer 等（2009）、Kang（2013）、Attig 等（2016）以英美国家公司为样本，发现公司对外直接投资水平与公司社会责任履行呈正相关，原因在于随着对外直接投资的深入，跨国公司需要满足随之增加的利益相关者需求。然而，也有学者发现了不同的结果，Cho 等（2015）以韩国上市公司为例，发现公司国际多元化与公司社会责任履行呈负相关；陈永强和潘奇（2016）、Liu 等（2018）发现在中国，随着对外直接投资水平的提高，国内市场的重要性下降导致对外直接投资水平与国内慈善捐赠负相关，但并未研究对国外捐赠的影响。Simerly 和 Li（2000）以美国公司为样本，未发现对外直接投资和公司社会责任之间有显著正向或负向关系。Strike 等（2006）基于美国跨国公司数据，发现对外直接投资与社会责任承担存在权变关系，当环境不同时，对外直接投资与公司社会责任关系亦不同，随着对外直接投资的深入，跨国公司可能在某些方面承担更多社会责任，而在另一些方面承担更少的社会责任。此外，在少数对外直接投资对社会责任影响的文献中，部分关注对外直接投资对社会责任某个子问题的研究，如环境绩效、慈善捐赠（Strike et al.，2006；Xu and Liu，2017；陈永强和潘奇，2016）。由于对外直接投资公

① 习近平总书记在中共中央政治局第三十一次集体学习时的讲话："借鉴历史经验创新合作理念，让'一带一路'建设推动各国共同发展。"

司对一系列社会问题和人数众多的利益相关者福利具有重要影响，因而有必要研究对外直接投资与公司总体社会责任之间的关系（Kang，2013）。且上述研究均以发达国家公司为样本，缺少针对新兴市场国家企业对外直接投资对社会责任的研究（Zeng et al.，2015；Ma et al.，2016）。与发达国家企业相比，新兴市场企业在对外直接投资与社会责任承担方面，存在显著的知识与经验的不足，以发达国家为样本的研究结论是否适用于新兴市场国家仍不确定。

基于此，本书基于利益相关者理论和污染天堂假说，采用 2010~2017 年中国沪深 A 股非金融上市公司经验数据，研究在中国制度背景下，企业对外直接投资对社会责任履行的影响及其作用机制。

二、理论分析与假设构建

理论上，基于利益相关者理论的合法性和战略性动机以及基于自利主义的污染天堂（避难所）假说，对外直接投资对企业社会责任履行存在促进和抑制两种相反效应。

（一）对外直接投资的"促进效应"

利益相关者理论认为，利益相关者的数量、需求与公司多元化水平正相关（Kang，2013；Xu and Liu，2017）。当公司进入海外市场经营时，由于不同东道国法律制度、社会文化、经济发展水平的差异，对外直接投资公司将面临数量更多、需求更加多样化、合法性要求更高、更为强大的利益相关者（Brammer et al.，2006；Kang，2013；Attig et al.，2016），如东道国政府、全球竞争者、海外顾客和社区、非政府组织、国际媒体等（Kang，2013）。基于合法性和战略性动机，对外直接投资公司更有可能回应利益相关者需求，承担更多的社会责任（Kang，2013；Cho et al.，2015；Zeng et al.，2015）。

基于合法性的要求，跨国公司需要遵守母国与东道国政治、环境、社会方面的相关法律制度。在社会责任方面，跨国公司海外子公司面临采用母公司标准、采用东道国标准或者同时采用二者皆认可的企业履行社会责任标准，虽然在一定程度上对外直接投资公司在社会责任的履行范围和时间上有一定的选择权，但是由于对外直接投资公司面临的环境、劳动保护的国际标准和制度压力，促使跨国公司在社会责任方面采用对外直接投资的标准和政策，确保公司至少满足法律的要求（Brammer et al.，2006）；此外，跨国公司容易因海外环境绩效较差引发母国诉讼，进一步增加了跨国公司改进社会环境绩效的需要，使得跨国公司在不同地区进行高标准的社会责任实践成为必然（Brammer et al.，2006）。

在对外直接投资中，基于战略性动机，公司会主动、积极承担更多的社会责任，以获取更多的资源（Branco and Rodrigues，2008），如税收优惠、更好的投资环境、与政府良好的关系（黄凌云等，2018）等。首先，履行社会责任可以向外界传递良好声誉的积极信号（Attig et al.，2016；Kang，2013），有助于提升品牌美誉度，吸引更多的消费者、投资者、债权人、供应商、员工等，提升竞争优势。其次，良好的社会责任有助于跨国公司克服外来者劣势。当公司进入海外市场时，在东道国面临潜在不利的国际环境。因法律制度环境的差异和公司对法律制度的不熟悉，跨国公司面临较高的法律风险。公司可以通过提高公司社会责任活动降低进入国外市场带来的风险（Attig et al.，2016），预防恶性环境事故的发生，缓解与当地社区、居民、劳工组织的冲突等，有助于降低违法违规产生的巨额成本的可能性。再次，对外直接投资可以发挥社会责任投资的规模经济效应，提升跨国公司在全球市场的社会绩效，同时成本可在全球范围内分摊，进一步促使对外直接投资公司进行社会责任投资。最后，新兴市场国家跨国公司的社会责任是海外市场持续发展的弱点。与发达国家不同，新兴市场国家在对外直接投资过程中面临东道国尤其是欧美等发达国家对社会责任更高的要求。组织学习理论认为对外直接投资的过程是组织自我学习的过程，也是公司社会责任学习的过程（Cho et al.，2015），在对外直接投资过程中，新兴市场国家的跨国公司在社会责任学习需求和能力方面会迅速上升，进而提高社会责任水平（Zeng et al.，2015）。

（二）对外直接投资的"抑制效应"

基于污染天堂（避难所）假说，跨国公司可能选择在社会责任标准较低的国家或地区投资，进而降低社会责任整体水平（Simerly and Li，2000；Brammer et al.，2006）。首先，跨国公司进入海外市场的动因之一为规避国内市场社会或环境规制，利用东道国宽松的环境法规、宽松的安全准则等（Strike et al.，2006；Cho et al.，2015），有研究表明发达国家对外直接投资加剧了东道国的环境污染等（肖红军等，2018），从而降低社会责任水平。其次，跨国公司居于全球价值链的顶端，可能对东道国的经营进行压榨，如廉价工资、压低原材料价格等（Strike et al.，2006；Cho et al.，2015），降低了公司整体社会责任。再次，跨国公司也可能因为追求短期利润最大化降低对利益相关者的回应，进而降低社会责任投入（Kang，2013）。最后，在跨国公司中，由于子公司地理位置较远和文化差异，母公司的监督和控制也较为困难，甚至海外子公司不能完全理解要遵从的社会标准，或者选择无视这些标准，因而对外直接投资过程中可能伴随着社会责任履行标准的降低。

综合上述分析可知，基于合法性与战略性动机，有利于对外直接投资与企业社会责任之间形成正相关性，但基于污染天堂（避难所）假说，则认为对外直接投资会抑制企业社会责任的履行。而中国企业对外直接投资，不同于发达国家以规避出口成本和降低生产成本进而获利为主要目的的跨国投资，大多并非以生产力转移为主，而是以向上游和向市场延伸价值链为主，其主要目的是获取先进的技术等战略性资源，为了更好地融入尤其是发达国家的市场体系，本书认为中国企业更有动力去积极履行社会责任。此外，中国跨国公司在多个东道国的全球利益相关者与国内利益相关者之间存在的合法性差距，使其在海外市场会遇到比发达国家的跨国公司更重要的合法性问题，因而加剧了中国企业在国外市场的合法性挑战，为在多个国家顺利持续运营，中国跨国公司必须在全球利益相关者以及与其本国国内利益相关者不同的东道国环境中建立并保持合法性。由此，本书提出 H1：

H1a：与非对外直接投资企业相比，对外直接投资企业社会责任水平较高。

H1b：企业对外直接投资水平越高，社会责任水平也越高。

基于上述分析，本节构建研究框架如图 3-1 所示：

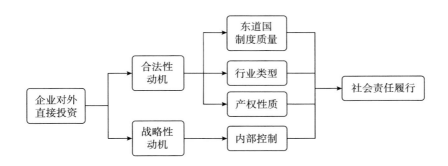

图 3-1　对外直接投资与企业社会责任履行关系研究框架

三、研究设计

（一）样本选择与数据来源

考虑到中国企业对外直接投资自 2008 年以来才开始迅猛发展，之前 A 股上市公司对外直接投资项目较少，同时 2008~2009 年国际金融危机期间 OFDI 可能存在异常，因而本书选取 2010~2017 年中国沪深 A 股上市公司作为初始样本，剔除金融类公司、样本期间被"特别处理"（Special Treatment）的公司、样本期间退市的公司以及核心变量存在缺失的公司，获得 3416 个公司、19595 个样本（对外直接投资公司 1995 个、8916 个样本）。公司对外直接投资数据来自国泰安数据库和在公司年报中手工查找子公司名称、注册地、所在国家或地区相关信息，从中筛选出纳入合并报表的海外子公司，并搜集海外子公司的设立方式、业务范围，以及对海外子公司资金投入、控制方式等信息。和讯社会责任评分来源于和讯网，机构投资者持股数据来源于万得数据库，迪博·中国上市公司内部控制指数来源于 DIB 内部控制与风险管理数据库，其他变量数据均来自国泰安数据库和万得数据库。为避免极端值的影响，所有未经对数化处理的连续变量均进行上下 1% 缩尾处理。

（二）模型构建与变量定义

借鉴 Strike 等（2006）、Brammer 等（2006）、Kang（2013）、Attig 等（2016）的研究，构建模型（3-1）~模型（3-3）检验 H1：

$$CSR_{it} = \alpha_0 + \alpha_1 FORDUM_{it} + Controls_{it} + \sum Industry + \sum Year + \varepsilon_{it} \qquad (3-1)$$

$$CSR_{it} = \alpha_0 + \alpha_1 FORSUB_{it} + Controls_{it} + \sum Industry + \sum Year + \varepsilon_{it} \qquad (3-2)$$

$$CSR_{it} = \alpha_0 + \alpha_1 FORCOU_{it} + Controls_{it} + \sum Industry + \sum Year + \varepsilon_{it} \qquad (3-3)$$

在中国公司对外直接投资的相关研究中，由于海外收入指标获取较为容易，且可以在一定程度上反映对外直接投资水平，因而大多采用海外销售收入占比度量对外直接投资水平（金鑫等，2011；王新等，2014；王海林和王晓旭，2018；王站杰和买生，2019），但该指标将出口收入和海外子公司收入混在一起，没有考虑二者的实质性差异以及地区结构的影响（Duru and Reeb，2002），仅使用此指标度量对外直接投资水平是有偏差的（乔友庆，2002；Mauri et al.，2013），对外直接投资水平测度的偏差是对外直接投资经济后果研究存在差异的主要原因之一（Berrill and Kearney，2010）。海外子公司数量是度量企业对外直接投资水平的最常用指标（Aggarwal et al.，2011），因而，借鉴国际主流研究的做法（Hitt et al.，2006；Strike et al.，2006；Aggarwal et al.，2011；Mauri et al.，2013；Dunning and Lundan，2008；周超和苏冬蔚，2019），本书使用海外子公司数量和对外直接投资国数量，度量上市公司对外直接投资水平。FORDUM 为对外直接投资哑变量，若有海外子公司，则为对外直接投资公司，取值为 1，否则为 0；采用海外子公司数量 FORSUB 度量对外直接投资深度，采用对外直接投资国数量 FORCOU 度量对外直接投资广度。

公司社会责任承担水平衡量了公司对股东、员工、供应商、客户、环境、慈善捐赠与税收等的贡献，是一个多维指标（Kang，2013）。和讯社会责任评分是中国首家上市公司的社会责任专业测评产品，从股东责任（权重 30%），员工责任（权重 15%），供应商、客户和消费者权益责任（权重 15%），环境责任（权重 20%）和社会责任（权重 20%）五个方面进行考核，并根据行业对权重进行调整，每项考核分别设立二级和三级指标进行全面评价，在学术研究中得到广泛的应用（陈志军和闵亦杰，2015；吴德军，2016；王站杰和买生，2019；宋林等，2019a），因而本书采用和讯社会责任评分度量中国上市公司的社会责任履行水平。

Controls$_{it}$ 为控制变量，借鉴 Strike 等（2006）、Brammer 等（2006）、Kang（2013）、Attig 等（2016）的研究，选择如下变量：公司规模 Size（期末总资产的自然对数）；公司年龄 Age；股权集中度指标 Top1（第一大股东持股比例）；境内机构投资者持股比例总和 Investor；资产负债率 LEV；总资产报酬率 ROA；独立董事占比 InDirec（独立董事与全部董事的比值）；并将 Industry 和 Year 分别作为行业控制变量和年份控制变量。具体变量定义与度量见表 3-1。

表 3-1 变量定义与度量

变量	定义
被解释变量	
CSR	企业社会责任承担水平，和讯社会责任评分
解释变量	
FORDUM	对外直接投资哑变量，有海外子公司时，取值为 1，否则为 0
FORSUB	对外直接投资深度，海外子公司数量的自然对数
FORCOU	对外直接投资广度，企业海外子公司分布国家或地区数量的自然对数

续表

变量	定义
	控制变量
Size	公司规模，公司期末资产总额的自然对数
Age	公司年龄，公司成立时间的自然对数
Top1	第一大股东持股比例
ROA	总资产报酬率，（利润总额+财务费用）/资产总额
Investor	境内机构投资者持股比例总和
LEV	资产负债率，期末总负债/期末总资产
InDirec	独立董事占比，独立董事人数/全部董事总人数
Industry	行业控制变量
Year	年份控制变量

四、实证结果分析

（一）描述性统计

从表 3-2 面板（Panel）A 中可以看出，2010~2017 年样本公司平均社会责任得分较低，均值为 26.35；样本期间共有 8916 个样本拥有至少一家海外子公司，占样本总数的 45.50%。平均而言，每家对外直接投资公司拥有 3.40 家海外子公司，在 2.12 个国家或地区进行对外直接投资。从面板（Panel）B 中可以看出，对外直接投资公司社会责任得分均值和中位数均高于非对外直接投资公司，均值检验 T 值为 12.16，中位数秩和检验的 Z 值为 12.51，均在 1% 的水平下显著，在一定程度上说明对外直接投资公司履行社会责任较好，为 H1a 提供了支持。

表 3-2　描述性统计

Panel A　主要变量描述性统计

VARIABLES	N	Mean	Sd	Min	P50	Max
CSR	19595	26.3529	17.1782	−3.5500	22.5200	75.4900
FORDUM	19595	0.4104	0.4919	0	0	1
FORSUB	8916	0.7593	0.8414	0	0.6931	4.6151
FORCOU	8916	0.4971	0.6389	0	0.0000	3.4012

续表

VARIABLES	N	Mean	Sd	Min	P50	Max
Size	19595	22.0530	1.3075	14.9416	21.8730	28.5087
Age	19595	2.6754	0.4323	0	2.7726	3.9120
Top1	19595	35.3516	15.0746	8.6050	33.4870	74.9761
LEV	19595	0.4219	0.2147	0.0474	0.4124	0.9947
ROA	19595	0.0644	0.0610	−0.2177	0.0587	0.2788
Investor	19595	6.4153	6.9001	0.0022	4.0394	32.9330
InDirec	19595	0.3733	0.0530	0.3333	0.3333	0.5714

Panel B   主要变量的差异性检验

VARIABLES	（1）非对外直接投资公司		（2）对外直接投资公司		差异（2）−（1）		差异（2）−（1）	
	Mean	Median	Mean	Median	Mean	T−stat	Median	Z
社会责任评分	24.53	20.25	27.46	21.96	2.93***	12.16	1.71***	12.51

注：***表示在1%的水平下显著。

（二）回归结果分析

在回归之前首先检验变量之间的相关性，Pearson 相关系数矩阵如表3−3 所示，主要自变量之间相关系数绝大多数均小于0.3，平均方差膨胀因子为3.95，变量之间不存在严重的共线性。此外，公司对外直接投资哑变量 FORDUM、对外直接投资广度 FORCOU 和对外直接投资深度 FORSUB 均与社会责任评分 CSR 在1%的水平下显著正相关，在一定程度上支持了 H1。

为检验 H1，对模型（3−1）~模型（3−3）进行检验，为减轻同一公司不同时期序列相关问题以及异方差的影响，采用公司层面聚类稳健标准误，同时控制了行业和年份的影响。结果如表3−4 所示：从第（1）列可以看出，对外直接投资哑变量与社会责任评分正相关，在1%的水平下显著，说明与非对外直接投资公司相比，对外直接投资公司社会责任得分较高；从第（2）~（5）①列可以看出，对外直接投资水平与社会责任评分显著正相关，对外直接投资水平越高，社会责任得分也越高，H1a 和 H1b 通过验证。从控制变量来看，与以往研究一致，

① 第（2）~（3）列为全样本回归结果，第（4）~（5）列为 OFDI 公司样本回归结果。

表 3-3　Pearson 相关系数矩阵

VARIABLES	CSR	FORDUM	FORSUB	FORCOU	Size	Age	Top1	LEV	Investor	ROA	InDirec
CSR	1										
FORDUM	0.069***	1									
FORSUB	0.101***	0.230***	1								
FORCOU	0.094***	0.271***	0.255***	1							
Size	0.208***	0.247***	0.252***	0.311***	1						
Age	-0.026*	0.012*	0.029***	0.017**	0.153***	1					
Top1	0.146***	-0.024***	-0.005	-0.016**	0.231***	-0.112***	1				
LEV	-0.008**	0.059***	0.116***	0.096***	0.325***	0.229***	0.065***	1			
Investor	0.155***	0.083***	0.102***	0.100***	0.169***	0.016**	-0.128***	0.054***	1		
ROA	0.316***	0.012*	0.007	0.011	-0.013	-0.111***	0.111***	-0.309***	0.183***	1	
InDirec	0.001	0.053***	0.059***	0.058***	0.018**	-0.022***	0.047***	-0.008	0.006	-0.022***	1

注：***、**、* 分别表示在 1%、5%、10% 的水平下显著。

公司规模、获利能力与公司社会责任履行正相关，资产负债率与社会责任履行负相关。

表3-4 对外直接投资与企业社会责任履行的关系

VARIABLES	(1)	(2)	(3)	(4)	(5)
	CSR	CSR	CSR	CSR	CSR
FORDUM	0. 7771***				
	(3. 52)				
FORSUB		0. 7137***		0. 5921***	
		(4. 25)		(2. 68)	
FORCOU			1. 0475***		1. 1986***
			(5. 02)		(4. 13)
Size	4. 9130***	4. 8476***	4. 8293***	4. 9998***	4. 9474***
	(42. 14)	(40. 86)	(40. 93)	(27. 34)	(27. 33)
Age	1. 3789***	1. 3962***	1. 4081***	3. 0877***	3. 1019***
	(5. 17)	(5. 23)	(5. 28)	(7. 51)	(7. 54)
Top1	0. 0204***	0. 0210***	0. 0214***	0. 0183	0. 0187
	(2. 72)	(2. 80)	(2. 86)	(1. 58)	(1. 61)
LEV	−10. 0143***	−10. 0177***	−10. 0147***	−8. 6196***	−8. 6636***
	(−16. 34)	(−16. 35)	(−16. 35)	(−8. 00)	(−8. 04)
Investor	0. 0684***	0. 0675***	0. 0671***	0. 0605**	0. 0593**
	(4. 11)	(4. 05)	(4. 03)	(2. 34)	(2. 29)
ROA	91. 3302***	91. 3250***	91. 2707***	91. 4763***	91. 4090***
	(49. 04)	(49. 07)	(49. 05)	(29. 88)	(29. 88)
InDirec	1. 7194	1. 5825	1. 5262	−0. 6930	−0. 6718
	(0. 87)	(0. 80)	(0. 77)	(−0. 23)	(−0. 23)
Industry	Controlled	Controlled	Controlled	Controlled	Controlled
Year	Controlled	Controlled	Controlled	Controlled	Controlled
Constant	−90. 9329***	−89. 4719***	−89. 0877***	−90. 4145***	−89. 2803***
	(−29. 27)	(−28. 34)	(−28. 32)	(−22. 74)	(−22. 69)
N	19595	19595	19595	8916	8916
R−squared	0. 3204	0. 3207	0. 3209	0. 3541	0. 3550

注：***、**、*分别表示在1%、5%、10%的水平下显著，括号内的T值为公司层面聚类稳健标准误T值。

（三）稳健性检验

1. 内生性检验

（1）逆向因果。社会责任承担作为企业的一项资源，对公司对外直接投资可能有正向影响，同时可能由于利益相关者的多元化与需求的增加，跨国公司可能会选择在社会责任标准较低的国家投资（Attig et al.，2016）。为减轻可能存在的逆向因果关系，借鉴 Strike 等（2006）、Brammer 等（2006）、Kang（2013）、Attig 等（2016）、陈永强和潘奇（2016）、罗正英等（2018）的研究，对所有自变量滞后一期，结果如表3-5所示，对外直接投资哑变量、对外直接投资水平均与社会责任得分正相关，且均通过显著性检验，本书研究结论稳健。

表3-5　逆向因果检验

VARIABLES	(1)	(2)	(3)
	CSR	CSR	CSR
FORDUM	1.1178 ***		
	(4.54)		
FORSUB		1.0352 ***	
		(3.82)	
FORCOU			1.7756 ***
			(4.97)
Size	4.9853 ***	4.7571 ***	4.7106 ***
	(38.33)	(21.83)	(21.79)
Age	1.4588 ***	3.2631 ***	3.2788 ***
	(5.00)	(6.63)	(6.66)
Top1	0.0345 ***	0.0287 **	0.0293 **
	(4.10)	(2.05)	(2.10)
LEV	−10.9020 ***	−9.0765 ***	−9.1207 ***
	(−15.58)	(−6.95)	(−6.98)
Investor	0.1771 ***	0.1538 ***	0.1541 ***
	(9.96)	(5.13)	(5.14)
ROA	68.5614 ***	76.0347 ***	75.8934 ***
	(30.74)	(19.77)	(19.77)
InDirec	0.2915	0.3282	0.4188
	(0.13)	(0.09)	(0.12)

续表

VARIABLES	(1)	(2)	(3)
	CSR	CSR	CSR
Industry	Controlled	Controlled	Controlled
Year	Controlled	Controlled	Controlled
Constant	−83. 8721***	−91. 1422***	−90. 1502***
	(−14. 50)	(−16. 12)	(−16. 00)
N	19595	8916	8916
R−squared	0. 2776	0. 3187	0. 3201

注：***、**、*分别表示在1%、5%、10%的水平下显著，括号内的 T 值为公司层面聚类稳健标准误 T 值。

（2）样本自选择。企业进行对外直接投资是公司的内生选择（Dastidar，2009；Attig et al.，2016）。公司规模、负债水平、盈利能力、公司治理水平、股东结构、所处行业、公司年龄等是影响企业对外直接投资决策的主要因素（Dastidar，2009），这些因素可能同时影响到公司社会责任承担。因而，为减弱对外直接投资选择的非随机带来的内生性问题，借鉴 Dastidar（2009）的研究，采用 Heckman 两阶段模型的变形处理效应模型（Treatment Effect Model），第一阶段为 Probit 模型，如模型（3-4）所示，Z_{it} 为影响公司对外投资决策的因素，包括公司规模"Size"、总资产报酬率"ROA"、公司年龄"Age"、资产负债率"LEV"、第一大股东持股比例"Top1"、独立董事占比"InDirec"，所有自变量滞后一期处理，此外加入公司所在行业从事对外直接投资公司占比，并控制行业和年份的作用。从第一阶段的回归中可以得到自选择偏误 λ，即逆米尔斯比率（Inverse Mills Ratio，IMR）。将 λ 加入模型（3-1）~模型（3-3），用于修正企业对外直接投资对社会责任履行的影响，进行第二阶段回归，若 λ 显著，说明存在样本自选择偏误，使用 Heckman 两阶段模型是有必要的。

$$FORDUM_{it} = \beta Z_{it-1} + \mu_{it} \tag{3-4}$$

回归结果如表 3-6 所示，第（1）、第（2）~（4）列分别为第一阶段和第二阶段的回归结果，从第（1）列可以看出，公司规模、盈利水平、机构投资者持股、独立董事占比、所在行业中从事对外直接投资公司占比与对外直接投资概率正相关；公司负债水平、公司年龄与对外直接投资概率负相关，同时求得样本选择偏误 λ；将 λ 加入模型（3-1）~模型（3-3），第二阶段回归结果（第

（2）～（4）列）显示λ均在1%的水平下显著，说明确实存在样本自选择偏误，使用 Heckman 两阶段模型是有必要的。在控制样本选择偏误之后，对外直接投资哑变量、对外直接投资广度与深度依然与社会责任得分在1%的水平下正相关，即与非对外直接投资公司相比，有对外直接投资的公司社会责任承担水平更高，对外直接投资水平越高，社会责任承担水平也越高，本书研究结论稳健。

表 3-6　Heckman 两阶段模型

VARIABLES	(1)	(2)	(3)	(4)
	第一阶段	第二阶段	第二阶段	第二阶段
	FORDUM	CSR	CSR	CSR
FORDUM		0.7512 ***		
		(3.14)		
FORSUB			0.6121 ***	
			(2.70)	
FORCOU				1.2751 ***
				(4.26)
Size		2.5610 ***	1.5515 ***	1.4886 ***
		(10.40)	(4.06)	(3.91)
Age		3.4713 ***	6.2131 ***	6.2338 ***
		(9.80)	(11.79)	(11.82)
Top1		0.0584 ***	0.0734 ***	0.0738 ***
		(6.62)	(5.51)	(5.55)
LEV		−8.7154 ***	−5.8751 ***	−5.9133 ***
		(−12.29)	(−4.94)	(−4.98)
Investor		0.0276	0.0214	0.0204
		(1.58)	(0.80)	(0.76)
ROA		93.4525 ***	90.8609 ***	90.7859 ***
		(44.33)	(26.97)	(26.97)
InDirec		−1.9439	−6.2562 **	−6.2291 **
		(−0.89)	(−1.97)	(−1.97)
IMR		−12.4940 ***	−18.5171 ***	−18.5209 ***
		(−12.32)	(−11.12)	(−11.13)
L. Size	0.3198 ***			
	(30.17)			

续表

VARIABLES	（1）第一阶段 FORDUM	（2）第二阶段 CSR	（3）第二阶段 CSR	（4）第二阶段 CSR
L. Age	−0.2203***			
	（−8.78）			
L. Top1	−0.0053***			
	（−7.36）			
L. LEV	−0.2682***			
	（−4.28）			
L. Investor	0.0054***			
	（3.65）			
L. ROA	0.7282***			
	（3.84）			
L. InDirec	0.8112***			
	（4.24）			
IVindustry	2.4514***			
	（8.14）			
Industry	Controlled	Controlled	Controlled	Controlled
Year	Controlled	Controlled	Controlled	Controlled
Constant	−7.5513***	−21.7066**	−11.3128	−9.9830
	（−25.04）	（−2.58）	（−1.33）	（−1.18）
N	19595	19595	8916	8916
Pseudo R^2/R^2	0.1078	0.3363	0.3680	0.3690

注：***、**、*分别表示在1%、5%、10%的水平下显著，括号内的 T 值为稳健标准误 T 值。

（3）倾向得分匹配法（PSM）。为检验对外直接投资水平与社会责任之间的关系是由公司潜在特征引起的还是对外直接投资本身的影响，借鉴 Attig 等（2016）、Tsao 等（2017）、宋献中等（2017）的研究，采用 PSM 方法减轻内生性问题，配对变量选择与 Heckman 第一阶段变量选择一致，包括公司规模 Size、总资产报酬率 ROA、公司年龄 Age、资产负债率 LEV、第一大股东持股比例 Top1、独立董事占比 InDirec，以上自变量滞后一期处理，同时包括公司所在行业从事对外直接投资公司占比、行业固定效应和年份固定效应，使用

Logit 模型估计倾向得分，仅对共同取值范围内的样本进行匹配，采用一对一有放回抽样。

配对前后是否有对外直接投资公司的社会责任得分差异如表 3-7 所示，从中可以看出，虽然配对之后对外直接投资公司与非对外直接投资公司社会责任得分差异变小，从 2.4615 下降至 1.7973，但配对之后二者的差异依然在 1% 的水平下显著（T 值为 4.36，大于临界值 1.96），说明在控制样本异质性之后，对外直接投资公司社会责任承担水平依然较高，本书研究结论稳健。

表 3-7　配对前后是否有对外直接投资公司的社会责任得分差异

Variable Sample	处理组	控制组	差异	标准误	T 值
Bias Unmatched	28.0000	25.5385	2.4615	0.2712	9.08
ATT	28.0112	26.2139	1.7973	0.4123	4.36

PSM 方法的有效性取决于配对是否满足平衡假设和共同支撑假设（Rosenbaum and Rubin，1985）。为检验 PSM 的有效性，对平衡假设和共同支撑假设进行检验。首先平衡假设的检验主要包括两个方面：①计算配对前后实验组和控制组的标准偏差，匹配后标准偏差越小，匹配效果越好；②检验配对后处理组和控制组各配对变量的均值是否相等，若相等即差异不显著，则配对效果较好。

从表 3-8 中可以看出，匹配之前，进行对外直接投资的公司在公司规模 Size、资产负债率 LEV、总资产报酬率 ROA、第一大股东持股比例 Top1、独立董事占比 InDirec、公司年龄 Age 等特征上与未进行对外直接投资的公司存在显著差异，而在采用 PSM 方法进行匹配后，除总资产报酬率 ROA 之外，处理组和控制组各配对变量之间的标准偏差均大幅下降，处理组和控制组相关变量均值无显著差异，均值 T 检验不显著，且配对后除总资产报酬率 ROA 外，配对后标准偏差绝对值均小于 5%；此外，匹配前对外直接投资公司的倾向性得分（Pscore）显著高于未进行对外直接投资的公司，而匹配后两者不存在任何显著差异。可见，采用 PSM 方法获得的对照组样本与对外直接投资的处理组样本在各个公司特征上已不存在显著差异，配对有效。

对于共同支撑假设，本书绘制了 PSM 方法匹配前后的密度函数图，如图 3-2 所示，可以看出，在采用 PSM 方法匹配前，对外直接投资公司与未进行对外直接投资公司的密度函数存在显著差异，而通过 PSM 方法匹配后的对照组公司与对外直接投资公司的密度函数则极为相似。可见，采用 PSM 方法获得的对照组公司很好地实现了匹配目标。

表 3-8　平衡性检验

变量名称	匹配前 U 匹配后 M	均值		标准偏差 （%）	标准偏差 减少（%）	T 检验	
		处理组	控制组			T 值	P 值
L. Size	U	22. 340	21. 753	45. 6		30. 27***	0. 000
	M	22. 329	22. 331	−0. 1	99. 7	−0. 07	0. 942
L. Age	U	2. 697	2. 706	−2. 2		−1. 43	0. 153
	M	2. 698	2. 702	−1	52. 6	−0. 63	0. 531
L. Top1	U	35. 521	36. 002	−3. 2		−2. 07**	0. 038
	M	35. 474	35. 694	−1. 4	54. 2	−0. 87	0. 383
L. LEV	U	0. 434	0. 422	5. 5		3. 61***	0. 000
	M	0. 434	0. 436	−1. 1	79. 6	−0. 7	0. 485
L. Investor	U	7. 442	6. 222	16. 9		11. 13***	0. 000
	M	7. 438	7. 497	−0. 8	95. 2	−0. 48	0. 633
L. ROA	U	0. 068	0. 065	4. 5		2. 96***	0. 003
	M	0. 068	0. 065	5. 1	−13. 9	3. 18***	0. 001
L. InDirec	U	0. 375	0. 370	10. 3		6. 97***	0. 000
	M	0. 375	0. 375	1. 2	88. 7	0. 69	0. 493

注：***、**、*分别表示在1%、5%、10%的水平下显著。

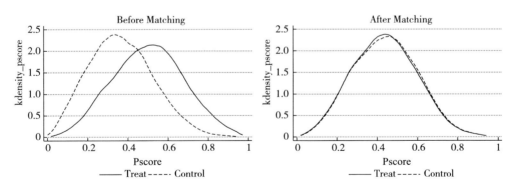

图 3-2　密度函数图

注：图3-2左侧为倾向性得分匹配前的密度函数图，右侧为倾向性得分匹配后的密度函数图。其中，横轴为倾向性得分，纵轴为概率密度。实线代表对外直接投资公司的密度函数图，虚线代表对照组公司的密度函数图。

配对后继续对模型（3-1）、模型（3-2）、模型（3-3）进行回归，结果如表 3-9 所示，对外直接投资哑变量 FORDUM、对外直接投资深度 FORSUB、对外直接投资广度 FORCOU 系数分别在 1%、5% 和 1% 的水平下显著为正，说明与非对外直接投资公司相比，进行对外直接投资公司的社会责任水平较高，且对外直接投资水平越高，履行的社会责任越多，本书研究结论稳健。

表 3-9 配对后回归结果

VARIABLES	(1)	(2)	(3)
	CSR	CSR	CSR
FORDUM	0.8395***		
	(2.90)		
FORSUB		0.5706**	
		(2.49)	
FORCOU			1.2453***
			(4.11)
Size	5.3151***	5.2234***	5.1570***
	(34.27)	(26.49)	(26.41)
Age	2.1219***	3.2765***	3.3007***
	(5.66)	(7.18)	(7.23)
Top1	0.0113	0.0191	0.0196
	(1.13)	(1.54)	(1.59)
LEV	−10.7726***	−9.5869***	−9.6274***
	(−12.30)	(−8.33)	(−8.36)
Investor	0.0399*	0.0546**	0.0534**
	(1.85)	(2.02)	(1.98)
ROA	92.8777***	90.9860***	90.9082***
	(35.40)	(26.67)	(26.67)
InDirec	2.0082	0.8691	0.8703
	(0.78)	(0.28)	(0.28)
Industry	Controlled	Controlled	Controlled
Year	Controlled	Controlled	Controlled
Constant	−94.7655***	−94.4412***	−93.0345***
	(−28.43)	(−22.22)	(−22.10)

续表

VARIABLES	(1)	(2)	(3)
	CSR	CSR	CSR
N	19595	8916	8916
R-squared	0.3479	0.3615	0.3626

注：＊＊＊、＊＊、＊分别表示在1%、5%、10%的水平下显著，括号内的 T 值为稳健标准误 T 值。

（4）工具变量。本书进一步采用工具变量缓解研究中可能存在的内生性问题。在工具变量的选择上，借鉴 Li 等（2011）、Attig 等（2016）的做法，本书采用公司所在省份非金融类对外直接投资存量占全国总存量的比重 OFDIstockratio、公司所在行业对外直接投资公司的比重 IVindustry，作为对外直接投资的工具变量。公司可以通过学习同一地区其他公司对外直接投资经验、吸取教训，降低对外直接投资的进入成本，因此，公司所在省份对外直接投资存量可以影响公司对外直接投资决策，但不会直接影响某个具体公司的社会责任水平，基于此，本书根据公司总部所在地，确定公司所属省份，并计算该省份非金融类对外直接投资存量占全国总存量的比重。特定年份公司所在行业对外直接投资公司占比，即在某一特定年份某一行业中对外直接投资公司比重，反映了行业在海外投资的倾向（Campa and Kedia，2002），如果行业中对外直接投资公司占比较高，说明整体而言，该行业更有可能进行海外投资，但是行业整体的对外直接投资倾向与某一具体公司的社会责任水平无直接关系。因而本书选择以上两个变量作为公司对外直接投资的工具变量。

回归结果如表3-10所示，第（1）、第（2）列分别是第一阶段和第二阶段的回归结果。公司所在省份非金融类对外直接投资存量占全国总存量的比重 OF-DIstockratio 和公司所在行业对外直接投资公司的比重 IVindustry 均与 FORDUM 在1%的水平下正相关，说明二者对公司对外直接投资有较好的解释，进一步检验发现 F 统计量为179.80，F 统计量的 P 值为0.0000，R^2 为0.1868，调整后的 R^2 为0.1853，因此不存在弱工具变量问题。接着，对工具变量进行过度识别检验，卡方值为1.97166，对应 P 值为0.1603，说明工具变量为外生变量。

从表3-10第（2）列可以看出，对外直接投资工具变量 IVFORDUM 与公司社会责任评分在1%的水平下显著正相关，与前文研究结论一致，本书研究结论稳健。

表 3-10　工具变量回归结果

VARIABLES	（1）	（2）
	第一阶段	第二阶段
	FORDUM	CSR
OFDIstockratio	5.9037***	
	(31.12)	
IVindustry	0.8179***	
	(10.04)	
IVFORDUM		2.7998***
		(3.20)
Size	0.1158***	4.6779***
	(38.37)	(31.50)
Age	−0.0666***	1.5228***
	(−7.94)	(5.55)
Top1	−0.0020***	0.0245***
	(−8.72)	(3.18)
LEV	−0.0244	−9.8777***
	(−1.25)	(−16.08)
Investor	0.0023***	0.0640***
	(4.68)	(3.81)
ROA	0.0079	91.1386***
	(0.13)	(48.90)
InDirec	0.2726***	1.0358
	(4.50)	(0.52)
Industry	Controlled	Controlled
Year	Controlled	Controlled
Constant	−2.4164***	−81.9847***
	(−22.88)	(−18.12)
N	19595	19595
R-squared	0.1868	0.3175

注：***、**、*分别表示在1%、5%、10%的水平下显著，括号内的 T 值为稳健标准误 T 值。

（5）控制可能遗漏的变量。已有研究表明，政府补贴（孔东民和李天赏，2014）、高管海外背景（宋建波和文雯，2016）等因素也会影响企业社会责任表现。为了避免遗漏这些因素对研究结果造成的影响，本书在模型（3−1）~模型（3−3）中补充了两个控制变量：公司获得的政府补贴（加 1 后取对数）Govern 与有海外工作经历的董事人数（加 1 后取对数）OverExp。检验结果如表 3−11 所示，对外直接投资哑变量 FORDUM、对外直接投资深度 FORSUB 和对外直接投资广度 FORCOU 的系数均在 1% 的水平下显著为正，表明在控制政府补贴及董事海外背景的影响之后，对外直接投资对企业社会责任履行水平的影响依然符合预期。

表 3−11　控制可能遗漏变量的影响

VARIABLES	(1)	(2)	(3)
	CSR	CSR	CSR
FORDUM	1.4250***		
	(5.34)		
FORSUB		0.6203***	
		(2.71)	
FORCOU			1.2236***
			(4.09)
Size	5.0829***	4.8437***	4.8199***
	(31.60)	(22.28)	(22.42)
Age	2.1472***	3.1132***	3.1150***
	(7.11)	(7.50)	(7.49)
Top1	0.0180**	0.0195*	0.0197*
	(2.02)	(1.66)	(1.67)
LEV	−10.7356***	−8.6599***	−8.7060***
	(−14.29)	(−7.88)	(−7.92)
Investor	0.0651***	0.0540**	0.0528**
	(3.36)	(2.07)	(2.02)
ROA	90.4589***	92.1115***	92.1114***
	(40.24)	(29.32)	(29.34)
InDirec	1.5332	−0.6366	−0.6240
	(0.66)	(−0.21)	(−0.21)

续表

VARIABLES	(1)	(2)	(3)
	CSR	CSR	CSR
OverExp	0.4314**	0.2128	0.1506
	(2.04)	(0.76)	(0.54)
Govern	0.1057	0.0800*	0.0577
	(1.11)	(1.82)	(0.45)
Industry	Controlled	Controlled	Controlled
Year	Controlled	Controlled	Controlled
Constant	−91.4977***	−88.6060***	−87.6503***
	(−16.91)	(−21.65)	(−21.66)
N	19595	8916	8916
Adjusted R-squared	0.3301	0.3468	0.3489

注: ***、**、*分别表示在1%、5%、10%的水平下显著,括号内的 T 值为公司层面聚类稳健标准误 T 值。

2. 更换变量度量方式

(1) 社会责任等级。和讯网除提供上市公司社会责任得分外,同时根据社会责任评分,将上市公司社会责任履行情况分为 A、B、C、D 与 E 五级,其中 A 级社会责任履行最好,E 级社会责任表现最差,借鉴吴德军 (2016) 的研究,A-E 级依次取值5-1,使用社会责任评级 (CSR_grade) 替代社会责任评分进行回归,结果如表3-12第 (1) ~ (3) 列所示,对外直接投资哑变量以及对外直接投资水平与社会责任评分显著正相关,支持 H1a 与 H1b,说明本书研究结论较为稳健。

(2) 润灵社会责任指数。除和讯网外,润灵环球也对中国上市公司社会责任履行情况进行评分。借鉴翟华云 (2010)、周中胜等 (2012)、宋献中等 (2017)、徐细雄等 (2018)、张兆国等 (2018)、罗正英等 (2018) 的研究,采用润灵社会责任指数度量企业社会责任履行情况。结果如表3-12第 (4) ~ (6) 列所示,对外直接投资哑变量以及对外直接投资水平与社会责任评分显著正相关,支持 H1a 和 H1b,说明本书研究结论较为稳健。

表 3-12 更换变量度量方式一

VARIABLES	(1)	(2)	(3)	(4)	(5)	(6)
	CSR_grade	CSR_grade	CSR_grade	CSR_RL	CSR_RL	CSR_RL
FORDUM	0.0261***			1.1228***		
	(2.95)			(3.60)		
FORSUB		0.0202**			0.6092**	
		(2.16)			(2.05)	
FORCOU			0.0382***			0.9865**
			(3.15)			(2.29)
Size	0.1596***	0.1787***	0.1773***	4.1241***	5.0357***	5.0433***
	(34.73)	(23.30)	(23.21)	(26.95)	(22.61)	(22.76)
Age	0.0619***	0.1220***	0.1223***	−1.5447***	0.9395	0.9424
	(6.16)	(7.25)	(7.27)	(−3.41)	(1.12)	(1.26)
Top1	−0.0002	−0.0006	−0.0006	0.0265**	0.0338**	0.0337**
	(−0.65)	(−1.31)	(−1.29)	(2.52)	(2.11)	(2.10)
LEV	−0.2161***	−0.2003***	−0.2015***	−6.2834***	−7.6509***	−7.6393***
	(−9.37)	(−4.64)	(−4.67)	(−6.31)	(−4.83)	(−4.81)
Investor	0.0022***	0.0026**	0.0026**	0.0608***	0.0387	0.0385
	(3.53)	(2.42)	(2.39)	(2.85)	(1.21)	(1.21)
ROA	1.6357***	1.7703***	1.7681***	2.2184	1.5212	1.4945
	(21.52)	(13.69)	(13.68)	(0.84)	(0.37)	(0.36)
InDirec	0.1375*	0.0345	0.0356	6.1299**	9.5239**	9.5970**
	(1.77)	(0.28)	(0.29)	(2.35)	(2.37)	(2.46)
Industry	Controlled	Controlled	Controlled	Controlled	Controlled	Controlled
Year	Controlled	Controlled	Controlled	Controlled	Controlled	Controlled
Constant	−1.4504***	−1.7956***	−1.7660***	−56.9178***	−68.8139***	−68.9103***
	(−9.84)	(−10.67)	(−10.53)	(−14.69)	(−12.74)	(−12.76)
N	19595	8916	8916	4745	2428	2428
R-squared	0.5412	0.2576	0.2582	0.3135	0.3294	0.3126

注：***、**、*分别表示在1%、5%、10%的水平下显著，括号内的 T 值为公司层面聚类稳健标准误 T 值。

（3）捐赠。诸多研究（Li et al.，2015；Liu et al.，2018）将企业慈善捐赠行为作为履行社会责任的代表，为此，本书基于锐思数据库，从营业外支出明细科目中得到慈善捐赠金额，并以此作为企业社会责任的度量方式，替代模型（3-1）~模型（3-3）中的 CSR，回归结果如表 3-13 第（1）~（3）列所示，企业对外直接投资哑变量 FOROUM 及对外直接投资水平 CSR 与捐赠 Donation 显著正相关，说明本书研究结论稳健。

表 3-13　更换变量度量方式二

VARIABLES	（1）	（2）	（3）	（4）	（5）
	Donation	Donation	Donation	CSR	CSR
FORDUM	0.1749*				
	（1.92）				
FORSUB		0.2079**			
		（2.18）			
FORCOU			0.2915**		
			（2.39）		
Overseadum				7.5948***	
				（5.19）	
Oversearatio					3.1026**
					（2.39）
Size	0.6977***	0.7869***	0.7818***	5.0034***	5.4088***
	（18.24）	（17.20）	（16.79）	（43.90）	（26.58）
Age	-0.3108***	-0.0065	-0.0073	1.3223***	3.2885***
	（-3.57）	（-0.05）	（-0.05）	（4.98）	（7.27）
Top1	-0.0037	-0.0037	-0.0036	0.0187**	0.0235*
	（-1.45）	（-0.99）	（-0.96）	（2.50）	（1.76）
LEV	-0.6613**	-0.3945	-0.4069	-10.0662***	-9.2722***
	（-2.11）	（-0.89）	（-0.93）	（-16.42）	（-7.67）
Investor	0.0114**	0.0145*	0.0144*	0.0702***	0.0487
	（2.10）	（1.85）	（1.84）	（4.21）	（1.63）
ROA	6.8862***	6.1197***	6.0809***	91.4024***	92.7483***
	（9.09）	（5.44）	（5.45）	（49.05）	（26.60）
InDirec	0.4543	-0.1328	-0.1412	1.9686	-0.3051
	（0.73）	（-0.16）	（-0.17）	（1.00）	（-0.09）
Industry	Controlled	Controlled	Controlled	Controlled	Controlled

续表

VARIABLES	（1）	（2）	（3）	（4）	（5）
	Donation	Donation	Donation	CSR	CSR
Year	Controlled	Controlled	Controlled	Controlled	Controlled
Constant	−9. 6529 ***	−11. 9821 ***	−11. 8846 ***	−100. 4127 ***	−105. 8126 ***
	（−7. 97）	（−7. 30）	（−7. 31）	（−30. 06）	（−23. 74）
N	19595	8916	8916	19595	8916
R−squared	0. 3252	0. 3910	0. 3907	0. 3200	0. 3492

注：***、**、*分别表示在1%、5%、10%的水平下显著，括号内的 T 值为公司层面聚类稳健标准误 T 值。

（4）更换对外直接投资的度量方式。海外业务收入占比也是常见的衡量企业对外直接投资水平的指标（Dunning and Lundan，2008），金鑫等（2011）、王新等（2014）、王海林和王晓旭（2018）均采用海外业务收入占比，分别考察了对外直接投资对股价同步性、股权激励有效性和内部控制质量的影响，基于此，本书设置是否有海外收入哑变量 Overseadum 和海外业务收入占比 Oversearatio 两个变量，从海外业务收入的角度考察对外直接投资对社会责任履行的影响。结果如表3-13第（4）～（5）列所示，从中可以看出，与没有海外业务收入的公司相比，有海外收入的公司社会责任得分较高，海外业务收入占比越高，社会责任得分也越高，且分别在1%、5%的水平下显著。表明对外直接投资水平与社会责任履行正相关，本书研究结论稳健。

3. 双重聚类回归方法

为减弱公司异质性和序列相关的影响，本书采用 Petersen（2009）推荐的聚类（Cluster）回归方法，按公司和年份进行双重聚类，结果如表3-14所示，对外直接投资哑变量以及对外直接投资水平与公司社会责任履行正相关，且均通过显著性检验，支持 H1a 与 H1b，说明本书的研究结论不受所选回归方法的影响。

表3-14　双重聚类回归结果

VARIABLES	（1）	（2）	（3）
	CSR	CSR	CSR
FORDUM	0. 7771 **		
	（2. 08）		

续表

VARIABLES	(1)	(2)	(3)
	CSR	CSR	CSR
FORSUB		0.5921*	
		(1.72)	
FORCOU			1.1986***
			(2.69)
Size	4.9130***	4.9998***	4.9474***
	(27.18)	(18.48)	(18.56)
Age	1.3789***	3.0877***	3.1019***
	(2.74)	(4.46)	(4.47)
Top1	0.0204	0.0183	0.0187
	(1.52)	(0.97)	(0.99)
LEV	−10.0143***	−8.6196***	−8.6636***
	(−9.82)	(−4.97)	(−5.00)
Investor	0.0684***	0.0605	0.0593
	(2.67)	(1.62)	(1.59)
ROA	91.3302***	91.4763***	91.4090***
	(34.74)	(22.41)	(22.41)
InDirec	1.7194	−0.6930	−0.6718
	(0.54)	(−0.15)	(−0.15)
Industry	Controlled	Controlled	Controlled
Year	Controlled	Controlled	Controlled
Constant	−90.9329***	−90.4145***	−89.2803***
	(−22.43)	(−15.37)	(−15.42)
N	19595	8916	8916
Adjusted R-squared	0.3204	0.3541	0.3550

注：***、**、*分别表示在1%、5%、10%的水平下显著，括号内的T值为公司、年份层面双重聚类稳健标准误T值。

（四）对外直接投资影响社会责任履行的机理分析

以上研究结论表明，企业对外直接投资提升了企业社会责任履行水平。与合法性动机相对应，企业被动履行社会责任，以满足政府、法律制度的要求；基于战略性动机，企业自发履行社会责任。那么，中国公司在对外直接投资过程中的社会责任履行，是外在制度的要求？还是公司的主动战略选择？抑或二者兼而有之？这一问题尚存争议（肖红军等，2018）。基于此，本书继续检验对外直接投资影响社会责任履行的机理。

1. 应规履行社会责任动因的检验

（1）东道国制度环境。当前，许多国家在环境保护、员工权益、消费者保护等方面有明确的法律制度，但各个国家间制度强弱程度不同（吴剑峰和乔璐，2018）。Gainet（2010）发现政治法律等制度环境是公司履行社会责任水平、社会环境绩效的重要决定因素。企业在对外直接投资的过程中，必然受到东道国制度的约束，完善而执行有力的制度有助于提升公司社会责任的履行。当东道国为发达国家时，企业为符合东道国法律、制度和文化的要求，被动承担更多的社会责任（Attig et al.，2016；Han and Park，2017）。Attig 等（2016）发现当在海外子公司位于政治法律制度较好的国家时，社会责任评级更高。但 El Ghoul 等（2011）也发现，位于较弱的市场制度环境中的企业，为降低交易成本，自发地承担了更多的社会责任。因而，若公司主要基于合法性动机履行社会责任，则当东道国制度质量较高时，公司社会责任水平较高；若主要基于战略性动机自发履行社会责任，则当东道国制度质量较低时，公司社会责任水平较高。

为检验该问题，本书使用是否为发达国家来衡量东道国制度环境，如是发达国家，则表示东道国制度质量高，反之，则表示东道国制度质量低。据此，本书将样本分为东道国制度质量高组（拥有发达国家[①]投资的公司 H_Quality）和制度质量低组（未拥有发达国家投资的公司 L_Quality）。分别对模型（3-2）和模型（3-3）进行回归，回归结果如表 3-15 所示，第（1）列和第（3）列中，对外直接投资深度 FORSUB 与对外直接投资广度 FORCOU 的系数均不显著；第（2）列和第（4）列中，对外直接投资深度 FORSUB 与对外直接投资广度 FORCOU 的系数均在 1% 的水平下显著为正。即对外直接投资对企业社会责任履行的影响主要存在于东道国制度质量较高的跨国公司中，说明合法性动机是中国跨国公司履行社会责任的主要动机之一。

---

① 本书参考余海燕和沈桂龙（2020）的做法，依据国际货币基金组织的分类方法，将安道尔、澳大利亚等 40 个国家和地区界定为发达经济体，具体参见 https://www.imf.org/en/Publications/WEO/weo-database/2021/October/select-country-group。

表 3-15　东道国制度环境的影响

VARIABLES	(1) L_Quality CSR	(2) H_Quality CSR	(3) L_Quality CSR	(4) H_Quality CSR
FORSUB	0.5276 (0.97)	1.1303 *** (4.30)		
FORCOU			0.3205 (0.35)	1.8466 *** (5.42)
Size	5.2366 *** (16.09)	4.9339 *** (22.05)	5.1731 *** (16.02)	4.8993 *** (22.06)
Age	3.1381 *** (4.60)	3.1187 *** (6.05)	3.1379 *** (4.59)	3.1232 *** (6.06)
Top1	0.0163 (0.80)	0.0194 (1.36)	0.0151 (0.74)	0.0199 (1.40)
LEV	−10.2824 *** (−6.20)	−7.9561 *** (−5.61)	−10.3001 *** (−6.22)	−8.0869 *** (−5.70)
Investor	0.0222 (0.47)	0.0734 ** (2.36)	0.0223 (0.47)	0.0731 ** (2.35)
ROA	89.5087 *** (17.95)	93.4532 *** (24.22)	89.5240 *** (17.92)	93.4898 *** (24.24)
InDirec	5.7668 (1.14)	−4.4102 (−1.20)	5.7496 (1.13)	−4.2927 (−1.17)
Industry	Controlled	Controlled	Controlled	Controlled
Year	Controlled	Controlled	Controlled	Controlled
Constant	−101.6949 *** (−13.61)	−87.7977 *** (−16.32)	−100.5035 *** (−13.47)	−86.8472 *** (−16.02)
N	3310	5606	3310	5606
R-squared	0.3251	0.3720	0.3249	0.3736

注：***、**、*分别表示在1%、5%、10%的水平下显著，括号内的 T 值为公司层面聚类稳健标准误 T 值。

（2）产权性质的影响。在不同产权性质的对外直接投资企业中，企业社会责任履行有所不同。中央企业海外社会责任发展指数最高，为 42.77 分，民营企业为 20.93 分[①]。中资企业中发布海外社会责任报告的企业均为国有企业，对外投资快速发展的非国有企业较少主动披露海外社会责任信息，民营企业海外社会责任单薄，管理不健全（张蒽等，2017）。在对外直接投资中，国有企业代表国家形象（肖红军等，2018），受政府的引导、干预较多，如受到更多的政策法规的约束、国务院国有资产监督管理委员会的监管，管理层考核与晋升中也有诸多社会责任履行的相关内容（李志斌和章铁生，2017），对社会责任具有强制性要求的基本为国有企业（宋献中等，2017）。非国有企业在对外直接投资中履行社会责任，更多的是出于自身利益的需求和内部公司治理机制的约束。因而，相对于非国有企业而言，国有企业对外直接投资中社会责任履行"合法敏感度"更高（李志斌和章铁生，2017）。

为进一步检验在不同产权性质公司中，对外直接投资对社会责任影响的差异，本书将样本分为国有上市公司与非国有上市公司，分别对模型（3-1）～模型（3-3）进行回归，结果如表 3-16 所示：在第（1）列和第（2）列全样本中，对外直接投资哑变量与国有上市公司社会责任评分在 1% 的水平下显著正相关，而与非国有上市公司社会责任评分的关系不显著；在第（3）～（6）列对外直接投资公司样本中，对外直接投资水平均与国有上市公司社会责任评分在 1% 的水平下显著正相关，而与非国有上市公司社会责任评分的关系分别是正向不显著、在 10% 的水平下显著。以上表明了对外直接投资对企业社会责任履行的影响对国有上市公司更为显著。这也从母公司产权性质的角度，再次验证了合规性动机是中国公司对外直接投资中承担更多社会责任的主要动因之一。

表 3-16　企业产权性质的影响

VARIABLES	(1)	(2)	(3)	(4)	(5)	(6)
	非国有	国有	非国有	国有	非国有	国有
	CSR	CSR	CSR	CSR	CSR	CSR
FORDUM	0.8772	2.2996***				
	(1.56)	(5.25)				
FORSUB			0.6766	1.2712***		
			(1.11)	(3.07)		

①　钟宏武，叶柳红，张蒽. 中资企业海外社会责任研究报告（2016—2017）[M]. 北京：社会科学文献出版社，2017.

续表

VARIABLES	(1) 非国有 CSR	(2) 国有 CSR	(3) 非国有 CSR	(4) 国有 CSR	(5) 非国有 CSR	(6) 国有 CSR
FORCOU					0.7679* (1.88)	2.3015*** (4.20)
Size	4.0366*** (26.16)	5.1299*** (26.55)	4.3716*** (18.09)	5.1821*** (15.55)	4.3015*** (17.97)	5.1278*** (15.63)
Age	1.2265*** (4.34)	−0.7058 (−1.05)	2.7929*** (6.62)	1.7830 (1.64)	2.8135*** (6.66)	1.7875 (1.64)
Top1	0.0034 (0.40)	0.0091 (0.64)	−0.0000 (−0.00)	−0.0005 (−0.02)	0.0006 (0.04)	−0.0006 (−0.02)
LEV	−7.4934*** (−10.92)	−15.0108*** (−12.71)	−6.3399*** (−5.42)	−14.7263*** (−6.20)	−6.3571*** (−5.44)	−14.9637*** (−6.29)
Investor	0.0190 (0.98)	0.1578*** (5.21)	−0.0162 (−0.56)	0.2750*** (5.07)	−0.0177 (−0.61)	0.2787*** (5.17)
ROA	90.2999*** (45.19)	96.7082*** (23.90)	89.8802*** (28.32)	96.9287*** (12.71)	89.9284*** (28.36)	96.2721*** (12.63)
InDirec	1.6332 (0.75)	−0.5220 (−0.14)	4.8509 (1.45)	−12.4224** (−2.07)	4.8545 (1.46)	−12.7372** (−2.12)
Industry	Controlled	Controlled	Controlled	Controlled	Controlled	Controlled
Year	Controlled	Controlled	Controlled	Controlled	Controlled	Controlled
Constant	−73.8351*** (−20.69)	−86.5767*** (−17.16)	−85.9356*** (−15.51)	−80.0129*** (−10.53)	−84.4523*** (−15.32)	−78.6055*** (−10.44)
N	12172	7423	6091	2825	6091	2825
R-squared	0.2989	0.3491	0.3127	0.4046	0.3133	0.4067

注: ***、**、*分别表示在1%、5%、10%的水平下显著, 括号内的 T 值为公司层面聚类稳健标准误 T 值。

（3）行业特征的影响。公司所处行业是影响企业社会责任履行的重要因素（陈良等，2012），社会责任敏感行业（如采矿业等安全生产敏感性行业、食品加工与制造等产品质量安全敏感性行业、造纸化工等环境污染敏感性行业）受到更为严格的外部监管，倾向于履行更多的社会责任，以满足合规性要求（Campbell et al.，2003；陈良等，2012）。因而，若跨国公司在对外直接投资中承担更多的社会责任是基于合法性动机，则对外直接投资对社会责任的影响将在社会责任敏感性行业中更为显著。为检验该问题，本书借鉴翟华云（2010）、吴德军（2016）的研究，将行业分为社会责任敏感行业和非社会责任敏感行业①，分别对模型（3-1）~模型（3-3）进行回归，结果如表3-17中第（1）~（6）列所示，在社会责任敏感行业中，对外直接投资哑变量和对外直接投资水平均与企业社会责任评分显著正相关，而在非社会责任敏感行业中，不存在显著关系。这也从行业特征的角度，说明跨国公司基于合法性动机，使得对外直接投资提升了企业社会责任履行水平。

表 3-17　社会责任敏感行业的影响

VARIABLES	（1） 非敏感 CSR	（2） 敏感 CSR	（3） 非敏感 CSR	（4） 敏感 CSR	（5） 非敏感 CSR	（6） 敏感 CSR
FORDUM	1.0471 （1.27）	0.7294*** （2.93）				
FORSUB			0.4183 （1.00）	0.6803*** （2.64）		
FORCOU					0.9911 （1.50）	1.2669*** （3.92）
Size	5.2313*** （26.24）	4.6740*** （32.05）	4.8005*** （14.31）	5.0092*** （22.79）	4.7989*** （14.62）	4.9313*** （22.49）
Age	−0.5247 （−0.87）	2.1345*** （7.42）	0.2640 （0.25）	3.7805*** （8.60）	0.2989 （0.28）	3.8074*** （8.66）
Top1	−0.0036 （−0.25）	0.0288*** （3.27）	0.0073 （0.30）	0.0194 （1.48）	0.0071 （0.29）	0.0199 （1.52）
LEV	−8.3541*** （−6.88）	−10.6100*** （−15.08）	−5.0245** （−2.08）	−9.5716*** （−8.00）	−5.1320** （−2.12）	−9.5589*** （−7.99）
Investor	0.0694** （2.22）	0.0708*** （3.61）	0.1190** （2.25）	0.0486 （1.64）	0.1202** （2.27）	0.0467 （1.57）

---

① 本书社会责任敏感行业包括采矿业，农副食品加工业，食品制造业，酒、饮料和精制茶制造业，纺织服装、服饰业，皮革、毛皮、羽毛及其制品和制鞋业，造纸和纸制品业，化学纤维制造业，橡胶和塑料制品业，非金属矿物制品业，黑色金属冶炼和压延加工业，有色金属冶炼和压延加工业，金属制品业。

续表

VARIABLES	(1) 非敏感 CSR	(2) 敏感 CSR	(3) 非敏感 CSR	(4) 敏感 CSR	(5) 非敏感 CSR	(6) 敏感 CSR
ROA	94.3714***	89.8514***	93.2900***	90.7711***	93.2866***	90.7729***
	(22.48)	(43.47)	(12.27)	(27.27)	(12.31)	(27.29)
InDirec	7.2609*	−1.3023	0.0194	−1.9379	0.1305	−2.0055
	(1.84)	(−0.57)	(0.00)	(−0.58)	(0.02)	(−0.60)
Industry	Controlled	Controlled	Controlled	Controlled	Controlled	Controlled
Year	Controlled	Controlled	Controlled	Controlled	Controlled	Controlled
Constant	−93.1633***	−81.0699***	−76.6002***	−89.8258***	−76.6259***	−88.1982***
	(−19.27)	(−25.17)	(−9.83)	(−18.47)	(−10.02)	(−18.14)
N	5676	13919	2406	6510	2406	6510
R-squared	0.3439	0.2985	0.3770	0.3357	0.3774	0.3368

注：***、**、*分别表示在1%、5%、10%的水平下显著，括号内的 T 值为公司层面聚类稳健标准误 T 值。

2. 自发履行社会责任动因的检验

学者研究发现公司治理对公司社会责任履行具有重要影响，如独立董事占比、国有控股等（沈洪涛等，2010）。内部控制是公司治理的一个重要方面。中国《企业内部控制基本规范》把"提高经营效率和效果，促进企业实现发展战略"作为主要目标，而非仅仅局限于财务报告目标，并要求公司对整体内部控制的有效性进行自评等。良好的公司内部控制有助于保障各利益相关者的利益，在对外直接投资中，有助于跨国公司自发、积极地履行社会责任。若跨国公司自发履行社会责任，则应在内部控制有效性较高的公司中更为显著。

为检验该问题，本书构建模型（3-5）~模型（3-7）来用于上述问题的检验：

$$\text{CSR}_{it} = \alpha_0 + \alpha_1 \text{FORDUM}_{it} + \alpha_2 \text{ICE}_{it} + \alpha_3 \text{FORDUM}_{it} \times \text{ICE}_{it} + \text{Controls}_{it} +$$
$$\sum \text{Industry} + \sum \text{Year} + \varepsilon_{it} \tag{3-5}$$

$$\text{CSR}_{it} = \alpha_0 + \alpha_1 \text{FORSUB}_{it} + \alpha_2 \text{ICE}_{it} + \alpha_3 \text{FORSUB}_{it} \times \text{ICE}_{it} + \text{Controls}_{it} +$$
$$\sum \text{Industry} + \sum \text{Year} + \varepsilon_{it} \tag{3-6}$$

$$\text{CSR}_{it} = \alpha_0 + \alpha_1 \text{FORCOU}_{it} + \alpha_2 \text{ICE}_{it} + \alpha_3 \text{FORCOU}_{it} \times \text{ICE}_{it} + \text{Controls}_{it} +$$
$$\sum \text{Industry} + \sum \text{Year} + \varepsilon_{it} \tag{3-7}$$

模型（3-5）~模型（3-7）中，ICE_{it} 为企业内部控制有效性。中华人民共和国财政部与中国证券监督管理委员会在 2018 年 11 月发布《我国上市公司 2017 年执行企业内部控制规范体系情况分析报告》时指出，"部分上市公司仍存在披露的内部控制缺陷整改不到位，隐瞒、虚报内部控制缺陷，披露内部控制缺陷时避重就轻，报告披露不够及时、格式不够规范等问题"。主要因为上市公司内部控制缺陷信息披露存在管理层的自选择问题，多是公司管理层应对外部审计进行有选择的披露，因而无法全面反映企业内部控制的真实情况。基于此，本书未采用上市公司披露的内部控制缺陷情况来衡量公司的内部控制有效性，而是借鉴逯东等（2014）的做法，选用第三方评价数据"迪博·中国上市公司内部控制指数"来衡量企业内部控制有效性，该指数值（取对数）越大，表明企业内部控制有效性越高。

回归结果如表 3-18 所示，对外直接投资哑变量 FORDUM 系数正向但不显著，对外直接投资深度 FORSUB 与对外直接投资广度 FORCOU 的系数均正向显著，交互项 FORDUM×ICE、FORSUB×ICE 和 FORCOU×ICE 的系数均显著为正，这说明企业内部控制有效性越高，对外直接投资对公司社会责任履行的正向影响越强，进而表明了中国企业对外直接投资过程中也自发履行了社会责任。

表 3-18　企业内部控制有效性的影响

VARIABLES	(1)	(2)	(3)
	CSR	CSR	CSR
FORDUM	11. 1200		
	(0. 85)		
FORSUB		19. 8664**	
		(2. 21)	
FORCOU			20. 5869*
			(1. 76)
ICE	9. 5534***	7. 0204***	7. 9888***
	(5. 94)	(4. 22)	(5. 27)
FORDUM×ICE	1. 8101**		
	(2. 09)		
FORSUB×ICE		3. 1543**	
		(2. 31)	

续表

VARIABLES	（1）	（2）	（3）
	CSR	CSR	CSR
FORCOU×ICE			3. 3715*
			（1. 89）
Size	4. 9208***	4. 8909***	4. 8309***
	（38. 59）	（24. 93）	（24. 80）
Age	1. 4099***	3. 4047***	3. 4324***
	（4. 60）	（7. 57）	（7. 62）
Top1	0. 0160**	0. 0091	0. 0097
	（1. 97）	（0. 74）	（0. 79）
LEV	−10. 9727***	−9. 4810***	−9. 5221***
	（−16. 23）	（−8. 26）	（−8. 29）
Investor	0. 0437**	0. 0444*	0. 0432
	（2. 49）	（1. 65）	（1. 61）
ROA	86. 4504***	84. 7011***	84. 2972***
	（37. 51）	（23. 47）	（23. 41）
InDirec	1. 8129	−0. 5751	−0. 3667
	（0. 85）	（−0. 18）	（−0. 12）
Industry	Controlled	Controlled	Controlled
Year	Controlled	Controlled	Controlled
Constant	−51. 3743***	−39. 5001***	−44. 5662***
	（−14. 20）	（−12. 26）	（−13. 92）
N	19595	8916	8916
R−squared	0. 3272	0. 3594	0. 3605

注：***、**、*分别表示在1%、5%、10%的水平下显著，括号内的T值为公司层面聚类稳健标准误T值。

（五）拓展性分析

1. 进入模式影响

从战略角度来讲，跨国并购可快速获取被并购企业的能力，进而培育和发展新的核心能力，实现自身核心能力的迅速积累，以不断适应外部环境的动态变化。以往的研究认为，企业在很大程度上致力于在动态商业环境中利用现有知识并探索新知识，以发展自身可持续的竞争优势（Kogut and Zander，1992）。由于并购不仅有助于增加公司的知识基础，而且还可以通过与公司的关系基础互惠互动来改进公司管理。此外，相比绿地投资，跨国并购的当地公司已经建立了较为牢固的本地关系，因而，内部转移知识的机会方面，并购可能比绿地投资更具优势（Johanson and Vahlne，2011），并购可以使无形、不可交易的资源快速内部化（Gubbi et al.，2010）。海外并购公司具有改进公司治理的内在动机，被并购公司所在国更好的投资者保护制度，为公司提供了提升公司治理水平的一种范本，得以学习和借鉴，同时也给并购公司施加了压力，进而主动或被动提升自身的公司治理水平；或者公司在整合双方资源时，在必要的人力、管理的沟通协调中不断学习被收购方公司更好的治理经验和方法，促进公司治理水平的提高，即发挥出并购的正向协同效应（Martynova and Renneboog，2008）。结合中国情境，赵海龙等（2016）利用 2002~2011 年在沪深 A 股的上市公司跨国并购经验数据研究发现，中国大陆公司进行跨国并购能够促进其公司自身治理的改善，源于并购方吸收和学习被并购方先进公司治理经验所带来的协同效应。综上，海外并购会进一步促使公司改善自身治理，公司治理水平的提高，有助于提升公司社会责任履行水平。

为进一步检验对外直接投资的模式中，对外直接投资对公司社会责任履行影响的差异，本书将样本分为拥有跨国并购进入模式的公司和仅拥有绿地投资的公司，分别对模型（3-2）和模型（3-3）进行回归，回归结果如表 3-19 所示：第（1）列和第（3）列中，对外直接投资深度 FORSUB 与对外直接投资广度 FORCOU 的系数均不显著，而在第（2）列和第（4）列中，对外直接投资深度 FORSUB 和对外直接投资广度 FORCOU 的系数均分别在 1% 的水平下显著。这说明，对外直接投资对企业社会责任履行的正向影响在拥有跨国并购进入模式的公司中更加显著。因而，从对外直接投资进入模式的角度来看，跨国并购有助于增加公司的知识基础进而增强公司的国际学习效果，并可以通过双方的协同效应来改进公司管理，增强对外直接投资对企业社会责任履行的正向影响。

表 3-19　进入模式的影响

VARIABLES	（1）	（2）	（3）	（4）
	仅绿地投资	含跨国并购	仅绿地投资	含跨国并购
	CSR	CSR	CSR	CSR
FORSUB	0.2567	1.0658 ***		
	(0.77)	(3.34)		

续表

VARIABLES	（1） 仅绿地投资 CSR	（2） 含跨国并购 CSR	（3） 仅绿地投资 CSR	（4） 含跨国并购 CSR
FORCOU			0.0217 （0.05）	2.1484*** （5.18）
Size	4.8222*** （21.11）	5.5014*** （18.55）	4.7737*** （21.07）	5.3925*** （18.32）
Age	3.0695*** （5.46）	2.4569*** （4.01）	3.0878*** （5.49）	2.4426*** （4.00）
Top1	0.0272* （1.85）	0.0160 （0.86）	0.0272* （1.84）	0.0175 （0.94）
LEV	-9.7702*** （-7.02）	-7.3650*** （-4.37）	-9.7579*** （-7.01）	-7.6440*** （-4.54）
Investor	0.0585* （1.73）	0.0608 （1.53）	0.0581* （1.72）	0.0587 （1.48）
ROA	90.0011*** （23.45）	90.5240*** （18.12）	90.0725*** （23.48）	90.4608*** （18.12）
InDirec	-4.2938 （-1.13）	5.9435 （1.22）	-4.3373 （-1.14）	6.1858 （1.28）
Industry	Controlled	Controlled	Controlled	Controlled
Year	Controlled	Controlled	Controlled	Controlled
Constant	-92.3511*** （-15.06）	-111.2515*** （-17.43）	-91.5168*** （-14.97）	-108.5172*** （-17.04）
N	5255	2661	5255	2661
R-squared	0.3400	0.3921	0.3399	0.3954

注：***、**、*分别表示在1%、5%、10%的水平下显著，括号内的T值为公司层面聚类稳健标准误T值。

2. 公司内外部治理环境影响

对外直接投资对企业社会责任履行水平有所提升，不仅受上述因素的影响，还可能受到公司所处治理环境的影响。据此，本书从管理层权力、境外机构持股两个方面分别考察公司内外部治理环境对二者的关系是否产生影响。

（1）管理层权力。董事长同时兼任总经理是普遍存在世界各国的商业实践中的一种公司治理现象。两职兼任避免了两职分离可能产生的冲突，有助于提升公司信息沟通以及公司决策效率，然而，两职兼任在一定程度上削弱了董事会监督角色的发挥，可能会加大公司高层的自利行为和更加注重短期绩效，减少在社会责任方面的投入。与之相对，两职分离的情境下，公司董事会能够更有效地监督高管，进而抑制公司高层自利的短期行为，注重对公司长期绩效有利的投资。

　　而企业社会责任方面的支出可能不能立即带来企业短期绩效的提高，尤其是在环境方面的资本支出还可能会使企业短期绩效降低。由于受到企业业绩考核、个人声誉等因素影响，公司管理层可能会降低社会责任方面的资本支出，进一步地，如果管理层权力越大，则管理层实施短视行为的条件和能力就越高。鉴于此，为了考察对外直接投资对企业社会责任履行的影响是否因管理层权力大小而存在差异，本书参考权小锋等（2010）的做法，以董事长与总经理是否两职兼任来衡量管理层权力，当两职兼任时取值为 1，表示企业管理层权力大；当两职分离时取值为 0，表示企业管理层权力小。

　　本书按企业管理层权力大小将样本分为两组，分别对模型（3-2）和模型（3-3）进行回归，回归结果如表 3-20 所示：第（1）列和第（3）列中，对外直接投资深度 FORSUB 与对外直接投资广度 FORCOU 的系数均在 1% 的水平下显著，而在第（2）列和第（4）列中，对外直接投资深度 FORSUB 和对外直接投资广度 FORCOU 的系数都不显著。这说明，对外直接投资对企业社会责任履行的正向影响在管理层权力小的公司中更加显著。

表 3-20　管理层权力的影响

VARIABLES	（1） 管理层权力小 CSR	（2） 管理层权力大 CSR	（3） 管理层权力小 CSR	（4） 管理层权力大 CSR
FORSUB	0.7065 *** （2.70）	0.1892 （0.48）		
FORCOU			1.4380 *** （4.15）	0.5614 （1.08）
Size	4.9226 *** （22.97）	5.2918 *** （14.17）	4.8664 *** （22.90）	5.2321 *** （14.21）
Age	3.4543 *** （6.47）	1.8940 *** （3.11）	3.4848 *** （6.53）	1.8932 *** （3.10）

续表

VARIABLES	（1）管理层权力小 CSR	（2）管理层权力大 CSR	（3）管理层权力小 CSR	（4）管理层权力大 CSR
Top1	0.0222	0.0058	0.0226	0.0062
	(1.54)	(0.30)	(1.58)	(0.32)
LEV	-8.6407***	-11.1376***	-8.7726***	-11.0457***
	(-6.43)	(-6.25)	(-6.53)	(-6.19)
Investor	0.0811***	0.0309	0.0807***	0.0291
	(2.62)	(0.65)	(2.62)	(0.61)
ROA	88.3132***	94.8647***	88.1785***	94.8725***
	(22.84)	(19.19)	(22.83)	(19.20)
InDirec	-5.0749	8.3124*	-5.1178	8.3381*
	(-1.35)	(1.71)	(-1.36)	(1.72)
Industry	Controlled	Controlled	Controlled	Controlled
Year	Controlled	Controlled	Controlled	Controlled
Constant	-86.6827***	-100.4318***	-85.4499***	-99.3937***
	(-18.80)	(-12.30)	(-18.66)	(-12.21)
N	6117	2799	6117	2799
R-squared	0.3574	0.3496	0.3586	0.3499

注：***、**、*分别表示在1%、5%、10%的水平下显著，括号内的T值为公司层面聚类稳健标准误T值。

（2）境外机构持股。境外机构投资者（Qualified Foreign Institutional Investor，QFII）作为中国资本市场引入的外部治理机制，大多为国际知名的机构投资公司，拥有成熟的投资理念、专业的投资团队，具有较强的信息挖掘和分析能力，已被证明是资本市场上一个重要的信息中介。QFII的市场参与被认为不仅能分散市场的风险，还能影响企业的行为。从治理效应来看，QFII属于独立型的机构投资者，与其持股的公司一般不存在业务关系，QFII换手率低于一般机构投资者，投机性动机较小，加之其拥有较优的资源和专业知识，有参与公司治理的动机和能力。由于新兴市场企业控股股东的集中持股，外资股东积极地扮演监管者的角色，以保障自己利益不受侵害、减少控股股东寻租行为带来的潜在风险（Johnson et al.，2000），Douma等（2006）的研究同样发现外资股东与良好的企业治理有关。基于 2006~2015 年中国沪深 A 股上市公司数据，李春涛等（2018）研究发现，QFII 持股显著正向影响公司信息披露质量，其机理是 QFII 通过增加持股公司的分析师关注度和高管薪酬业绩敏感性来改进信息披露质量。林雨晨等（2015）研究发现，QFII 持股促进了公司会计稳健性水平的提升，QFII 有动机对上市公司进行监督，从而有利于促使公司改善公司治理水平。乔琳等（2019）研究认为适度增加 QFII 的引入数量有助于改善信息环境和公司治理。

以上研究表明，QFII 已经成为一种重要的公司外部治理机制，QFII 的进入对上市公司的信息披露提出了更高的要求，进而促进上市公司改进内部治理机制。因此，QFII 持股会提升上市公司的信息透明度，加强了对跨国公司经营行为的监督力度，促进公司改善公司治理。

本书按公司是否有境外机构持股将样本分为两组，分别对模型（3-2）和模型（3-3）进行回归，回归结果如表 3-21 所示：第（1）列和第（3）列中，对外直接投资深度 FORSUB 与对外直接投资广度 FORCOU 的系数分别是正向不显著、在 10% 的水平下显著，而在第（2）列和第（4）列中，对外直接投资深度 FORSUB 和对外直接投资广度 FORCOU 的系数均在 1% 的水平下显著。这说明在整体上对外直接投资对企业社会责任履行的正向影响在拥有 QFII 持股的公司中更加显著。表明了 QFII 持股有利于缓解对外直接投资所带来的信息不对称以及代理问题，有助于提升公司治理水平，进一步促进了企业社会责任履行。

表 3-21　境外机构持股的影响

VARIABLES	（1）境外机构未持股 CSR	（2）境外机构持股 CSR	（3）境外机构未持股 CSR	（4）境外机构持股 CSR
FORSUB	0.1638	1.1580***		
	(0.60)	(3.24)		
FORCOU			0.5943*	1.8987***
			(1.65)	(4.09)
Size	4.8095***	5.1174***	4.7621***	5.0634***
	(20.66)	(16.98)	(20.72)	(16.87)
Age	2.2834***	3.9655***	2.2847***	4.0605***
	(4.66)	(5.46)	(4.66)	(5.59)
Top1	0.0320**	−0.0103	0.0320**	−0.0071
	(2.38)	(−0.49)	(2.38)	(−0.34)

VARIABLES	(1) 境外机构未持股 CSR	(2) 境外机构持股 CSR	(3) 境外机构未持股 CSR	(4) 境外机构持股 CSR
LEV	−6.6111*** (−5.34)	−10.2364*** (−5.18)	−6.6570*** (−5.38)	−10.2339*** (−5.17)
Investor	−0.0055 (−0.18)	0.0946** (2.18)	−0.0064 (−0.20)	0.0948** (2.19)
ROA	91.9514*** (25.59)	85.9797*** (15.77)	91.9922*** (25.61)	85.7030*** (15.73)
InDirec	3.1949 (0.87)	−6.3837 (−1.26)	3.1716 (0.87)	−6.3636 (−1.26)
Industry	Controlled	Controlled	Controlled	Controlled
Year	Controlled	Controlled	Controlled	Controlled
Constant	−88.5769*** (−17.40)	−89.5583*** (−12.09)	−87.5110*** (−17.43)	−88.8462*** (−12.04)
N	5519	3397	5519	3397
R−squared	0.3296	0.3754	0.3300	0.3768

注：***、**、*分别表示在1%、5%、10%的水平下显著，括号内的T值为公司层面聚类稳健标准误T值。

五、小结

履行社会责任是跨国公司赢得经营合法性、在国际市场中获取竞争优势，进而提升国家形象的必由之路，也是企业与社会可持续发展、企业与东道国政府合作共赢的基础（Zhao et al.，2018），对中国企业进行对外直接投资和"一带一路"倡议的顺利开展有着重要意义。目前，学术界对对外直接投资企业社会责任履行的关注也上升到新的高度（陈永强和潘奇，2016）。

本节研究了中国上市公司对外直接投资对社会责任履行的影响，研究发现：首先，对外直接投资与企业社会责任评分显著正相关，说明对外直接投资是企业履行企业社会责任的最主要的驱动因素之一。在更换社会责任度量指标、更换回归检验方法、使用 Heckmam 两阶段模型、工具变量和倾向得分匹配法控制内生性后，结果依然稳健。其次，进一步探究对外直接投资影响社会责任履行的机理，研究发现：①当东道国制度质量较高时，对外直接投资与企业社会责任评分显著正相关，说明合法性动机是中国跨国公司履行社会责任的主要动机之一；②在国有上市公司中，对外直接投资与社会责任评分显著正相关，而在非国有上市公司中，二者关系不显著，表明了对外直接投资对社会责任履行的影响主要存在于国有上市公司中，这也从母公司产权性质的角度，验证了合法性动机是中国公司国际化中承担更多社会责任的主要动机之一；③在社会责任敏感行业中，对外直接投资与企业社会责任评分显著正相关，而在非敏感行业中，不存在显著关系，进一步从行业特征的角度，说明跨国公司基于合法性动机，对外直接投资提升了企业社会责任履行水平；④当企业内部控制有效性较高时，对外直接投资与公司社会责任评分显著正相关，而当内部控制有效性较低时，二者无显著相关关系，说明中国企业对外直接投资过程中也自发履行了社会责任。由此可见，当东道国制度质量较高、为国有上市公司、处于社会责任敏感性行业以及企业内部控制有效性较高时，对外直接投资显著提升了企业社会责任评分，说明对外直接投资对社会责任的正向影响主要源于政治制度的外生要求与公司内在自发选择，即履行社会责任是对外直接投资的必然要求和主动实践的结合。最后，在拓展性分析中考察了对外直接投资进入模式、公司内外部治理环境因素对二者之间关系的影响。研究表明，跨国并购、企业管理层权力小以及境外机构持股时，对外直接投资对企业社会责任水平的提升作用更为显著。

本节可能的贡献在于：第一，研究了中国企业对外直接投资对社会责任履行的影响。在以往研究中（Brammer et al.，2006；Brammer et al.，2009；Kang，2013；Cho et al.，2015；Attig et al.，2016），学者主要针对美国或欧洲公司，就企业对外直接投资的经济后果得到不同的研究结论，但缺乏中国公司对外直接投资对企业社会责任履行的相关研究，因处于不同的制度环境和发展阶段，美国和欧洲的研究结论是否适用于新兴市场国家有待验证（Hitt et al.，2006）。第二，本书研究了对外直接投资对社会责任履行的作用机制，区别了社会责任的履行是应规履行还是自愿履行，发现当东道国制度质量较高、为国有上市公司、处于社会责任敏感性行业以及公司治理水平较高时，企业对外直接投资显著提升了企业社会责任评分，说明对外直接投资对社会责任的正向影响主要源于政治制度的外生要求与公司内在自发选择。第三，本书从对外直接投资多公司嵌入性和多国嵌入性两个维度度量企业对外直接投资水平，厘清了中国企业对外直接投资的真实水平。国内关于对外直接投资经济后果的研究中，在度量对外直接投资水平时，一般采用海外业务收入占比，但该指标混淆了出口收入和海外子公司收入（Duru and Reeb，2002），对对外直接投资水平的度量有偏差（Mauri et al.，2013）。第四，本书的研究为对外直接投资战略的顺利实施和企业社会责任的履行提供了参照与借鉴。

本节研究结论对政府和企业有以下启示：第一，强化社会责任信息披露制度，规范、改善企业社会责任履行信息的披露与传播。中国上市公司社会责任评分总体较低，一方面原因是部分企业履行社会责任水平确实不高，应进一步完善企业社会责任履行的监督机制，与社会责任信息机制形成良性互动；另一方面原因在于社会责任履行"只做不说"，因而鼓励跨国公司在履行社会责任的同时，积极披露该信息，并采用合适的方式向东道国和关键利益相关者传播企业在社会责任履行方面的措施与成效，改善企业形象，提升竞争优势；适当放宽境外机构持股的引入数量和金额，并重点监控境外机构投资者的资质和投资行为，进一步加强机构投资者利益的保护，释放境外机构投资者的治理活力及其所带来的资源。第二，对跨国公司而言，优化公司治理机制，在符合相关法律制度要求的基础上，自发履行社会责任，促进公司可持续发展。

第二节　对外直接投资与企业成长

一、问题提出

在政府主导的"走出去"战略、"一带一路"倡议以及国内产业结构调整、消费升级的背景下，中国企业纷纷将对外直接投资作为自身经营战略的一部分，通过嵌入海外网络带动相关产品、技术、服务"走出去"以获取新的企业资源，赢得竞争优势。中国企业进行对外直接投资可概念化为一种创业行为和形式，通过机会寻求和能力转换形成一种竞争追赶机制。由于在发展历史和制度上的差异，中国企业在所有权优势、内部化优势及区位优势不显著的前提下进行对外直接投资行为，打开了一个向发达市场经济体学习的通道，以提升自身在技术创新、管理等方面的竞争能力。因此，在理论上，对外直接投资可以缓解企业在技术及管理上的短板效应，进而增强企业的价值创造力，有利于企业成长。

从企业战略角度来看，中国企业热衷于对外直接投资，一方面是在中国经济发展水平和综合国力取得长足发展的背景下，企业自身实力不断增强，希望进一步融入全球价值链以获取更大市场份额、更高资本回报、更优资源配置、更强技术支持、更广泛市场认同等战略动机；另一方面是国际贸易壁垒、国内生产成本提高、汇率波动等压力而对国内企业产生的倒逼。企业对外直接投资拟通过国际扩张规模和市场进入时机选择进而获得竞争优势，并进一步通过技术进步、管理水平提升、资源以及新客户获取而获得"先行者优势"。基于"先行者优势"的思路，Salomon 和 Martin（2008）、Hsu 等（2013）研究发现，企业快速进入国际新市场、新行业及引进新产品，能够有效确立并巩固其市场地位，增强自身竞争力。

然而，相较于仅在国内经营，对外直接投资企业经营发展的不确定性更大。一方面，海外子公司面临外来者劣势、制度距离及文化差异等现实和潜在的风险，逆向风险传导可能会在一定程度上影响到企业发展方向；另一方面，"走出去"后获取的先进技术、管理经验等战略性资产会进一步优化企业经营。且与发达国家成熟型企业对外直接投资主要专注于利润不同，中国 OFDI 企业大多并非全球性公司，仍属于成长型企业，目前的首要目标是往全球性企业方向发展。那么，中国企业海外投资行为对企业成长有何影响？"走出去"之后是否能够"走上去"？据此，本书在中国企业大规模快速进行对外直接投资的背景下，探究对外直接投资与企业成长关系的内在机理，有助于进一步理解企业"走出去"战略对中国经济发展的影响。

二、理论分析与假设构建

对外直接投资究竟对企业成长产生何种影响？作为企业战略管理和企业国际管理交叉领域中一个引人注目的热点问题，已经在企业国际化研究中进行了广泛的讨论，但仍未形成一致的观点，可能源于国际化过程涉及许多复杂性（Matysiak and Bausch，2012），很难从单一层面上得出结论。因此有必要探究这一问题背后的可能作用机制。

（一）对外直接投资对企业成长的促进效应

通过对外直接投资在国外进行多样性嵌入，跨国公司可以更灵活地整合或配置不同国家的资源，使公司面临更多的学习机会（Lee and Makhija，2009）。OFDI 公司通过汲取更广泛的知识、优化资源配置来获得经济效益，体现"多样性嵌入溢价"。

1. 嵌入性资源配置效应

通过对外直接投资在国外进行多样性嵌入，企业利用获得的知识、技术和市场（Wan and Hoskisson，2003），以进一步获取竞争优势，增强其整体国际竞争力（Kim et al.，2010）。鉴于国家或地区的制度发展及经济发展程度的不同（Wan and Hoskisson，2003），跨国公司可以通过获得扩展的跨国网络来增加其战略灵活性（Lee and Makhija，2009），以实现更好的协调和更高的运营效率，增加了业务增长点及降低了企业风险（Buckley and Casson，2009），进而提升了企业获利能力（Vermeulen and Barkema，2002）。基于中国的情境，对外直接投资显著地改善了中国整体资本和劳动力的资源错配，提高了资源配置效率（白俊红和刘宇英，2018），显著缓解了企业要素错配（李平和马晓辉，2019）。

2. 嵌入性学习效应

通过对外直接投资在国外进行多样性嵌入，企业可以嵌入具有多种技术和管理实践的环境中，环境中的知识多样性为学习提供了更强大的基础，提高了国内公司学习和利用这些要素进行重新组合以提升企业技术、管理能力的可能性，同时海外子公司的增加可以帮助企业通过更多渠道获取东道国的知识要素或合作机会，更有利于企业"学习效应"的发挥。尤其当企业投资到市场制度发展更好的发达经济体时，海外子公司可以帮助国内公司获取先进的治理经验，改善其组织学习，并从知识溢出中获益，主要源于这些国家集中了中国企业所需的高附加值的经济功能和技能（荣大聂和提洛·赫恩曼，2013），如当地技术、管理的先进性，客户的复杂性和快速变化的需求促使他们不断改进和创新（Rabbiosi et al.，2012），而这些都有助于中国企业在技术（毛其淋和许家云，2014；赵宸宇和李雪松，2017；姚惠泽和张梅，2018；韩先锋，2019；蒋冠宏和蒋殿春，2014a；袁东等，2015；戴翔，2016）、公司治理（赵海龙等，2016）等方面能力的提升。

3. 嵌入性竞争效应

通过对外直接投资在国外进行多样性嵌入，企业面临更为复杂、多元的竞争环境。首先，对外直接投资企业面临着和东道国企业与其他国家企业以及国内同类企业的多重激烈竞争，必然促使企业增加在技术方面的研发投入或提升公司管理能力，以培育自己的独特竞争优势。其次，竞争产生的企业内部资源优化配置会使附加值低的产品、效率低的技术被淘汰，释放出的生产要素进一步被配置到技术、产品升级中，促进企业在全球价值链分工地位的提升。

（二）对外直接投资对企业成长的抑制效应

然而，一方面，很多中国企业又是在缺乏所有权优势和吸收能力相对低下的情况下以加速或超负荷的方式实现国际化，这将导致中国企业无法有效消化和吸收国际化带来的收益，最终影响国际化的绩效（汪洋等，2014）。如海外并购的目标公司，一般都是当时经营存在困难或近几年业绩持续下滑的公司，且大多是溢价并购（孙淑伟等，2017；孙翔宇等，2019），或并购后双方不能进行有效的整合，这些问题势必对母公司尤其是刚完成并购公司几年内的财务状况产生不利影响。另一方面，企业在从事海外生产、经营时必须适应不同制度环境、经济状况、文化习俗、价值观念等的差异，这可能会导致代理问题、资源分配无效（Martin and Sayrak，2003），使企业可能会遭受"多样性嵌入折价"。上述分析表明，在对外直接投资活动的初期或规模较小时，可能由于并购溢价、绿地投资的大额资金投入，加之跨国经验较少、经营能力较弱，使得跨国经营成本上升进而侵蚀企业成长。

由此可见，中国企业通过对外直接投资能否促进企业成长，还有待进一步检验。本书认为，OFDI 对企业成长的影响是综合的，"多样性嵌入溢价"与"多样性嵌入折价"效应同时存在，两种效应相互补充，本书研究中所考察的是其总和影响，进一步通过实证探究上述两种效应在中国当前资本市场环境下的强弱，明确 OFDI 行为在总体上对企业成长会产生的影响。

综上，本书研究认为，由于在对外直接投资的初期，企业对东道国市场和国际化的运营模式了解甚少，且处于国际化初期的公司，也缺乏国际化运营经验（Kirca et al.，2016），除此之外，公司还须应对其他不确定性因素，如文化差异、区域差异和体制障碍等，这均使得企业付出高昂的管理协调等成本，尽管企业可能会在早期获得利润，但这些利润可能难以弥补其国际化运营的成本（Prange anb Pinho，2017）。但同时国内企业对外直接投资，在一定程度上可提升企业在市场上的知名度，并且随着其国际运营经验的增加及国际化的扩展，对跨国经营适应性的增强以及对国外先进技术、管理知识等战略性资源的获取与学习，企业可以逐步发挥境内外公司之间的协同效应，不断提高其国际竞争力，进而促进企业成长。据此，提出 H2：

H2a：与非对外直接投资企业相比，对外直接投资企业成长性较强。

H2b：企业对外直接投资水平越高，企业成长性越强。

三、研究设计

（一）样本选择与数据来源

本书选取 2010~2017 年中国沪深 A 股上市公司作为初始样本，剔除金融类公司、样本期间被 ST 的公司、样本期间退市的公司以及核心变量存在缺失的公司，获得 3416 个公司、19595 个样本（对外直接投资公司 1995 个、8916 个样本）。公司对外直接投资数据来自国泰安数据库和在公司年报中手工查找子公司名称、注册地、所在国家或地区相关信息，从中筛选出纳入合并报表的海外子公司，并搜集海外子公司的设立方式、业务范围，以及对海外子公司资金投入、控制方式等信息。机构投资者持股数据来源于万得数据库，迪博·中国上市公司内部控制指数来源于 DIB 内部控制与风险管理数据库，其他变量数据均来自国泰安数据库和万得数据库。为避免极端值的影响，所有未经对数化处理的连续变量均进行上下 1% 缩尾处理。

（二）模型构建与变量定义

借鉴金永红等（2016）、Harjoto 和 Laksmana（2018）的研究，构建模型（3-8）~模型（3-10）检验 H2：

$$TBQ_{it} = \alpha_0 + \alpha_1 FORDUM_{it} + Controls_{it} + \sum Industry + \sum Year + \varepsilon_{it} \qquad (3-8)$$

$$TBQ_{it} = \alpha_0 + \alpha_1 FORSUB_{it} + Controls_{it} + \sum Industry + \sum Year + \varepsilon_{it} \qquad (3-9)$$

$$TBQ_{it} = \alpha_0 + \alpha_1 FORCOU_{it} + Controls_{it} + \sum Industry + \sum Year + \varepsilon_{it} \qquad (3-10)$$

其中，TBQ_{it} 为企业成长性。企业成长性主要反映公司的增长潜力和经营发展状况，已有文献衡量企业成长性的指标主要有销售收入、利润、市场份额、托宾 Q 值以及员工人数等（Chrisman et al.，2005；钱锡红等，2009；杜传忠和郭树龙，2012；金永红等，2016）。本书借鉴金永红等（2016）的做法，选用托宾 Q 值（市值/〈资产总计-无形资产净额-商誉净额〉）作为衡量企业成长性的衡量指标，因为作为市场指标的托宾 Q 值更能反映出企业未来价值提升能力和长期成长性，是一种未来指向型和风险调整型的资本市场绩效指标，对通货膨胀敏感度不高，能够折射出当前及未来的预期收益率（Li and Tallman，2011），托宾 Q 值也是一种在国际化绩效研究中最受认可的市场指标。

$Controls_{it}$ 为控制变量，与本章第一节相同，包括公司规模 Size（期末总资产的自然对数）；公司年龄 Age；股权集中度指标 Top1（第一大股东持股比例）；

机构投资者持股比例总和 Investor；资产负债率 LEV；总资产报酬率 ROA；独立董事占比 InDirec（独立董事与全部董事的比值）；Industry 和 Year 分别为行业控制变量和年份控制变量。具体变量定义与度量见表 3-22。

表 3-22 变量定义与度量

变量	定义
被解释变量	
TBQ	企业成长性，市值/（资产总计-无形资产净额-商誉净额）
解释变量	
FORDUM	对外直接投资哑变量，有海外子公司时，取值为 1，否则为 0
FORSUB	对外直接投资深度，海外子公司数量的自然对数
FORCOU	对外直接投资广度，企业海外子公司分布国家或地区数量的自然对数
控制变量	
Size	公司规模，公司期末资产总额的自然对数
Age	公司年龄，公司成立时间的自然对数
Top1	第一大股东持股比例
ROA	总资产报酬率，（利润总额+财务费用）/资产总额
Investor	境内机构投资者持股比例总和
LEV	资产负债率，期末总负债/期末总资产
InDirec	独立董事占比，独立董事人数/全部董事总人数
Industry	行业控制变量
Year	年份控制变量

四、实证结果分析

（一）描述性统计

从表 3-23 Panel A 可以看出，2010～2017 年样本公司托宾 Q 值差异较大，说明公司之间成长性存在显著不同。从 Panel B 中可以看出，对外直接投资公司托宾 Q 值均值和中位数均高于非对外直接投资公司，均值检验 T 值为 13.25，中位数秩和检验的 Z 值为 14.36，在一定程度上说明对外直接投资公司成长性较好，一定程度上支持了 H1a。

表 3-23　描述性统计

Panel A　主要变量描述性统计

VARIABLES	N	Mean	Sd	Min	P50	Max
TBQ	19595	2.1701	1.4220	0.9031	1.7166	10.1666
FORDUM	19595	0.4104	0.4919	0	0	1
FORSUB	8916	0.7593	0.8414	0	0.6931	4.6151
FORCOU	8916	0.4971	0.6389	0	0.0000	3.4012
Size	19595	22.0530	1.3075	14.9416	21.8730	28.5087
Age	19595	2.6754	0.4323	0	2.7726	3.9120
Top1	19595	35.3516	15.0746	8.6050	33.4870	74.9761
LEV	19595	0.4219	0.2147	0.0474	0.4124	0.9947
ROA	19595	0.0644	0.0610	-0.2177	0.0587	0.2788
Investor	19595	6.4153	6.9001	0.0022	4.0394	32.9330
InDirec	19595	0.3733	0.0530	0.3333	0.3333	0.5714

Panel B　主要变量的差异性检验

VARIABLES	(1) 非对外直接投资公司		(2) 对外直接投资公司		差异 (2) - (1)		差异 (2) - (1)	
	Mean	Median	Mean	Median	Mean	T-stat	Median	Z
TBQ	2.25	1.99	1.66	1.15	0.59***	13.25	0.84***	14.36

注：***表示在1%的水平下显著。

（二）回归结果分析

在回归之前首先检验变量之间的相关性，Pearson 相关系数矩阵如表 3-24 所示，主要自变量之间相关系数绝大多数均小于 0.3，平均方差膨胀因子为 3.81，变量之间不存在严重的共线性。此外，公司对外直接投资哑变量 FORDUM、对外直接投资广度 FORCOU 和对外直接投资深度 FORSUB 均与企业成长性 TBQ 在 1%的水平下显著正相关，在一定程度上支持 H1。

表 3-24 Pearson 相关系数矩阵

VARIABLES	TBQ	FORDUM	FORSUB	FORCOU	Size	Age	Top1	LEV	Investor	ROA	InDirec
TBQ	1										
FORDUM	0.056***	1									
FORSUB	0.078***	0.230***	1								
FORCOU	0.061***	0.271***	0.255***	1							
Size	-0.429***	0.247***	0.252***	0.311***	1						
Age	0.076***	0.012*	0.029***	0.017**	0.153***	1					
Top1	0.156	-0.024***	-0.005	-0.016**	0.231***	-0.112***	1				
LEV	-0.238***	0.059***	0.116***	0.096***	0.325***	0.229***	0.065***	1			
Investor	0.157***	0.083***	0.102***	0.100***	0.169***	0.016**	-0.128***	0.054***	1		
ROA	0.056***	0.012*	0.007	0.011	-0.013*	-0.111***	0.111***	-0.309***	0.183***	1	
InDirec	0.052***	0.053***	0.059***	0.058***	0.018**	-0.022***	0.047***	-0.008	0.006	-0.022***	1

注：***、**、*分别表示在 1%、5%、10% 的水平下显著。

为检验 H2，对模型（3-8）～模型（3-10）进行检验，为减轻同一公司不同时期序列相关问题以及异方差的影响，采用公司层面聚类稳健标准误，同时控制了行业和年份的影响。结果如表 3-25 所示：从第（1）列可以看出，对外直接投资哑变量 FORDUM 与企业成长性 TBQ 在 1% 的水平下显著正相关，说明与非对外直接投资公司相比，对外直接投资公司成长性较好，H2a 通过验证；从第（2）～（5）①列可以看出，对外直接投资深度 FORSUB、对外直接投资广度 FORCOU 均与企业成长性 TBQ 在 1% 的水平下显著正相关，说明对外直接投资水平越高，企业成长性也越好，H2b 通过验证。从控制变量来看，总资产报酬率 ROA、机构投资者持股比例总和 Investor 均促进了企业成长，资产负债率 LEV 与企业成长 TBQ 是负相关关系。

表 3-25　对外直接投资与企业成长的关系

VARIABLES	(1)	(2)	(3)	(4)	(5)
	TBQ	TBQ	TBQ	TBQ	TBQ
FORDUM	0.0959***				
	(5.48)				
FORSUB		0.1063***		0.0542***	
		(8.85)		(3.63)	
FORCOU			0.1234***		0.0626***
			(8.05)		(3.15)
Size	−0.5730***	−0.5844***	−0.5819***	−0.4329***	−0.4306***
	(−43.39)	(−43.16)	(−43.28)	(−24.98)	(−25.08)
Age	0.3365***	0.3402***	0.3394***	0.1621***	0.1614***
	(18.26)	(18.45)	(18.44)	(5.31)	(5.30)
Top1	0.0014***	0.0016***	0.0015***	0.0035***	0.0035***
	(2.58)	(2.84)	(2.81)	(4.07)	(4.07)
LEV	−0.2014***	−0.2019***	−0.2010***	−0.2561***	−0.2560***
	(−2.91)	(−2.93)	(−2.91)	(−2.63)	(−2.63)
Investor	0.0445***	0.0443***	0.0444***	0.0393***	0.0393***
	(30.52)	(30.47)	(30.49)	(18.11)	(18.15)

①　第（2）～（3）列为全样本回归结果，第（4）～（5）列为 OFDI 公司样本回归结果。

续表

VARIABLES	（1）	（2）	（3）	（4）	（5）
	TBQ	TBQ	TBQ	TBQ	TBQ
ROA	1.0695***	1.0669***	1.0632***	1.3022***	1.2990***
	（4.74）	（4.74）	（4.72）	（3.42）	（3.41）
InDirec	1.2631***	1.2380***	1.2431***	1.0999***	1.1084***
	（7.94）	（7.80）	（7.83）	（4.86）	（4.89）
Industry	Controlled	Controlled	Controlled	Controlled	Controlled
Year	Controlled	Controlled	Controlled	Controlled	Controlled
Constant	12.8483***	13.0825***	13.0347***	9.9179***	9.8660***
	（43.55）	（43.56）	（43.54）	（30.42）	（30.45）
N	19595	19595	19595	8916	8916
R-squared	0.3765	0.3778	0.3775	0.3796	0.3794

注：＊＊＊、＊＊、＊分别表示在1%、5%、10%的水平下显著，括号内的 T 值为公司层面聚类稳健标准误 T 值。

（三）稳健性检验

1. 内生性检验

（1）逆向因果。也有观点认为，企业具有较好的成长性才更有可能积极地进行对外直接投资，以期产生规模效应。为减轻可能存在的逆向因果关系，借鉴 Brammer 等（2006）、Kang（2013）、Attig 等（2016），对所有自变量滞后一至二期，结果如表 3-26 所示，对外直接投资哑变量 FORDUM、对外直接投资广度 FORCOU、对外直接投资深度 FORSUB 水平均与企业成长性 TBQ 正相关，且均通过显著性检验，本书研究结论稳健。

表3-26 逆向因果检验

VARIABLES	（1）	（2）	（3）	（4）	（5）	（6）
	滞后一期	滞后一期	滞后一期	滞后二期	滞后二期	滞后二期
	TBQ	TBQ	TBQ	TBQ	TBQ	TBQ
FORDUM	0.0391**			0.0116*		
	（2.08）			（1.85）		
FORSUB		0.0622***			0.0683***	
		（3.50）			（3.31）	

VARIABLES	（1） 滞后一期 TBQ	（2） 滞后一期 TBQ	（3） 滞后一期 TBQ	（4） 滞后二期 TBQ	（5） 滞后二期 TBQ	（6） 滞后二期 TBQ
FORCOU			0.0812 ***			0.0992 ***
			（3.44）			（3.62）
Size	−0.5428 ***	−0.4057 ***	−0.4047 ***	−0.5048 ***	−0.3981 ***	−0.3987 ***
	（−36.27）	（−20.99）	（−21.01）	（−30.71）	（−17.10）	（−17.09）
Age	0.2597 ***	0.1107 ***	0.1106 ***	0.2243 ***	0.1035 ***	0.1045 ***
	（12.83）	（3.18）	（3.18）	（10.15）	（2.60）	（2.63）
Top1	0.0019 ***	0.0034 ***	0.0034 ***	0.0034 ***	0.0051 ***	0.0051 ***
	（3.10）	（3.46）	（3.48）	（4.84）	（4.49）	（4.51）
LEV	−0.0186	−0.5434 ***	−0.5440 ***	−0.2232 **	−0.8448 ***	−0.8468 ***
	（−0.23）	（−4.66）	（−4.67）	（−2.37）	（−5.61）	（−5.64）
Investor	0.0280 ***	0.0241 ***	0.0242 ***	0.0185 ***	0.0166 ***	0.0168 ***
	（18.95）	（11.20）	（11.23）	（11.95）	（6.35）	（6.39）
ROA	1.4271 ***	2.1493 ***	2.1413 ***	0.5063 *	1.0707 **	1.0568 **
	（5.32）	（4.87）	（4.86）	（1.71）	（2.00）	（1.98）
InDirec	1.2890 ***	1.0934 ***	1.1039 ***	1.2081 ***	1.1188 ***	1.1255 ***
	（7.19）	（4.21）	（4.24）	（6.00）	（3.62）	（3.64）
Industry	Controlled	Controlled	Controlled	Controlled	Controlled	Controlled
Year	Controlled	Controlled	Controlled	Controlled	Controlled	Controlled
Constant	11.7928 ***	11.7798 ***	11.6202 ***	11.3175 ***	11.9185 ***	11.9273 ***
	（31.84）	（19.77）	（19.50）	（32.67）	（15.64）	（15.59）
N	19595	8916	8916	19595	8916	8916
R−squared	0.3609	0.3785	0.3785	0.3387	0.3676	0.3680

注：***、**、*分别表示在1%、5%、10%的水平下显著，括号内的 T 值为公司层面聚类稳健标准误 T 值。

（2）样本自选择。如本章第一节所述，企业进行对外直接投资是公司的内生选择（Dastidar，2009；Attig et al.，2016）。公司规模、负债水平、盈利能力、公司治理水平等影响企业对外投资决策（Dastidar，2009），这些因素可能同时影响到公司的成长性。因而，为减弱对外直接投资选择的非随机带来的内生性问题，借鉴 Dastidar（2009）的研究，采用 Heckman 两阶段模型的变形处理效应模型（Treatment Effect Model），第一阶段为 Probit 模型，如模型（3-11）所示，Z_{it} 为影响公司对外投资决策的因素，与本章第一节保持一致，包括公司规模 Size、总资产报酬率 ROA、公司年龄 Age、资产负债率 LEV、第一大股东持股比例 Top1、独立董事占比 InDirec，所有自变量滞后一期处理，此外加入公司所在行业从事对外直接投资公司占比，并控制行业和年份的作用。从第一阶段的回归中可以得到自选择偏误 λ，即 IMR（Inverse Mills Ratio）。将 λ 加入模型（3-8）~模型（3-10），用于修正企业对外直接投资对企业成长性的影响，进行第二阶段回归，若 λ 显著，说明存在样本自选择偏误，使用 Heckman 两阶段模型是有必要的。

$$FORDUM_{it} = \beta Z_{it-1} + \mu_{it} \tag{3-11}$$

回归结果如表 3-27 所示，第（1）、第（2）~（4）列分别为第一阶段和第二阶段的回归结果，第一阶段回归结果与本章第一节一致，在这一阶段求得样本选择偏误 λ；将 λ 加入模型（3-8）~模型（3-10），第二阶段回归结果（第（2）~（4）列）显示 λ 均在 1% 的水平下显著，说明确实存在样本自选择偏误，使用 Heckman 两阶段是有必要的。在控制样本选择偏误之后，对外直接投资哑变量 FORDUM、对外直接投资广度 FORCOU、对外直接投资深度 FORSUB 水平均与企业成长性 TBQ 显著正相关，即与非对外直接投资公司相比，有对外直接投资的公司成长性更高，对外直接投资水平越高，企业成长性也越高，本书研究结论稳健。

表 3-27　Heckman 两阶段模型

VARIABLES	(1) 第一阶段 FORDUM	(2) 第二阶段 TBQ	(3) 第二阶段 TBQ	(4) 第二阶段 TBQ
FORDUM		0.0804*** (4.32)		
FORSUB			0.0518*** (3.37)	
FORCOU				0.0629*** (3.07)
Size		-0.6654*** (-29.01)	-0.5889*** (-18.04)	-0.5870*** (-18.08)
Age		0.3363*** (12.45)	0.2281*** (5.49)	0.2271*** (5.48)

续表

VARIABLES	（1） 第一阶段 FORDUM	（2） 第二阶段 TBQ	（3） 第二阶段 TBQ	（4） 第二阶段 TBQ
Top1		0. 0039 ***	0. 0068 ***	0. 0068 ***
		（5. 74）	（6. 78）	（6. 78）
LEV		0. 1901 **	−0. 1443	−0. 1445
		（2. 41）	（−1. 37）	（−1. 37）
Investor		0. 0380 ***	0. 0336 ***	0. 0337 ***
		（24. 47）	（15. 49）	（15. 53）
ROA		2. 1882 ***	2. 1605 ***	2. 1578 ***
		（8. 48）	（5. 27）	（5. 26）
InDirec		1. 2070 ***	0. 9030 ***	0. 9131 ***
		（6. 78）	（3. 85）	（3. 89）
IMR		−0. 2694 ***	−0. 6568 ***	−0. 6551 ***
		（−3. 11）	（−4. 91）	（−4. 90）
L. Size	0. 3198 ***			
	（30. 17）			
L. Age	−0. 2203 ***			
	（−8. 78）			
L. Top1	−0. 0053 ***			
	（−7. 36）			
L. LEV	−0. 2682 ***			
	（−4. 28）			
L. Investor	0. 0054 ***			
	（3. 65）			
L. ROA	0. 7282 ***			
	（3. 84）			
L. InDirec	0. 8112 ***			
	（4. 24）			
IVindustry	2. 4514 ***			
	（8. 14）			
Industry	Controlled	Controlled	Controlled	Controlled
Year	Controlled	Controlled	Controlled	Controlled

续表

VARIABLES	（1）	（2）	（3）	（4）
	第一阶段	第二阶段	第二阶段	第二阶段
	FORDUM	TBQ	TBQ	TBQ
Constant	−7.5513***	14.5511***	14.2709***	14.2255***
	（−25.04）	（26.07）	（20.17）	（20.20）
N	19595	19595	8916	8916
Pseudo R^2/R^2	0.1078	0.4064	0.4033	0.4031

注：***、**、*分别表示在1%、5%、10%的水平下显著，括号内的T值为稳健标准误T值。

（3）倾向得分匹配法（PSM）。为检验对外直接投资水平与企业成长性之间的关系是由公司潜在特征引起的还是对外直接投资本身的影响，借鉴 Attig 等（2016）、Tsao 等（2017）、宋献中等（2017）的研究，采用 PSM 方法减轻内生性问题，配对变量选择与 Heckman 第一阶段变量选择一致，包括公司规模 Size、总资产报酬率 ROA、公司年龄 Age、资产负债率 LEV、第一大股东持股比例 Top1、独立董事占比 InDirec，以上自变量滞后一期处理，同时包括公司所在行业从事对外直接投资公司占比、行业固定效应和年份固定效应，使用 Logit 模型估计倾向得分，仅对共同取值范围内的样本进行匹配，采用一对一有放回抽样。

配对前后是否有对外直接投资公司的成长性差异如表 3-28 所示，从中可以看出，配对之前控制组的成长性显著高于对外直接投资公司，但配对之后，对外直接投资公司成长性显著高于控制组，在 5%的水平下显著（T 值为 2.29，大于临界值 1.96），说明在控制样本异质性之后，对外直接投资公司成长性较高，本书研究结论稳健。

表 3-28　配对前后是否有对外直接投资的公司成长性差异

Variable Sample	处理组	控制组	差异	标准误	T 值
Bias Unmatched	2.1085	2.2419	−0.1334	0.0226	−5.89
ATT	2.1096	2.0357	0.0739	0.0322	2.29

为检验 PSM 的有效性，本书对平衡假设和共同支撑假设进行检验，检验标准与第二章一致。从表 3-29 中可以看出，匹配之前，进行对外直接投资的公司在公司规模 Size、资产负债率 LEV、总资产报酬率 ROA、第一大股东持股比例

Top1、独立董事占比 InDirec、公司年龄 Age 等特征上与未进行对外直接投资的公司存在显著差异，而在采用 PSM 方法进行匹配后，除机构投资者持股比例 Investor 之外，处理组和控制组各配对变量之间的标准偏差均大幅下降，处理组和控制组相关变量均值无显著差异，均值 T 检验不显著，且配对后除机构投资者持股比例 Investor 外，配对后标准偏差绝对值均小于5%；此外，匹配前对外直接投资公司的倾向性得分（Pscore）显著高于未进行对外直接投资的公司，而匹配后两者不存在任何显著差异。可见，采用 PSM 方法获得的对照组样本与对外直接投资的处理组样本在各个公司特征上已不存在显著差异，配对有效。

表 3-29   平衡性检验

变量名称	匹配前 U 匹配后 M	均值		标准偏差 （%）	标准偏差 减少（%）	T 检验	
		处理组	控制组			T 值	P 值
L. Size	U	22.356	21.762	46.1		30.13	0.000
	M	22.351	22.346	0.3	99.3	0.19	0.848
L. Age	U	2.693	2.704	−2.7		−1.76	0.078
	M	2.693	2.702	−2.2	18.7	−1.3	0.194
L. Top1	U	35.659	36.130	−3.1		−2	0.046
	M	35.637	35.827	−1.2	59.6	−0.74	0.459
L. LEV	U	0.434	0.422	5.7		3.63	0.000
	M	0.434	0.435	−0.3	94.3	−0.19	0.847
L. Investor	U	7.467	6.226	17.2		11.13	0.000
	M	7.465	7.735	−3.7	78.3	−2.15	0.031
L. ROA	U	0.068	0.066	4.1		2.62	0.009
	M	0.068	0.069	−0.7	82.1	−0.43	0.665
L. InDirec	U	0.376	0.370	10.9		7.08	0.000
	M	0.375	0.376	−0.3	96.9	−0.2	0.844

对于共同支撑假设，本书绘制了 PSM 方法匹配前后的密度函数图，如图 3-3 所示，可以看出，在采用 PSM 方法匹配前，对外直接投资公司与未进行对外直接投资公司的密度函数存在显著差异，而通过 PSM 方法匹配后的对照组公司与对外直接投资公司的密度函数则极为相似。可见，采用 PSM 方法获得的对照组公司很好地实现了匹配目标。

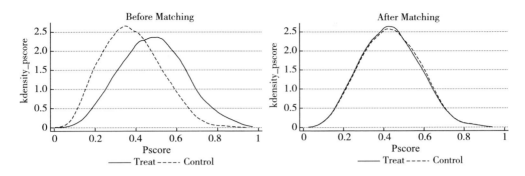

图 3-3 密度函数图

注：图 3-3 左侧为倾向性得分匹配前的密度函数图，右侧为倾向性得分匹配后的密度函数图。其中，横轴为倾向性得分，纵轴为概率密度。实线代表对外直接投资公司的密度函数图，虚线代表对照组公司的密度函数图。

配对后继续对模型（3-8）、模型（3-9）、模型（3-10）进行回归，结果如表 3-30 所示，对外直接投资哑变量 FORDUM、对外直接投资深度 FORSUB、对外直接投资广度 FORCOU 的系数均在 1% 的水平下显著为正，说明与非对外直接投资公司相比，进行对外直接投资公司的成长性较高，且对外直接投资水平越高，成长性越高，本书研究结论稳健。

表 3-30 配对后回归结果

VARIABLES	（1）TBQ	（2）TBQ	（3）TBQ
FORDUM	0.0648*** (2.94)		
FORSUB		0.0528*** (3.42)	
FORCOU			0.0649*** (3.16)
Size	−0.4946*** (−32.02)	−0.4676*** (−25.23)	−0.4661*** (−25.31)
Age	0.2011*** (7.70)	0.1298*** (3.84)	0.1292*** (3.83)

续表

VARIABLES	(1) TBQ	(2) TBQ	(3) TBQ
Top1	0.0038***	0.0048***	0.0048***
	(5.27)	(5.35)	(5.35)
LEV	−0.2052**	−0.2595**	−0.2594**
	(−2.39)	(−2.51)	(−2.51)
Investor	0.0352***	0.0347***	0.0348***
	(19.68)	(15.87)	(15.90)
ROA	2.1743***	2.2068***	2.2040***
	(6.82)	(5.36)	(5.35)
InDirec	1.0541***	1.0919***	1.1003***
	(5.31)	(4.69)	(4.72)
Industry	Controlled	Controlled	Controlled
Year	Controlled	Controlled	Controlled
Constant	10.9390***	10.8071***	10.8056***
	(28.68)	(26.51)	(26.00)
N	19595	8916	8916
R-squared	0.3996	0.4014	0.4013

注：***、**、*分别表示在1%、5%、10%的水平下显著，括号内的T值为稳健标准误T值。

（4）工具变量。借鉴Li等（2011）、Attig等（2016），本书进一步采用工具变量缓解研究中可能存在的内生性问题。在工具变量的选择上，与第二章保持一致，借鉴Li等（2011）、Attig等（2016）的做法，本书采用公司所在省份非金融类对外直接投资存量占全国总存量的比重OFDIstockratio、公司所在行业对外直接投资公司的比重IVindustry，作为对外直接投资的工具变量。回归结果如表3-31所示，第（1）、第（2）列分别是第一阶段和第二阶段的回归结果。公司所在省份非金融类对外直接投资存量占全国总存量的比重OFDIstockratio和公司所在行业对外直接投资公司的比重IVindustry均与FORDUM在1%的水平下正相关，说明二者对公司对外直接投资有较好的解释，进一步检验发现F统计量为177.99，F统计量的P值为0.0000，R^2为0.1898，调整后的R^2为0.1883，因此不存在弱工具变量问题。接着对工具变量进行过度识别检验，卡方值为1.93826，对应P值为0.1639，说明工具变量为外生变量。

从表3-31第（2）列可以看出，对外直接投资工具变量IVFORDUM与公司成长性在10%的水平下显著正相关，与前文研究结论一致，本书研究结论稳健。

表3-31 工具变量回归结果

VARIABLES	（1）	（2）
	第一阶段	第二阶段
	FORDUM	TBQ
OFDIstockratio	5. 9260***	
	(30. 69)	
IVindustry	0. 8331***	
	(10. 20)	
IVFORDUM		0. 0425*
		(1. 72)
Size	0. 1172***	−0. 5734***
	(38. 16)	(−35. 38)
Age	−0. 0687***	0. 3360***
	(−8. 11)	(16. 70)
Top1	−0. 0020***	0. 0015**
	(−8. 69)	(2. 49)
LEV	−0. 0277	0. 2374***
	(−1. 39)	(3. 25)
Investor	0. 0022***	0. 0450***
	(4. 47)	(28. 82)
ROA	0. 0102	1. 0034***
	(0. 17)	(4. 28)
InDirec	0. 2829***	1. 2803***
	(4. 59)	(7. 52)
Industry	Controlled	Controlled
Year	Controlled	Controlled
Constant	−2. 4514***	12. 0462***
	(−32. 57)	(35. 81)
N	19595	19595
R−squared	0. 1898	0. 3792

注：***、**、*分别表示在1%、5%、10%的水平下显著，括号内的T值为稳健标准误T值。

（5）控制可能遗漏的变量。已有研究表明，政府补贴（孔东民和李天赏，2014）、高管海外背景（王雪莉等，2013）等因素也会影响企业绩效。为了避免遗漏这些因素对研究结果造成的影响，本书在模型（3-8）~模型（3-10）中补充了两个控制变量：公司获得的政府补贴（加 1 后取对数）Govern 与有海外工作经历的董事人数（加 1 后取对数）OverExp。检验结果如表 3-32 所示，对外直接投资哑变量 FORDUM、对外直接投资深度 FORSUB 和对外直接投资广度 FOR-COU 均与企业成长性 TBQ 正相关，且通过显著性检验，表明在控制政府补贴及董事海外背景的影响之后，对外直接投资对企业成长性的影响依然符合预期。

表 3-32　控制可能遗漏变量的影响

VARIABLES	(1)	(2)	(3)
	TBQ	TBQ	TBQ
FORDUM	0.0370**		
	(2.08)		
FORSUB		0.0330**	
		(2.19)	
FORCOU			0.0386*
			(1.95)
Size	-0.4893***	-0.4160***	-0.4143***
	(-31.29)	(-19.54)	(-19.42)
Age	0.2599***	0.1517***	0.1512***
	(12.64)	(5.01)	(5.00)
Top1	0.0033***	0.0036***	0.0036***
	(5.11)	(4.16)	(4.15)
LEV	0.1823**	-0.2750***	-0.2744***
	(2.52)	(-2.97)	(-2.96)
Investor	0.0435***	0.0380***	0.0380***
	(25.90)	(17.73)	(17.75)
ROA	1.9068***	1.6867***	1.6864***
	(7.20)	(4.56)	(4.56)
InDirec	1.1972***	1.1658***	1.1713***
	(7.08)	(5.18)	(5.20)
OverExp	0.1205***	0.1038***	0.1052***
	(8.03)	(5.46)	(5.53)

续表

VARIABLES	(1)	(2)	(3)
	TBQ	TBQ	TBQ
Govern	−0.0077	−0.0021	−0.0026
	(−0.83)	(−0.14)	(−0.18)
Industry	Controlled	Controlled	Controlled
Year	Controlled	Controlled	Controlled
Constant	11.2293***	9.5573***	9.5274***
	(41.72)	(31.23)	(31.28)
N	19595	8916	8916
Adjusted R-squared	0.3756	0.3825	0.3869

注：***、**、*分别表示在1%、5%、10%的水平下显著，括号内的T值为公司层面聚类稳健标准误T值。

2. 更换变量度量方式

（1）经过行业调整的托宾Q值。借鉴 Harjoto 和 Laksmana（2018）的做法，本书使用经过行业均值调整的托宾Q值（ADJ_TBQ）来抵消特定行业因素的影响，即将企业的托宾Q值减去同行业企业当年托宾Q值的均值，回归结果如表3-33第（1）~（3）列所示，对外直接投资哑变量FORDUM、对外直接投资广度FORCOU、对外直接投资深度FORSUB均与调整后的托宾Q值（ADJ_TBQ）在1%的水平下显著正相关，更好地支持了H2，表明本书研究结论较为稳健。

（2）营业收入增长率。本书使用营业收入增长率OIGR替代托宾Q值进行回归，结果如表3-33第（4）~（6）列所示，对外直接投资哑变量FORDUM、对外直接投资广度FORCOU、对外直接投资深度FORSUB均与营业收入增长率OIGR显著正相关，支持H2，说明本书研究结论较为稳健。

表3-33　更换变量度量方式

VARIABLES	(1)	(2)	(3)	(4)	(5)	(6)
	ADJ_TBQ	ADJ_TBQ	ADJ_TBQ	OIGR	OIGR	OIGR
FORDUM	0.0841***			0.0189*		
	(4.53)			(1.85)		
FORSUB		0.0447***			0.0229***	
		(2.86)			(2.81)	

续表

VARIABLES	(1) ADJ_TBQ	(2) ADJ_TBQ	(3) ADJ_TBQ	(4) OIGR	(5) OIGR	(6) OIGR
FORCOU			0.0605*** (2.91)			0.0152* (1.92)
Size	−0.5745*** (−40.57)	−0.4272*** (−22.39)	−0.4266*** (−22.56)	−0.0128*** (−2.86)	−0.0228*** (−3.79)	−0.0186*** (−3.10)
Age	0.2779*** (14.21)	0.1286*** (3.95)	0.1284*** (3.95)	−0.0352*** (−3.82)	−0.0548*** (−3.90)	−0.0564*** (−4.01)
Top1	0.0009 (1.59)	0.0028*** (3.07)	0.0028*** (3.08)	−0.0008*** (−2.67)	−0.0013*** (−2.77)	−0.0013*** (−2.81)
LEV	0.3002*** (4.25)	−0.2418** (−2.41)	−0.2424** (−2.42)	0.3089*** (10.65)	0.3134*** (7.05)	0.3156*** (7.10)
Investor	0.0400*** (26.42)	0.0355*** (15.77)	0.0355*** (15.79)	0.0006 (1.10)	0.0011 (1.11)	0.0012 (1.20)
ROA	0.5954*** (2.62)	0.8314** (2.18)	0.8287** (2.17)	2.0393*** (22.29)	2.0181*** (13.91)	2.0196*** (13.91)
InDirec	1.1058*** (6.74)	0.8217*** (3.58)	0.8282*** (3.61)	0.1551** (2.07)	0.0647 (0.55)	0.0716 (0.61)
Industry	Controlled	Controlled	Controlled	Controlled	Controlled	Controlled
Year	Controlled	Controlled	Controlled	Controlled	Controlled	Controlled
Constant	10.2471*** (33.11)	7.7482*** (17.70)	7.7307*** (17.79)	0.5678* (1.86)	0.8578*** (3.25)	0.7881*** (3.04)
N	19595	8916	8916	19595	8916	8916
R−squared	0.2711	0.2572	0.2572	0.1690	0.1757	0.1735

注：***、**、*分别表示在1%、5%、10%水平下显著，括号内的T值为公司层面聚类稳健标准误T值。

3. 双重聚类回归方法

为减弱公司异质性和序列相关的影响，本书采用 Petersen（2009）推荐的聚类（Cluster）回归方法，按公司和年份进行双重聚类，结果如表3−34所示，对外直接投资哑变量 FORDUM、对外直接投资广度 FORCOU、对外直接投资深度 FORSUB 均与公司成长性 TBQ 正相关，且均通过显著性检验，支持 H2，说明本书的研究结论不受所选回归方法的影响。

表 3-34 双重聚类回归结果

VARIABLES	(1)	(2)	(3)
	TBQ	TBQ	TBQ
FORDUM	0.0959***		
	(3.35)		
FORSUB		0.0542**	
		(2.23)	
FORCOU			0.0626**
			(1.97)
Size	−0.5730***	−0.4329***	−0.4306***
	(−23.06)	(−15.13)	(−15.26)
Age	0.3365***	0.1621***	0.1614***
	(9.49)	(3.11)	(3.11)
Top1	0.0014	0.0035**	0.0035**
	(1.43)	(2.55)	(2.56)
LEV	0.2014*	−0.2561	−0.2560
	(1.66)	(−1.61)	(−1.61)
Investor	0.0445***	0.0393***	0.0393***
	(20.59)	(12.92)	(12.95)
ROA	1.0695***	1.3022**	1.2990**
	(3.07)	(2.38)	(2.37)
InDirec	1.2631***	1.0999***	1.1084***
	(4.88)	(3.39)	(3.40)
Industry	Controlled	Controlled	Controlled
Year	Controlled	Controlled	Controlled
Constant	12.7148***	10.6854***	10.6580***
	(27.13)	(18.65)	(18.61)
N	19595	8916	8916
Adjusted R-squared	0.3765	0.3796	0.3792

注：***、**、* 分别表示在1%、5%、10%的水平下显著，括号内的 T 值为公司、年份层面双重聚类稳健标准误 T 值。

（四）拓展性分析

1. 对外直接投资策略的影响

（1）是否在发达国家投资。在发达国家的投资能增加企业学习和获取技术知识的机会（Kotabe et al.，2007；Chen et al.，2012）。海外子公司可以帮助母公司获得与东道主国家相关的独特优势和资源（Kafouros et al.，2012），且发达的经济制度可以减少不确定性并降低搜索和交易成本（Wang et al.，2015）。本书认为，中国企业对其他发展中国家的直接投资也能够从全球规模经济中获益并增加市场份额，但融入不发达的市场，难以提升组织学习的成效。相比之下，当企业投资到具有行业特定比较技术优势的发达市场时，可以改善其组织学习，从知识逆向溢出中获益，并获得有价值的研发资源和管理经验。中国企业海外投资于发达经济体的主要缘由在于这些国家集中了中国企业所需的高附加值的经济功能和技能（荣大聂和提洛·赫恩曼，2013），加之当地技术、管理的先进性，客户的复杂性和快速变化的需求促使企业不断改进和创新（Rabbiosi et al.，2012）。相对于投资发展中国家，企业投资发达市场国家对企业投入资本回报率的促进效应更加显著（周燕和郑涵钰，2019），并且投资发达国家表现出更为显著的价值链升级效应（郑丹青，2019）。

为进一步检验不同的对外直接投资目的地对对外直接投资与企业成长关系的影响，本书将样本分为拥有发达国家投资的公司和无发达国家投资的公司，构建了模型（3-12）和模型（3-13）：

$$TBQ_{it} = \alpha_0 + \alpha_1 FORSUB_{it} + \alpha_2 AD_{it} + \alpha_3 FORSUB_{it} \times AD_{it} + Controls_{it} +$$
$$\sum Industry + \sum Year + \varepsilon_{it} \qquad (3-12)$$
$$TBQ_{it} = \alpha_0 + \alpha_1 FORCOU_{it} + \alpha_2 AD_{it} + \alpha_3 FORCOU_{it} \times AD_{it} + Controls_{it} +$$
$$\sum Industry + \sum Year + \varepsilon_{it} \qquad (3-13)$$

上述模型中，AD_{it} 为公司是否在发达国家[①]投资，有发达国家投资的公司取值为 1，反之，取值为 0。

分别对模型（3-12）和模型（3-13）进行回归检验，回归结果如表 3-35 第（1）列和第（2）列所示，交互项 FORSUB×AD 和 FORCOU×AD 的系数均在 5%的水平下显著为正，这说明，与未在发达国家进行投资的企业相比，对外直

---

① 本书参考余海燕和沈桂龙（2020）的做法，依据国际货币基金组织的分类方法，将安道尔、澳大利亚等 40 个国家和地区界定为发达经济体，具体参见 https：//www.imf.org/en/Publications/WEO/weo-database/2021/October/select-country-group。

接投资对企业成长的正向影响在发达国家有投资的企业中更为显著。

表 3-35 对外直接投资策略的影响

VARIABLES	(1)	(2)	(3)	(4)
	TBQ	TBQ	TBQ	TBQ
FORSUB	0.0255**		0.0424**	
	(1.99)		(2.31)	
FORCOU		0.0240*		0.0574**
		(1.79)		(2.38)
AD	0.0522*	0.0544*		
	(1.85)	(1.89)		
FORSUB×AD	0.0998**			
	(2.05)			
FORCOU×AD		0.1205**		
		(2.36)		
MA			0.1237*	0.0916*
			(1.95)	(1.79)
FORSUB×MA			0.0572**	
			(2.50)	
FORCOU×MA				0.0534*
				(1.75)
Size	−0.4542***	−0.4520***	−0.4195***	−0.4172***
	(−24.59)	(−24.67)	(−26.46)	(−26.53)
Age	0.1442***	0.1437***	0.1194***	0.1196***
	(4.61)	(4.60)	(4.27)	(4.27)
Top1	0.0032***	0.0032***	0.0027***	0.0028***
	(3.67)	(3.69)	(3.73)	(3.75)
LEV	−0.1415	−0.1414	−0.1101	−0.1097
	(−1.45)	(−1.45)	(−1.31)	(−1.30)
Investor	0.0378***	0.0378***	0.0369***	0.0370***
	(17.19)	(17.21)	(18.90)	(18.91)
ROA	1.2769***	1.2741***	1.3962***	1.3910***
	(3.31)	(3.31)	(4.97)	(4.95)

续表

VARIABLES	（1）	（2）	（3）	（4）
	TBQ	TBQ	TBQ	TBQ
InDirec	0.9783 ***	0.9845 ***	0.8300 ***	0.8359 ***
	（4.30）	（4.33）	（4.37）	（4.40）
Industry	Controlled	Controlled	Controlled	Controlled
Year	Controlled	Controlled	Controlled	Controlled
Constant	11.1475 ***	11.1074 ***	10.4895 ***	10.4194 ***
	（26.49）	（26.58）	（29.15）	（29.19）
N	8916	8916	8916	8916
R-squared	0.4015	0.3968	0.4074	0.4070

注：*** 、** 、*分别表示在1%、5%、10%的水平下显著，括号内的T值为公司层面聚类稳健标准误T值。

（2）是否进行跨国并购。在海外经营的子公司在东道国享有相同的制度优势，然而，它们能否从这些制度中平等受益，与其进入模式也有很大关系，如并购还是绿地投资。跨国并购为企业提供了快速获取其所不具备知识和资源的途径，可以在快速变化的商业环境中扩展新合并公司的知识库，且为企业提供了获取与业务相关或与当地市场相关知识的途径，促进了国际市场学习（Harzing，2002），能够获得难以交易的有形和无形资源（Cui et al.，2014；Deng，2009）。而知识在战略上被视为企业形成竞争优势的最重要资源。尤其是隐性知识，它涵盖了专有技术和知识（Kogut and Zander，1992），是公司的关键资源。隐性知识的获取和学习是外国收购者实现其战略目标的重要机制（Persson，2006）。如海外被并购的子公司从其合作伙伴和合作伙伴的其他联盟那里获取缺乏、耗时且难以自行发展的知识，可以回流到国内母公司，促进母公司的经验学习，使母公司能够更好、更快地利用东道国的资源，尤其当东道国被并购企业所掌握的技术比较复杂、先进时，它带给母公司的不仅仅是先进技术，更为重要的是技术人员、技术管理知识以及产品技术的创新等。由此可见，从并购企业中获益会相对较快，基于中国情境，宋林等（2019b）采用中国2010~2017年发生海外投资事件的沪深A股非金融类上市公司数据，对外直接进入模式影响对外直接投资后的企业绩效提升效果，具体表现为海外并购促进企业全要素生产率的提升及盈利状况的改善。相比之下，绿地投资会产生更高的交易成本和时间上的不经济性，如在组建联盟、寻找供应商以及与本地代理商建立网络方面需要进行广泛的尝试，进而影响公司吸收国外先进技术、知识与经验的效率。

为进一步检验对外直接投资进入模式对对外直接投资与企业成长关系的影响，本书将样本分为拥有跨国并购的公司和无跨国并购的公司，构建模型（3-14）和模型（3-15）：

$$TBQ_{it} = \alpha_0 + \alpha_1 FORSUB_{it} + \alpha_2 MA_{it} + \alpha_3 FORSUB_{it} \times MA_{it} + Controls_{it} +$$
$$\sum Industry + \sum Year + \varepsilon_{it} \qquad (3-14)$$

$$TBQ_{it} = \alpha_0 + \alpha_1 FORCOU_{it} + \alpha_2 MA_{it} + \alpha_3 FORCOU_{it} \times MA_{it} + Controls_{it} +$$
$$\sum Industry + \sum Year + \varepsilon_{it} \qquad (3-15)$$

上述模型中，MA_{it} 为公司是否有跨国并购，有跨国并购的公司取值为1，反之，取值为0。

分别对模型（3-14）和模型（3-15）进行回归检验，回归结果如表3-35第（3）列和第（4）列所示，交互项 FORSUB×MA 和 FORCOU×MA 的系数分别在5%、10%的水平下显著为正，这说明，与未进行跨国并购的企业相比，对外直接投资对企业成长的正向影响在拥有跨国并购的企业中更为显著。以上表明了跨国并购有助于增加公司的知识基础进而增强公司的国际学习效果，并可以通过双方的协同效应来促进公司发展，增强对外直接投资对企业成长的正向影响。

（3）是否有避税地投资。避税是跨国企业在避税地①进行投资的主要动机，在国外的研究文献中已成为共识（Gumpert et al.，2016）。基于中国跨国企业的研究，国内学者发现企业在避税地进行直接投资有显著的避税动机（王永钦，2014），刘志阔等（2019）利用双重差分方法研究中国跨国企业发现，企业利用避税地进行利润转移，进而侵蚀了中国的税基。一般认为，中国在避税地的投资会扭曲中国的对外直接投资动机（Hurst，2011）。如果中国跨国企业在避税地直接投资确实有较为激进的避税动机，那么它会使跨国公司通过对外直接投资寻求战略性资产进而提升自身竞争优势的积极作用大打折扣，因为企业在避税地直接投资的过程中，会降低信息透明度（Hines，2010；Bennedsen and Zeume，2018）及增大避税活动背后的委托代理问题（叶康涛和刘行，2014），这些问题一方面会加大管理层的利益侵占动机或通过避税地公司转移企业资金，导致对公司在创新等提升公司竞争力方面的投入的挤出，扭曲企业资源配置效率，且也难以发挥

---

① 本书根据 OECD（2000）标准，将开曼群岛、英属维尔京群岛、英属泽西岛、百慕大群岛、巴哈马群岛、塞舌尔、列支敦士登、卢森堡、巴拿马等42个国家和地区界定为避税地。

对外直接投资给企业带来的逆向溢出效应；另一方面会增加企业的资本市场风险，导致企业在进行外部融资时受到制约，加剧企业的融资约束，不利于企业持续性发展。

本书将样本分为有避税地直接投资的公司和没有避税地直接投资的公司，分别对模型（3-9）和模型（3-10）进行回归。结果如表 3-36 所示：在第（1）列和第（3）列中，对外直接投资深度 FORSUB、对外直接投资广度 FORCOU 的系数分别在 10%、5% 的水平下显著为正；而在第（2）列和第（4）列中，对外直接投资深度 FORSUB、对外直接投资广度 FORCOU 的系数为正但不显著；以上表明了对外直接投资对企业成长的影响在没有避税地投资的上市公司中更为显著。这也从对外直接投资动机的角度，说明公司基于避税动机，削弱了对外直接投资对企业成长的正向影响。

表 3-36　企业是否有避税地投资的影响

| VARIABLES | (1) | (2) | (3) | (4) |
| | 没有避税地投资 | 有避税地投资 | 没有避税地投资 | 有避税地投资 |
	TBQ	TBQ	TBQ	TBQ
FORSUB	0.0506 *	0.0088		
	(1.89)	(0.36)		
FORCOU			0.0648 **	0.0185
			(2.06)	(0.69)
Size	−0.4121 ***	−0.4957 ***	−0.5006 ***	−0.4033 ***
	(−14.80)	(−20.16)	(−20.24)	(−14.73)
Age	0.0837 *	0.2197 ***	0.2200 ***	0.0829 *
	(1.77)	(5.51)	(5.52)	(1.76)
Top1	0.0025 **	0.0035 ***	0.0035 ***	0.0024 *
	(1.98)	(2.95)	(2.96)	(1.91)
LEV	−0.2374	−0.2314 **	−0.2332 **	−0.2327
	(−1.26)	(−2.15)	(−2.17)	(−1.23)
Investor	0.0332 ***	0.0440 ***	0.0438 ***	0.0335 ***
	(9.90)	(15.57)	(15.52)	(9.97)
ROA	1.5275 **	1.1483 **	1.1486 **	1.5156 **
	(2.39)	(2.46)	(2.47)	(2.36)

续表

VARIABLES	（1）	（2）	（3）	（4）
	没有避税地投资	有避税地投资	没有避税地投资	有避税地投资
	TBQ	TBQ	TBQ	TBQ
lnDirec	1. 3241 ***	0. 8874 ***	0. 8746 ***	1. 3100 ***
	（3. 98）	（2. 82）	（2. 79）	（3. 93）
Industry	Controlled	Controlled	Controlled	Controlled
Year	Controlled	Controlled	Controlled	Controlled
Constant	9. 9176 ***	11. 7657 ***	11. 1920 ***	9. 7772 ***
	（19. 49）	（24. 14）	（23. 30）	（19. 13）
N	5650	3266	5650	3266
R-squared	0. 4049	0. 3771	0. 3777	0. 4040

注：＊＊＊、＊＊、＊分别表示在1%、5%、10%的水平下显著，括号内的T值为公司层面聚类稳健标准误T值。

2. 治理环境的影响

对外直接投资对企业成长有积极促进作用，这一情境不仅受到上述因素影响，还可能受到公司所处的治理环境影响。据此，本书接下来从企业产权性质、两权分离度、内部控制有效性三个方面考察公司内部治理环境对二者关系的影响。

（1）企业产权性质。相对于民营企业，国有企业在国际扩张过程中的对外直接投资带有各级政府的色彩，在政府推动下，资金、资源等的获取具有先天性优势，能从政府那里获得更多的财力支持，这有助于国有企业进行国际扩张。因此，国有企业在对外直接投资行为上可能遵循"国家逻辑"，从而使其决策在不同程度上反映出政府设定的政治目标，不一定是基于公司资源和能力上的最佳决策。也就是说，国有企业在跨国经营时受制于双重目标，即国家政治目标和自身商业目标（Deng，2009），且在很大程度上受到政府政治目标的影响。政府的支持也会给公司战略求得与政府政策保持一致带来压力，并可能使公司目标模糊（Estrin et al.，2016），对公司效率、盈利能力关注度不高。此外，在资源垄断和行政性保护下的国有企业所受的市场竞争会在相当程度上被抵消，且即使它们面临着竞争压力，因管理层的激励机制存在不同程度的扭曲，也不一定产生技术学习吸收和创新的激励，加之公司高管的政治升职或调动因素等影响，使得企业对外直接投资决策效率及可持续性受到较大影响，这均会影响到国有企业的成长。

但民营企业由于与政府的关系薄弱，在国内面临一定程度上的不公平竞争，并且难以从非市场渠道获取外部资源，加上民营企业资金实力有限，存在融资难的问题，对成本更加敏感，导致其在东道国进行投资时，具有较高的风险规避意识（Ramasamy et al.，2012），市场敏感性更强，对投资收益更加注重，运作方式也更符合市场化要求，因此企业对外直接投资以寻求更大的利益。此外，民营企业的对外直接投资项目一般与政治目标的关联度很小或没有，特别是进入发达经济体内受到诸如"国家安全"类的审查影响较小，多出于企业自身寻求战略性资产或市场的动机，从而能够较为容易地融入当地经济网络进行学习，来提升自身的竞争力，且民营企业决策效率相对较高，使得国际扩张决策有较好的持续性，从而有利于企业成长。

为进一步检验在不同产权性质公司中，对外直接投资对企业成长影响的差异，本书将样本分为国有上市公司与非国有上市公司，分别对模型（3-9）和模型（3-10）进行回归，结果如表3-37所示：在第（1）列和第（3）列中，对外直接投资广度FORCOU、对外直接投资深度FORSUB均与企业成长性TBQ均在1%的水平下显著正相关；而在第（2）列和第（4）列中，对外直接投资广度FORCOU、对外直接投资深度FORSUB均与企业成长性TBQ的关系不显著。以上表明了对外直接投资对企业成长性的影响在非国有上市公司中更为显著。

表3-37　企业产权性质的影响

VARIABLES	(1)	(2)	(3)	(4)
	非国有	国有	非国有	国有
	TBQ	TBQ	TBQ	TBQ
FORSUB	0.1081***	0.0121		
	(5.17)	(0.75)		
FORCOU			0.1173***	0.0150
			(4.35)	(0.62)
Size	-0.6142***	-0.3106***	-0.6067***	-0.3103***
	(-21.56)	(-17.13)	(-21.56)	(-17.12)
Age	0.2601***	-0.0853	0.2586***	-0.0849
	(6.73)	(-1.64)	(6.70)	(-1.63)
Top1	0.0016	0.0021*	0.0016	0.0021*
	(1.30)	(1.83)	(1.34)	(1.84)

续表

VARIABLES	(1)	(2)	(3)	(4)
	非国有	国有	非国有	国有
	TBQ	TBQ	TBQ	TBQ
LEV	0.0562	-0.5333***	0.0609	-0.5346***
	(0.43)	(-3.98)	(0.47)	(-4.00)
Investor	0.0480***	0.0231***	0.0480***	0.0231***
	(17.51)	(7.09)	(17.54)	(7.12)
ROA	1.0259**	3.0696***	1.0063**	3.0675***
	(2.20)	(6.27)	(2.15)	(6.27)
InDirec	0.7921***	0.2755	0.8164***	0.2763
	(2.67)	(0.92)	(2.74)	(0.93)
Industry	Controlled	Controlled	Controlled	Controlled
Year	Controlled	Controlled	Controlled	Controlled
Constant	13.8167***	8.8908***	13.7126***	8.8813***
	(23.26)	(20.80)	(22.84)	(20.65)
N	6091	2825	6091	2825
R-squared	0.3895	0.4015	0.3886	0.4116

　　注：***、**、*分别表示在1%、5%、10%的水平下显著，括号内的T值为公司层面聚类稳健标准误T值。

　　（2）两权分离度。基于委托代理理论，学者认为两权分离度变大会增强"壕沟效应"，即控制权与现金流权的差异增大会弱化公司外部治理机制作用，控股股东越有可能进行掏空等机会主义行为，侵占中小股东及其他利益相关者的利益，进而会降低企业绩效（Li and Zaiats，2017）。然而，控股股东权力的增大可以维持对企业长期的有序控制，使其更加注重企业长期价值的创造，进而提升企业绩效（Jordan et al.，2016），发挥激励效应。Dey 等（2015）则认为两权分离度对企业绩效的影响存在异质性，可能依具体情境（如时间要素、环境要素等）的变化而发生变化。本书认为，两权分离度的增强可以帮助境内对外投资公司实际控制人专注于跨国经营项目的持续有效实施，进而有助于企业成长。

　　为进一步检验公司两权分离度对对外直接投资与企业成长之间关系的影响，本书按公司两权分离度（控制权与现金流权的差值）的中位数将样本分为两组，即两权分离度大于中位数的为高两权分离度组；反之，小于中位数的则为低两权分离度组。分别对模型（3-9）和模型（3-10）进行回归，回归结果如表3-38所示：在第（1）列和第（3）列中，对外直接投资深度 FORSUB 与对外直接投资广度 FORCOU 的系数均不显著，而在第（2）列和第（4）列中，对外直接投资深度 FORSUB 和对外直接投资广度 FORCOU 的系数均在1%的水平下显著为正。这说明，对外直接投资对企业成长的正向影响在两权分离度高的公司中更加显著。

表3-38　企业两权分离度的影响

VARIABLES	(1)	(2)	(3)	(4)
	低两权分离度组	高两权分离度组	低两权分离度组	高两权分离度组
	TBQ	TBQ	TBQ	TBQ
FORSUB	0.0036	0.1280***		
	(0.20)	(5.46)		
FORCOU			0.0176	0.1331***
			(0.70)	(4.41)
Size	−0.3341***	−0.5898***	−0.3360***	−0.5812***
	(−19.37)	(−19.09)	(−19.54)	(−19.03)
Age	0.0565	0.3007***	0.0567	0.2965***
	(1.61)	(5.93)	(1.62)	(5.86)
Top1	0.0045***	0.0019	0.0045***	0.0019
	(3.76)	(1.51)	(3.78)	(1.52)
LEV	−0.3056***	−0.1094	−0.3073***	−0.1079
	(−2.66)	(−0.70)	(−2.67)	(−0.68)
Investor	0.0333***	0.0463***	0.0332***	0.0465***
	(11.84)	(14.22)	(11.85)	(14.27)
ROA	2.0976***	0.7048	2.0975***	0.6896
	(4.27)	(1.24)	(4.28)	(1.21)
InDirec	1.1137***	0.5577	1.1124***	0.5751
	(4.16)	(1.46)	(4.15)	(1.50)
Industry	Controlled	Controlled	Controlled	Controlled
Year	Controlled	Controlled	Controlled	Controlled
Constant	8.6021***	12.9286***	8.6447***	12.7460***
	(23.80)	(23.13)	(23.88)	(22.99)

续表

VARIABLES	（1）	（2）	（3）	（4）
	低两权分离度组	高两权分离度组	低两权分离度组	高两权分离度组
	TBQ	TBQ	TBQ	TBQ
N	4907	3909	4907	3909
R-squared	0.3765	0.4227	0.3726	0.4209

注：＊＊＊、＊＊、＊分别表示在1%、5%、10%的水平下显著，括号内的T值为公司层面聚类稳健标准误T值。

（3）内部控制有效性。内部控制是当前公司治理的一个非常重要的方面。中国《企业内部控制基本规范》把"提高经营效率和效果，促进企业实现发展战略"作为主要目标，而非仅仅局限于财务报告目标，并要求公司对整体内部控制的有效性进行自评等。由此可见，现阶段的公司内部控制，不再以财务报告为导向，而是作为一种管理职能而存在。有效的内部控制有助于提高会计信息质量（Altamuro and Beatty，2010），降低信息不对称程度，弱化委托代理问题，增加公司经营的安全性，进而有助于企业成长（王爱群等，2015）。

为进一步检验企业内部控制有效性对对外直接投资与企业成长之间关系的影响，本书构建模型（3-16）~模型（3-18）：

$$TBQ_{it} = \alpha_0 + \alpha_1 FORDUM_{it} + \alpha_2 ICE_{it} + \alpha_3 FORDUM_{it} \times ICE_{it} + Controls_{it} +$$
$$\sum Industry + \sum Year + \varepsilon_{it} \qquad (3-16)$$

$$TBQ_{it} = \alpha_0 + \alpha_1 FORSUB_{it} + \alpha_2 ICE_{it} + \alpha_3 FORSUB_{it} \times ICE_{it} + Controls_{it} +$$
$$\sum Industry + \sum Year + \varepsilon_{it} \qquad (3-17)$$

$$TBQ_{it} = \alpha_0 + \alpha_1 FORCOU_{it} + \alpha_2 ICE_{it} + \alpha_3 FORCOU_{it} \times ICE_{it} + Controls_{it} +$$
$$\sum Industry + \sum Year + \varepsilon_{it} \qquad (3-18)$$

模型中，ICE_{it}为企业内部控制有效性，本书借鉴逯东等（2014）的做法，选用第三方评价数据"迪博·中国上市公司内部控制指数"来衡量企业内部控制有效性，该指数值（取对数）越大，表明企业内部控制有效性越强。

分别对模型（3-16）~模型（3-18）进行检验，回归结果如表3-39所示，对外直接投资哑变量FORDUM、对外直接投资深度FORSUB以及对外直接投资广度FORCOU的系数均正向显著，交互项FORDUM×ICE、FORSUB×ICE和FOR-COU×ICE的系数均显著为正，这说明，企业内部控制有效性越高，对外直接投资对企业成长的正向影响越强，表明了良好的内部控制在企业对外直接投资过程中，有助于提升企业国际资源整合效率，进而增强了对外直接投资对企业成长的正向影响。

表 3-39　内部控制有效性的影响

VARIABLES	(1)	(2)	(3)
	TBQ	TBQ	TBQ
FORDUM	2.5436 **		
	(2.53)		
FORSUB		1.5394 **	
		(1.98)	
FORCOU			1.8836 **
			(2.08)
ICE	0.4477 ***	0.6570 ***	0.6089 ***
	(4.43)	(3.29)	(3.53)
FORDUM×ICE	0.4068 ***		
	(2.64)		
FORSUB×ICE		0.2446 **	
		(2.05)	
FORCOU×ICE			0.2981 **
			(2.15)
Size	-0.6002 ***	-0.4588 ***	-0.4550 ***
	(-42.76)	(-26.61)	(-26.66)
Age	0.2564 ***	0.0905 ***	0.0905 ***
	(11.66)	(2.65)	(2.65)
Top1	0.0020 ***	0.0043 ***	0.0043 ***
	(3.44)	(4.68)	(4.70)
LEV	0.0043	-0.3520 ***	-0.3512 ***
	(0.06)	(-3.60)	(-3.60)
Investor	0.0371 ***	0.0350 ***	0.0350 ***
	(25.69)	(16.04)	(16.06)

续表

VARIABLES	（1）	（2）	（3）
	TBQ	TBQ	TBQ
ROA	3. 1020 ***	3. 1762 ***	3. 1492 ***
	（12. 02）	（7. 40）	（7. 33）
InDirec	1. 3240 ***	1. 1601 ***	1. 1821 ***
	（8. 08）	（5. 03）	（5. 13）
Industry	Controlled	Controlled	Controlled
Year	Controlled	Controlled	Controlled
Constant	16. 4725 ***	14. 9714 ***	14. 5833 ***
	（23. 51）	（10. 87）	（12. 30）
N	19595	8916	8916
R-squared	0. 4090	0. 4131	0. 4127

注：＊＊＊、＊＊、＊分别表示在1%、5%、10%的水平下显著，括号内的 T 值为公司层面聚类稳健标准误 T 值。

3. 行业类型的影响

一般技术创新活动较为活跃的中国企业，对外直接投资模式大多是"价值链扩张型"，在拓展国际市场的同时，更重要的是为了获取先进技术等战略性资产，并通过进一步学习吸收，以提升自身在国内、国际两个市场的竞争优势。那么，非技术类企业对外直接投资主要是基于国际市场的拓展，相对而言，技术进步对企业成长影响更大，因此，行业的差异对对外直接投资驱动企业成长也会产生一定程度的异质性影响。

本书将技术创新较为活跃的 3 个行业①中的企业定义为技术类企业，取值为1，其他行业类的企业定义为非技术类企业，取值为 0，进行分组检验。分别对模型（3-9）和模型（3-10）进行回归，结果如表 3-40 所示，第（1）列和第（3）列中，对外直接投资深度 FORSUB 系数正向不显著、对外直接投资广度 FORCOU 系数在 10%的水平下正向显著，而在第（2）列和第（4）列中，对外直接投资深度 FORSUB 系数以及对外直接投资广度 FORCOU 系数均在 1%的水平下正向显著，以上表明了相对于非技术类企业，对外直接投资对企业成长的正向

---

① 3 个行业指制造业，信息传输、软件和信息技术服务业，科学研究和技术服务业。

影响在技术类企业中更加显著。这也从对外直接投资的技术逆向溢出效应的角度，说明了对外直接投资对企业成长的正向影响。

表 3-40 行业类型的影响

VARIABLES	(1) 非技术类 TBQ	(2) 技术类 TBQ	(3) 非技术类 TBQ	(4) 技术类 TBQ
FORSUB	0.0245	0.0733***		
	(1.52)	(3.60)		
FORCOU			0.0497*	0.0806***
			(1.88)	(3.26)
Size	-0.3012***	-0.5062***	-0.3007***	-0.5039***
	(-12.45)	(-22.27)	(-12.38)	(-22.31)
Age	-0.0135	0.2403***	-0.0117	0.2393***
	(-0.30)	(6.59)	(-0.25)	(6.59)
Top1	0.0033**	0.0023**	0.0033**	0.0023**
	(2.50)	(2.17)	(2.50)	(2.19)
LEV	-0.4409***	-0.1645	-0.4459***	-0.1628
	(-2.68)	(-1.43)	(-2.72)	(-1.41)
Investor	0.0170***	0.0477***	0.0171***	0.0477***
	(5.82)	(17.71)	(5.84)	(17.75)
ROA	1.0040	1.3209***	1.0023	1.3202***
	(1.29)	(3.09)	(1.29)	(3.08)
InDirec	1.3539***	0.8831***	1.3619***	0.8897***
	(3.30)	(3.30)	(3.32)	(3.32)
Industry	Controlled	Controlled	Controlled	Controlled
Year	Controlled	Controlled	Controlled	Controlled
Constant	8.1355***	11.9982***	8.1196***	11.9515***
	(18.54)	(23.98)	(18.53)	(23.95)
N	2155	6761	2155	6761
R-squared	0.4626	0.3633	0.4629	0.3630

注：***、**、*分别表示在1%、5%、10%的水平下显著，括号内的T值为公司层面聚类稳健标准误T值。

五、小结

本节实证检验了对外直接投资对企业成长的影响，并进一步探讨了企业产权性质、进入模式等因素对二者关系的影响。研究发现，对外直接投资与企业成长显著正相关，说明对外直接投资促进了企业成长。在更换主要变量度量方式、更换回归检验方法、使用 Heckmam 两阶段模型、工具变量和倾向得分匹配法控制内生性后，结果依然稳健。然而，对外直接投资对公司成长促进效应并不一致，二者关系受到企业治理环境、东道国等内外部因素的影响，基于此，本节进一步研究发现：①当企业在发达国家投资时，其成长性提升要好于未在发达国家投资的企业；②当企业拥有海外并购公司时，其成长性提升要好于仅有绿地投资的企业，表明跨国并购产生的协同效应有助于企业发展；③当企业在避税地投资时，会削弱对外直接投资对企业成长的正向影响；④与国有企业相比，民营企业对外直接投资对企业成长的影响更大；⑤企业内部控制有效性越高，对外直接投资对企业成长的正向影响越强，表明了良好的内部控制在企业对外直接投资过程中，有助于提升企业国际资源整合效率；⑥对外直接投资对企业成长的正向影响在两权分离度高的公司中更加显著；⑦相对于非技术类企业，对外直接投资对企业成长的正向影响在技术类企业中更加显著。表明了在当前我国自主创新能力促进技术进步的作用亟待提高的背景下，借助于对外直接投资途径通过嵌入技术发达国家和地区的高端产业链条以及在地理上接近其研发聚集地获取研发溢出，运用模仿以及"干中学"等多种手段获取东道国先进的技术、管理经验以及前沿信息，有助于企业的成长。

本节的不足之处主要在于，对外直接投资对企业成长的影响可能有一个规模范围。并不是规模越大，对企业成长影响越大，因中国对外直接投资仍处在初步阶段，本书还难以对企业对外直接投资水平定下一个合适的范围，这也是未来研究的一个方向。

本节研究结论对政府和企业有以下启示：①对于政府而言，因对外直接投资对企业成长的影响并非立即显现，政府应探索建立支持企业对外直接投资的长效机制，加强对于企业投资动机、方式的引导，防范短期投机性资本跨境流动，鼓励真正具有投资优势的企业进行长期投资。②对于企业而言，首先，东道国选择对对外直接投资过程中学习效应的大小至关重要，企业决策者应考虑特定东道国的制度及经济发展情况是否有利于其自身发展，进一步如何有效利用所选东道国的制度、经济优势等方面的资源来提升企业竞争力；其次，提升跨国公司的嵌入能力，跨国公司应全面了解东道国的政治、法律、文化等环境，使自身管理体系与东道国企业保持一致，以便能够快捷、高效地获取战略性资产；最后，技术类企业应增加研发资本和人才资本投入，注重人才培养，借助有竞争力的薪酬福利来吸引国内外高素质创新型人才，以期更有效地对技术逆向外溢进行消化、吸收和再创新，进而更好地促进企业自身成长。

第三节　社会责任与企业成长

一、问题提出

对于企业来说，企业社会责任不应仅仅被视为一项支出，还应被视为一种投资。那么，社会责任履行可能给企业带来什么收益呢？基于此，越来越多的学者探究了企业社会责任履行与企业财务绩效之间的关系，但迄今为止并未形成一致结论，研究文献表明企业社会责任与企业财务绩效之间的关系存在正相关性（Bird et al.，2007）、负相关性（Brammer et al.，2006）、非线性（Barnett and Salomon，2012）或无相关性等（Soana，2011），此外，一些研究发现，企业社会责任良好表现能够对其市场估值、资本成本产生正向影响（Hong and Kacperczyk，2009；El Ghoul et al.，2011；Deng et al.，2013；Cheng et al.，2014）。上述文献为企业成长研究提供了有益启示，但直接探讨对外直接投资企业的社会责任履行对企业成长影响的研究还较为少见。在当前激烈的国内外市场竞争情境下，厘清企业社会责任履行与企业成长之间的关系，有助于从微观层面分析当前"走出去"发展战略模式下企业能否实现社会效益与经济效益的双重红利，为进一步探究如何实现可持续发展提供经验证据。

本章节尝试回答如下问题：对外直接投资企业社会责任履行能否促进企业成长？企业社会责任履行如何作用于企业成长？在不同的情境下，企业社会责任履行对企业成长的影响是否具有异质性？

二、理论分析与假设构建

基于资源基础观，企业成长是通过使用有形（如有形资产）和无形（如知识产权、组织资本、声誉资本）资源创造的。企业社会责任的良好表现有助于在利益相关者中建立良好的声誉，增加企业的声誉资本。声誉资本作为社会资本的一种表现形式，是一种极有价值的资源，可以降低由于公司产品缺陷或不利事件而造成损失的严重性，减少不利的监管、规制要求的可能性，如企业良好的社会声誉通过减轻利益相关者对负面事件的反应的严重程度为该公司提供了类似保险的保护。企业也有动机提高其社会声誉，以彰显企业行为倾向和价值观（Boehe and Cruz，2010），进而通过降低企业潜在风险，产生有竞争力的优势（石军伟，2009）。进一步地，资源依赖理论表明，对资源的获取和有效配置是企业发展的基本要素，而企业主要利益相关者，如股东、员工、客户、供应商和社区，都拥有对这些资源的控制权，均可能影响企业的管理决策。企业社会责任活动可以被视为企业减少与获取资源相关的风险的一种手段，且企业社会责任的积极参与增强了企业的公众形象，并加强了与主要利益相关者的良好关系，从而提升这些主要利益相关者对企业的认同程度，并更愿意向企业提供他们控制的关键资源（Backhaus et al.，2002）。如企业社会责任的良好表现可吸引来自优秀员工的人力资源（Jones et al.，2014；Flammer and Kacperczyk，2016）、投资者的资本资源（Martin and Moser，2016）、供应商与消费者的市场资源（倪得兵等，2015）以及政府与社会的制度与公共环境资源等（Hussain and Moriarty，2016；罗津和贾兴平，2017；靳小翠，2018），因此，企业履行社会责任能够更好地从利益相关者处获取资源。由此可见，企业社会责任履行强化了企业与利益相关者之间的关系，提升了企业的声誉资本（Attig et al.，2016）与员工满意度（Delmas and Pekovic，2013），有助于企业降低资本成本（Cheng et al.，2014）、缓解管理层自利对企业绩效的负向影响（Ferrell et al.，2016），还可以进一步提升企业风险承担水平（王建玲等，2019），帮助企业获得竞争优势（石军伟，2009），提升企业长期绩效（Gregory et al.，2014），进而促进企业成长。

　　然而，从新古典经济学理论来看，企业履行社会责任与股东价值最大化目标相冲突，如企业履行过多社会责任，使得企业资源不能分配给提升股东价值的社会责任活动，进而会削弱企业竞争力。基于代理理论，企业社会责任的履行还可能导致代理成本，如公司管理层为提升其个人声誉而利用企业资源进行自利性社会责任活动（Barnea and Rubin，2010）。此外，履行社会责任导致企业将较多的资源或精力用于与其自身主要业务无关的活动中，导致用于增强企业竞争力的资源减少，从而不利于企业成长。

综上所述，企业社会责任履行能否促进企业成长，还有待进一步检验。本书认为，社会责任履行对企业成长的影响是综合的，促进与抑制效应同时存在，两种效应相互补充，本书研究中所考察的是其总和影响。本书将进一步通过实证探究上述两种效应在中国当前资本市场环境下的适用，明确企业社会责任履行在总体上对企业成长会产生怎样的影响。据此，本书提出 H3：

H3a：企业社会责任履行促进了企业成长；

H3b：企业社会责任履行抑制了企业成长。

三、研究设计

（一）样本选择与数据来源

本书选取 2010~2017 年中国沪深 A 股上市公司作为初始样本，剔除金融类公司、样本期间被 ST 的公司、样本期间退市的公司以及核心变量存在缺失的公司，获得 3416 个公司、19595 个样本（对外直接投资公司 1995 个、8916 个样本）。公司对外直接投资数据来自国泰安数据库和在公司年报中手工查找子公司名称、注册地、所在国家或地区相关信息，从中筛选出纳入合并报表的海外子公司，并搜集海外子公司的设立方式、业务范围，以及对海外子公司资金投入、控制方式等信息。和讯社会责任评分来源于和讯网，机构投资者持股数据来源于万得数据库，迪博·中国上市公司内部控制指数来源于 DIB 内部控制与风险管理数据库，其他变量数据均来自国泰安数据库和万得数据库。为避免极端值的影响，所有未经对数化处理的连续变量均进行上下 1%缩尾处理。

（二）模型构建与变量定义

本书构建模型（3-19）检验 H3：

$$TBQ_{it} = \alpha_0 + \alpha_1 CSR_{it} + Controls_{it} + \sum Industry + \sum Year + \varepsilon_{it} \tag{3-19}$$

其中，TBQ_{it} 为企业成长性。作为市场指标的托宾 Q 值更能反映出企业未来价值提升能力和长期成长性，是一种未来指向型和风险调整型的资本市场绩效指标，对通货膨胀敏感度不高，能够折射出当前及未来的预期收益率（Li and Tallman，2011），托宾 Q 值也是一种在国际化绩效研究中最受认可的市场指标，因而本书借鉴金永红等（2016）的做法，选用托宾 Q 值（市值／〈资产总计−无形资产净额−商誉净额〉）作为衡量企业成长性的衡量指标。CSR_{it} 为企业社会责任承担水平。

$Controls_{it}$ 为控制变量，与本书第二章相同，包括公司规模 Size（期末总资产的自然对数）；公司年龄 Age；股权集中度指标 Top1（第一大股东持股比例）；机构投资者持股比例总和 Investor；资产负债率 LEV；总资产报酬率 ROA；独立董事占比 InDirec（独立董事与全部董事的比值）；Industry 和 Year 分别为行业控制变量和年份控制变量。具体变量定义与度量见表3-41。

表3-41 变量定义与度量

变量	定义
被解释变量	
TBQ	企业成长性，市值/（资产总计-无形资产净额-商誉净额）
解释变量	
CSR	企业社会责任承担水平，和讯社会责任评分
控制变量	
Size	公司规模，公司期末资产总额的自然对数
Age	公司年龄，公司成立时间的自然对数
Top1	第一大股东持股比例
ROA	总资产报酬率，（利润总额+财务费用）/资产总额
Investor	境内机构投资者持股比例总和
LEV	资产负债率，期末总负债/期末总资产
InDirec	独立董事占比，独立董事人数/全部董事总人数
Industry	行业控制变量
Year	年份控制变量

四、实证结果分析

（一）回归结果分析

在回归之前首先检验变量之间的相关性，Pearson 相关系数矩阵如表3-42所示，主要自变量之间相关系数绝大多数均小于0.3，平均方差膨胀因子为3.76，变量之间不存在严重的共线性。此外，公司社会责任评分 CSR 与企业成长性 TBQ 在1%的水平下显著正相关，在一定程度上支持了 H3a。

表3-42 Pearson 相关系数矩阵

VARIABLES	TBQ	CSR	Size	Age	Top1	LEV	Investor	ROA	InDirec
TBQ	1								
CSR	0.125***	1							

续表

VARIABLES	TBQ	CSR	Size	Age	Top1	LEV	Investor	ROA	InDirec
Size	−0. 429 ***	0. 208 ***	1						
Age	0. 076 ***	−0. 026 ***	0. 153 ***	1					
Top1	0. 156	0. 146 ***	0. 231 ***	−0. 112 ***	1				
LEV	−0. 238 ***	−0. 008 **	0. 325 ***	0. 229 ***	0. 065 ***	1			
Investor	0. 157 ***	0. 155 ***	0. 169 ***	0. 016 **	−0. 128 ***	0. 054 ***	1		
ROA	0. 056 ***	0. 316 ***	−0. 013 *	−0. 111 ***	0. 111 ***	−0. 309 ***	0. 183 ***	1	
InDirec	0. 052 ***	0. 001	0. 018 **	−0. 022 ***	0. 047 ***	−0. 008	0. 006	−0. 022 ***	1

注：***、**、*分别表示在1%、5%、10%的水平下显著。

为检验 H3，对模型（3-19）进行回归检验，为减轻同一公司不同时期序列相关问题以及异方差的影响，采用公司层面聚类稳健标准误，同时控制了行业和年份的影响。结果如表 3-43 所示：从第（1）列和第（2）列中可以看出，社会责任评分 CSR 均与企业成长性 TBQ 正相关，且在 1% 的水平下显著，表明社会责任履行水平越高，企业成长性越高，因而 H3a 通过验证。从控制变量来看，总资产保酬率 ROA、机构投资者持股比例总和 Investor、独立董事占比 InDirec 均对公司成长产生了正向影响，而资产负债率 LEV 与企业成长 TBQ 则呈显著负相关。

表 3-43　企业社会责任与企业成长的关系

VARIABLES	(1)	(2)
	全样本	OFDI 公司样本
	TBQ	TBQ
CSR	0. 0036 ***	0. 0023 ***
	(6. 59)	(2. 95)
Size	−0. 5866 ***	−0. 4330 ***
	(−40. 70)	(−24. 16)
Age	0. 3282 ***	0. 1510 ***
	(16. 88)	(4. 94)
Top1	0. 0013 **	0. 0034 ***
	(2. 31)	(3. 97)
LEV	−0. 2696 ***	−0. 2306 **
	(−3. 66)	(−2. 33)

续表

VARIABLES	（1）	（2）
	全样本	OFDI 公司样本
	TBQ	TBQ
Investor	0.0449***	0.0394***
	（29.04）	（18.17）
ROA	0.6602***	1.0904***
	（2.66）	（2.66）
InDirec	1.2746***	1.1161***
	（7.73）	（4.92）
Industry	Controlled	Controlled
Year	Controlled	Controlled
Constant	12.2836***	10.7029***
	（41.99）	（27.95）
N	19595	8916
R-squared	0.3800	0.3792

注：***、**、*分别表示在1%、5%、10%的水平下显著，括号内的 T 值为公司层面聚类稳健标准误 T 值。

（二）稳健性检验

1. 内生性检验

（1）逆向因果。本书上述研究结果表明，积极履行社会责任会促进企业成长，然而还可能由于企业具有较好的成长性，更有动力和能力来积极履行社会责任，进而提升企业自身社会责任承担水平。为减轻可能存在的逆向因果关系，借鉴 Kang（2013）、Attig 等（2016）、宋献中等（2017）的做法，本书对所有变量滞后一到二期，结果如表3-44 中第（1）~（4）列所示，社会责任评分 CSR 均与企业成长性 TBQ 正相关，且均通过显著性检验，说明本书研究结论较为稳健。

（2）工具变量。借鉴 Attig 等（2016）的做法，本书进一步采用工具变量缓解研究中可能存在的内生性问题。本书采用公司所在行业当年社会责任平均得分、公司所在省份当年社会责任平均得分作为企业社会责任的工具变量。之所以选择这两个工具变量，原因在于：第一，公司所在行业当年社会责任平均得分反映了行业在履行社会责任上的倾向，如果行业中社会责任平均得分较高，说明整体而言，该行业更有可能履行社会责任，但是行业整体的社会责任履行倾向与某一具体公司的成长性无直接关系；第二，公司可能通过学习同一地区其他公司的社会责任行为来提升自身的社会责任履行水平，因而，公司所在省份的社会责任履行情况可以影响公司社会责任履行的策略，但不会直接影响某个具体公司的成长性，因此，本书根据公司总部所在地，确定公司所属省份，并计算该省份的当年社会责任平均得分。据此，本书选择以上两个变量作为公司社会责任的工具变量。

表 3-44　逆向因果检验

VARIABLES	（1）全样本	（2）OFDI 公司样本	（3）全样本	（4）OFDI 公司样本
	滞后一期	滞后一期	滞后二期	滞后二期
	TBQ	TBQ	TBQ	TBQ
CSR	0.0050***	0.0039***	0.0022***	0.0015**
	(9.14)	(5.31)	(3.27)	(2.55)
Size	-0.5668***	-0.4076***	-0.5375***	-0.3509***
	(-34.39)	(-21.91)	(-28.75)	(-17.54)
Age	0.2558***	0.1054***	0.2367***	0.1052***
	(12.07)	(3.35)	(9.80)	(3.11)
Top1	0.0018***	0.0035***	0.0030***	0.0045***
	(2.78)	(3.92)	(4.08)	(4.58)
LEV	0.0789	-0.4555***	-0.1762*	-0.8209***
	(0.91)	(-4.13)	(-1.71)	(-6.55)
Investor	0.0261***	0.0248***	0.0175***	0.0166***
	(17.23)	(12.13)	(10.30)	(7.33)
ROA	0.9057***	1.3858***	0.2465	0.9967**
	(3.15)	(3.22)	(0.75)	(2.13)
InDirec	1.2910***	1.0753***	1.1995***	1.0089***
	(6.97)	(4.47)	(5.60)	(3.77)
Industry	Controlled	Controlled	Controlled	Controlled
Year	Controlled	Controlled	Controlled	Controlled
Constant	12.7916***	9.5520***	11.8965***	9.3853***
	(32.22)	(28.53)	(23.78)	(25.42)
N	19595	8916	19595	8916
R-squared	0.3672	0.3686	0.3390	0.3457

注：***、**、*分别表示在1%、5%、10%的水平下显著，括号内的 T 值为公司层面聚类稳健标准误 T 值。

回归结果如表 3-45 所示，第（1）、（2）列分别是第一阶段和第二阶段的回归结果。公司所在行业当年社会责任平均得分 IVindustry 与公司所在省份社会责任平均得分 IVprovince 均与社会责任 CSR 在 1% 的水平下显著正相关，说明二者对公司社会责任履行有较好的解释，进一步检验发现 F 统计量为 196.5，F 统计量的 P 值为 0.0000，R^2 为 0.3608，调整后的 R^2 为 0.3595，因此不存在弱工具变量问题。接着对工具变量进行过度识别检验，卡方值为 2.21586，对应 P 值为 0.1225，说明工具变量为外生变量。

表 3-45　工具变量回归结果

VARIABLES	（1）	（2）
	第一阶段	第二阶段
	CSR	TBQ
IVindustry	0.5682***	
	(19.50)	
IVprovince	0.7382***	
	(23.86)	
IVCSR		0.0237***
		(9.50)
Size	4.6291***	-0.7530***
	(41.26)	(-39.25)
Age	1.3011***	0.3251***
	(4.98)	(15.71)
Top1	0.0161**	0.0005
	(2.18)	(0.81)
LEV	-9.0321***	0.8040***
	(-15.27)	(9.87)
Investor	0.0850***	0.0438***
	(5.19)	(27.47)
ROA	79.8954***	-1.0118***
	(44.03)	(-3.02)
InDirec	0.1496	1.4090***
	(0.08)	(8.10)
Industry	Controlled	Controlled

续表

VARIABLES	(1)	(2)
	第一阶段	第二阶段
	CSR	TBQ
Year	Controlled	Controlled
Constant	−117. 8945 ***	15. 4830 ***
	(−43. 18)	(42. 08)
N	19595	19595
R-squared	0. 3608	0. 3552

注：＊＊＊、＊＊、＊分别表示在1%、5%、10%的水平下显著，括号内的 T 值为公司层面聚类稳健标准误 T 值。

从表 3-45 中第（2）列可以看出，社会责任工具变量 IVCSR 与公司企业成长 TBQ 在 1%的水平下显著正相关，与上述研究结论一致，表明本书的研究结论稳健。

2. 更换变量度量方式

（1）经过行业调整的托宾 Q 值。借鉴 Harjoto 和 Laksmana（2018）的做法，本书使用经过行业均值调整的托宾 Q 值（ADJ_TBQ）来抵消特定行业因素的影响，即将企业的托宾 Q 值减去同行业企业当年托宾 Q 值的均值，回归结果如表 3-46 第（1）列和第（2）列所示，社会责任评分 CSR 与调整后的托宾 Q 值（ADJ_TBQ）分别在 1%、5%的水平下显著正相关，更好地支持了 H3a，表明本书研究结论较为稳健。

（2）营业收入增长率。本书使用营业收入增长率 OIGR 替代托宾 Q 值进行回归，结果如表 3-46 第（3）列和第（4）列所示，社会责任评分 CSR 与营业收入增长率 OIGR 均在 5%的水平下显著正相关，因而支持 H3a，说明本书研究结论较为稳健。

表 3-46　更换变量度量方式一

VARIABLES	(1)	(2)	(3)	(4)
	全样本	OFDI 公司样本	全样本	OFDI 公司样本
	ADJ_TBQ	ADJ_TBQ	OIGR	OIGR
CSR	0. 0033 ***	0. 0019 **	0. 0016 **	0. 0012 **
	(5. 84)	(2. 46)	(2. 12)	(2. 08)

续表

VARIABLES	（1）	（2）	（3）	（4）
	全样本	OFDI 公司样本	全样本	OFDI 公司样本
	ADJ_TBQ	ADJ_TBQ	OIGR	OIGR
Size	−0. 5900 ***	−0. 4218 ***	−0. 0021 *	−0. 0096 *
	（−38. 95）	（−21. 70）	（−1. 79）	（−1. 86）
Age	0. 2760 ***	0. 1230 ***	0. 0344 ***	0. 0519 ***
	（13. 56）	（3. 78）	（3. 56）	（3. 65）
Top1	0. 0008	0. 0027 ***	−0. 0009 ***	−0. 0013 ***
	（1. 42）	（3. 01）	（−3. 06）	（−2. 77）
LEV	0. 3455 ***	−0. 2273 **	−0. 2776 ***	−0. 3015 ***
	（4. 64）	（−2. 24）	（−9. 26）	（−6. 75）
Investor	0. 0402 ***	0. 0356 ***	0. 0009	0. 0013
	（25. 39）	（15. 78）	（1. 43）	（1. 31）
ROA	0. 2492	0. 7290 *	2. 1934 ***	2. 1665 ***
	（1. 01）	（1. 78）	（20. 94）	（13. 76）
InDirec	1. 1445 ***	0. 8352 ***	0. 1522 **	0. 0716
	（6. 84）	（3. 63）	（1. 96）	（0. 61）
Industry	Controlled	Controlled	Controlled	Controlled
Year	Controlled	Controlled	Controlled	Controlled
Constant	10. 7836 ***	7. 6109 ***	0. 3575 **	0. 6127 **
	（32. 68）	（17. 40）	（2. 26）	（2. 34）
N	19595	8916	19595	8916
R−squared	0. 2757	0. 2566	0. 1695	0. 1756

注：＊＊＊、＊＊、＊分别表示在1%、5%、10%的水平下显著，括号内的 T 值为公司层面聚类稳健标准误 T 值。

（3）社会责任等级。和讯网除提供上市公司社会责任得分外，同时根据社会责任评分，将上市公司社会责任履行情况分为 A、B、C、D 与 E 五级，其中 A 级社会责任履行最好，E 级社会责任表现最差，借鉴吴德军（2016）的研究，A-E 级依次取值5-1，使用社会责任评级（CSR_grade）替代社会责任评分进行回归，结果如表3-47 第（1）列和第（2）列所示，社会责任履行评级 CSR_grade 与企业成长性 TBQ 正相关，且均通过了显著性检验，支持了 H3a，说明本书研究结论较为稳健。

表 3-47 更换变量度量方式二

VARIABLES	(1) 全样本 TBQ	(2) OFDI 公司样本 TBQ	(3) 全样本 TBQ	(4) OFDI 公司样本 TBQ	(5) 全样本 TBQ	(6) OFDI 公司样本 TBQ
CSR_grade	0. 1388 *** (10. 18)	0. 0921 *** (4. 87)				
CSR_RL			0. 0050 *** (4. 31)	0. 0041 *** (3. 09)		
Donation					0. 0284 *** (2. 58)	0. 0441 *** (3. 08)
Size	-0. 5851 *** (-43. 01)	-0. 4379 *** (-24. 73)	-0. 3585 *** (-23. 11)	-0. 2981 *** (-16. 31)	-0. 2516 *** (-12. 65)	-0. 2649 *** (-10. 63)
Age	0. 3217 *** (17. 58)	0. 1474 *** (4. 83)	0. 0484 (1. 19)	-0. 1144 * (-1. 95)	0. 0729 (1. 56)	-0. 0573 (-0. 95)
Top1	0. 0013 ** (2. 33)	0. 0035 *** (4. 08)	0. 0036 *** (3. 89)	0. 0008 (0. 68)	0. 0027 * (1. 94)	0. 0029 * (1. 86)
LEV	0. 2252 *** (3. 26)	-0. 2333 ** (-2. 38)	-0. 7249 *** (-6. 13)	-0. 8501 *** (-4. 98)	-0. 5756 *** (-3. 76)	-0. 8101 *** (-4. 01)
Investor	0. 0443 *** (30. 45)	0. 0393 *** (18. 15)	0. 0295 *** (13. 07)	0. 0269 *** (9. 66)	0. 0277 *** (8. 55)	0. 0284 *** (6. 22)
ROA	0. 8534 *** (3. 72)	1. 1386 *** (2. 91)	3. 4296 *** (8. 29)	3. 1771 *** (5. 22)	5. 4812 *** (9. 64)	4. 1050 *** (5. 99)
InDirec	1. 2720 *** (8. 03)	1. 1111 *** (4. 90)	1. 3936 *** (5. 60)	1. 4181 *** (4. 27)	1. 0827 *** (3. 17)	0. 6054 (1. 56)
Industry	Controlled	Controlled	Controlled	Controlled	Controlled	Controlled
Year	Controlled	Controlled	Controlled	Controlled	Controlled	Controlled
Constant	12. 8619 *** (42. 94)	9. 8299 *** (30. 86)	8. 4244 *** (25. 45)	8. 1124 *** (21. 16)	6. 4679 *** (15. 46)	9. 9144 *** (6. 12)
N	19595	8916	19595	8916	19595	8916
R-squared	0. 3786	0. 3803	0. 4666	0. 4907	0. 4733	0. 4974

注：***、**、* 分别表示在 1%、5%、10%的水平下显著，括号内的 T 值为公司层面聚类稳健标准误 T 值。

（4）润灵社会责任指数。除和讯网外，润灵环球也对中国上市公司社会责任履行情况进行评分。借鉴翟华云（2010）、周中胜等（2012）、宋献中等（2017）、徐细雄等（2018）、张兆国等（2018）、罗正英等（2018）的研究，采用润灵社会责任指数度量企业社会责任履行情况，使用社会责任履行评分（CSR_RL）替代模型（3-19）中的社会责任评分进行回归。结果如表3-47中第（3）列和第（4）列所示，社会责任履行评分CSR_RL与企业成长性TBQ正相关，且均通过了显著性检验，支持了H3a，说明本书研究结论较为稳健。

（5）捐赠。诸多研究（Li et al.，2015；Liu et al.，2018）将企业慈善捐赠行为作为履行社会责任的代表，为此，本书基于锐思数据库，从营业外支出明细科目中得到慈善捐赠金额，并以此作为企业社会责任履行的度量方式，替代模型（3-19）中的CSR，回归结果如表3-47中第（5）列和第（6）列所示，企业捐赠Donation与企业成长性TBQ正相关，且均通过了显著性检验，说明本书研究结论较为稳健。

3. 双重聚类的回归方法

为减弱公司异质性和序列相关的影响，本书采用Petersen（2009）推荐的聚类（Cluster）回归方法，按公司和年份进行双重聚类，结果如表3-48中第（1）列和第（2）列所示，社会责任履行CSR均与公司成长性TBQ显著正相关，支持H3a，说明本书的研究结论不受所选回归方法的影响。

表3-48 双重聚类回归结果

VARIABLES	（1）	（2）
	全样本	OFDI 公司样本
	TBQ	TBQ
CSR	0.0036***	0.0023**
	（4.29）	（1.97）
Size	-0.5866***	-0.4330***
	（-21.92）	（-14.65）
Age	0.3282***	0.1510***
	（8.92）	（2.89）
Top1	0.0013	0.0034**
	（1.32）	（2.49）
LEV	0.2696**	-0.2306
	（2.10）	（-1.43）

VARIABLES	(1)	(2)
	全样本	OFDI 公司样本
	TBQ	TBQ
Investor	0.0449 ***	0.0394 ***
	(20.14)	(12.91)
ROA	0.6602 *	1.0904 *
	(1.77)	(1.81)
InDirec	1.2746 ***	1.1161 ***
	(4.89)	(3.43)
Industry	Controlled	Controlled
Year	Controlled	Controlled
Constant	12.2836 ***	10.7029 ***
	(24.62)	(18.08)
N	19595	8916
Adjusted R-squared	0.3812	0.3796

注：***、**、*分别表示在1%、5%、10%的水平下显著，括号内的 T 值为公司、年份层面双重聚类稳健标准误 T 值。

（三）拓展性分析

1. 异质性影响

由上述研究结论可见，企业社会责任履行有利于企业成长，那么这种作用机制是否存在情景依赖呢？本书选择以下六个不同的情境来探究它们对二者关系产生的影响。

（1）企业产权性质。相对于国有企业，民营企业的对外直接投资项目一般与政治目标的关联度很小或没有，特别是进入发达经济体内受到诸如"国家安全"类的审查影响较小，多出于企业自身寻求战略性资产或市场的动机，从而能够较为容易融入当地经济网络进行学习，来提升自身的竞争力，且民营企业决策效率相对较高，使得国际扩张决策有较好的持续性，从而有利于企业成长。但由于民营企业与政府的关系薄弱，在国内面临一定程度上的不公平竞争，并且难以从非市场渠道获取外部资源，加上民营企业资金实力有限，存在融资难的问题，对成本更加敏感，导致其在东道国进行投资时，具有较高的风险规避意识（Ramasamy et al., 2012），市场敏感性更强，对投资收益更加注重，运作方式也更符合市场化要求，体现在对外直接投资过程中履行社会责任，更多的是出于自身利益的需求和内部公司治理机制的约束。因而民营企业可能会更充分利用通过社会责任履行给自身带来的资源，来弥补自身在资源获取上的制度劣势。

国有企业对外直接投资的国际扩张过程中带有各级政府的色彩，在政府推动下，在资金、资源等获取上具有易得性的优势，能从政府那里获得更多的财力支持，这有助于国有企业进行国际扩张。因此，国有企业在对外直接投资行为上可能遵循"国家逻辑"，从而使其决策在不同程度上反映出政府设定的政治目标，不一定是基于公司资源和能力上的最佳决策。也就是说，国有企业在跨国经营时受制于双重目标，即国家政治目标和自身商业目标（Deng，2009），且在很大程度上受到政府政治目标的影响，如在对外直接投资中，国有企业代表国家形象（肖红军等，2018），受政府的引导、干预较多，如受到更多的政策法规的约束，国务院国有资产监督管理委员会的监管以及管理层考核与晋升中也有诸多社会责任履行相关内容（李志斌和章铁生，2017），对社会责任具有强制性要求的基本为国有企业（宋献中等，2017）。由此可见，一方面，国有企业存在政府的隐形担保，产权属性所传递出的信息能够降低利益相关者决策中对国有企业社会责任信息的依赖；另一方面，国有企业的社会责任行为在一定程度上受制于政府干预，可能并非出于自身利益的需求和内部公司治理机制的约束。进一步地，资源垄断和行政性保护下的国有企业所受的市场竞争会在相当程度上被抵消，加之国有企业管理层的激励机制存在不同程度的扭曲，受高管的政治升职或调动因素等影响，均可能会降低国有企业积极利用履行社会责任给自身带来有益资源的动力，从而难以发挥出社会责任履行对企业成长的效用最大化。

为进一步检验在不同产权性质公司中，企业社会责任对企业成长性影响的差异，本书将样本分为国有上市公司与非国有上市公司，对模型（3-19）进行回归，结果如表3-49所示：在第（1）列和第（3）列中，企业社会责任履行水平CSR与非国有上市公司成长性TBQ均在5%的水平下显著正相关，而在第（2）列和第（4）列中，企业社会责任履行CSR与国有上市公司成长性TBQ的关系不显著，以上表明了社会责任履行对企业成长的影响在非国有上市公司中更为显著。

表 3-49　企业产权性质的影响

VARIABLES	（1）全样本	（2）全样本	（3）OFDI 公司样本	（4）OFDI 公司样本
	非国有	国有	非国有	国有
	TBQ	TBQ	TBQ	TBQ
CSR	0.0021**	0.0026	0.0026**	0.0008
	（2.16）	（1.05）	（2.39）	（0.90）
Size	-0.6142***	-0.3106***	-0.6067***	-0.3103***
	（-21.56）	（-17.13）	（-21.56）	（-17.12）
Age	-0.7542***	-0.4770***	-0.5940***	-0.3133***
	（-34.90）	（-26.46）	（-20.67）	（-16.47）
Top1	0.3726***	0.0484	0.2465***	-0.0903*
	（15.41）	（1.47）	（6.39）	（-1.73）
LEV	-0.0022***	0.0029***	0.0015	0.0021*
	（-2.67）	（3.72）	（1.24）	（1.87）
Investor	0.6555***	-0.3202***	0.0812	-0.5180***
	（6.58）	（-3.15）	（0.62）	（-3.82）
ROA	0.0555***	0.0273***	0.0485***	0.0229***
	（27.18）	（11.86）	（17.60）	（7.02）
InDirec	0.6326**	2.0812***	0.7823	3.0098***
	（2.00）	（5.66）	（1.53）	（5.84）
Industry	Controlled	Controlled	Controlled	Controlled
Year	Controlled	Controlled	Controlled	Controlled
Constant	15.7572***	12.0068***	15.1839***	8.9328***
	（26.85）	（32.81）	（20.23）	（20.62）
N	12099	7496	5997	2919
R-squared	0.3992	0.4030	0.3868	0.4113

注：***、**、*分别表示在 1%、5%、10%的水平下显著，括号内的 T 值为公司层面聚类稳健标准误 T 值。

（2）企业外部治理环境。

1）分析师关注。相对于发达国家，中国公司管理层信息披露的诉讼风险较小，致使公司管理层自愿披露信息的动机较弱，且还存在信息自选择、信息不实等问题（罗炜和朱春艳，2010），导致资本市场上市公司的信息透明度整体不高。跨国经营公司由于海外子公司的分散性、距离较远等因素，又加剧了公司信息不透明程度，信息透明程度的降低会引发代理冲突等一系列公司内部治理问题，而较低的公司信息透明度增加了对分析师跟进提供信息的需求，分析师作为外部治理机制中的一个重要角色，其通常不仅具有财务、金融等知识，还具有所关注企业所在行业的专业知识，通过择股关注、追踪分析、推荐投资等一系列行为，提供被关注企业的增量信息，提升投资者对公司认知，缓解上市公司与投资者间的信息不对称，有助于投资者准确评价公司的经营行为，更好地监督公司管理层和控股股东，进而抑制管理层和控股股东的利益侵占行为。虽然分析师的监督作用不能解决公司的内部治理问题，但具有修正效应，如分析师跟踪可减弱公司管理层操纵行为（李春涛等，2014）、缓解公司代理问题（Chen et al.，2015）。因此，分析师关注度的提高意味着跨国公司曝光度的增加，同时也意味着跨国公司的不规范行为更难被掩饰，相应地，企业被分析师关注度越高，企业社会责任信息披露的内容可能越全、范围可能会越广（陈露兰和王昱升，2014），进而降低信息不对称程度，弱化在社会责任履行中的委托代理问题，有助于发挥出社会责任履行的效用。

为进一步检验在公司外部治理机制中，分析师关注对企业社会责任与企业成长之间关系产生的影响，本书构建了模型（3-20）：

$$\text{TBQ}_{it} = \alpha_0 + \alpha_1 \text{CSR}_{it} + \alpha_2 \text{AnaAtten}_{it} + \alpha_3 \text{CSR}_{it} \times \text{AnaAtten}_{it} + \text{Controls}_{it} +$$

$$\sum \text{Industry} + \sum \text{Year} + \varepsilon_{it} \tag{3-20}$$

上述模型中，AnaAtten_{it} 为分析师关注度，使用在一年内跟踪某公司的分析师（如是一个团队，在数量上仍视为1）人数（取对数）来衡量，分析师跟踪人数越多，分析师关注度越高。

对模型（3-20）进行回归检验，回归结果如表3-50中第（1）列和第（2）列所示，交互项 CSR×AnaAtten 的系数均为正，且均通过显著性检验，这说明，分析师关注度越高，社会责任履行对企业成长的正向影响越强。表明了分析师跟踪通过降低信息不对称、委托代理问题提升了企业履行社会责任对企业成长的促进作用。

表3-50　企业外部治理环境的影响

VARIABLES	（1）	（2）	（3）	（4）
	全样本	OFDI 公司样本	全样本	OFDI 公司样本
	TBQ	TBQ	TBQ	TBQ
CSR	0.0119*	0.0144**	0.0006	0.0017*
	(1.78)	(2.01)	(0.83)	(1.75)

续表

VARIABLES	（1）全样本 TBQ	（2）OFDI 公司样本 TBQ	（3）全样本 TBQ	（4）OFDI 公司样本 TBQ
AnaAtten	0.1530 **	0.1278 **		
	（2.12）	（2.26）		
CSR×AnaAtten	0.0069 ***	0.0072 ***		
	（14.27）	（10.15）		
QFII			0.0847 ***	0.0817 *
			（2.62）	（1.69）
CSR×QFII			0.0081 ***	0.0068 ***
			（8.54）	（5.35）
Size	−0.4635 ***	−0.4179 ***	−0.6195 ***	−0.4586 ***
	（−34.25）	（−22.01）	（−42.08）	（−24.29）
Age	0.2208 ***	0.1407 ***	0.2936 ***	0.1332 ***
	（11.07）	（4.16）	（15.19）	（4.26）
Top1	0.0026 ***	0.0043 ***	0.0007	0.0029 ***
	（4.25）	（4.60）	（1.13）	（3.37）
LEV	0.0591	−0.2260 **	0.3975 ***	−0.0864
	（0.86）	（−2.29）	（5.53）	（−0.88）
Investor	0.0381 ***	0.0319 ***	0.0418 ***	0.0368 ***
	（23.02）	（13.19）	（27.23）	（16.82）
ROA	1.8098 ***	1.7534 ***	0.6243 **	1.1097 ***
	（6.81）	（3.89）	（2.56）	（2.71）
InDirec	0.9165 ***	1.0428 ***	1.2129 ***	1.0052 ***
	（5.74）	（4.45）	（7.44）	（4.42）
Industry	Controlled	Controlled	Controlled	Controlled
Year	Controlled	Controlled	Controlled	Controlled
Constant	11.4883 ***	10.4208 ***	14.3407 ***	11.1842 ***
	（38.45）	（23.56）	（44.79）	（26.54）
N	19595	8916	19595	8916
R-squared	0.4126	0.4206	0.4082	0.4040

注： ***、**、*分别表示在1%、5%、10%的水平下显著，括号内的 T 值为公司层面聚类稳健标准误 T 值。

2）境外机构持股。境外机构投资者已经成为一种重要的公司外部治理机制（Douma et al.，2006；林雨晨等，2015；乔琳等，2019）。从信息效应来看，QFII注重公司长期价值和成长性，使得QFII持股的公司更易受到投资者的关注，进而在资本市场上产生"联动效应"。境外机构投资者的进入，对上市公司的信息披露提出了更高的要求，有助于增强资本市场投资者对企业的关注，且境外机构投资者有动机对上市公司进行监督，从而有利于促使公司改善治理水平。因此，境外机构持股会提升上市公司的信息透明度（李春涛等，2018），加强对跨国公司经营行为的监督力度，改善企业的信息环境，有利于降低在企业履行社会责任过程中的代理问题（乔琳等，2019），同时拓宽企业社会责任履行信息披露的渠道，有利于发挥社会责任的资本创造效应，缓解融资约束，促进企业成长。

为进一步检验在公司外部治理机制中，境外机构持股对企业社会责任与企业成长之间关系所产生的影响，本书构建了模型（3-21）：

$$TBQ_{it} = \alpha_0 + \alpha_1 CSR_{it} + \alpha_2 QFII_{it} + \alpha_3 CSR_{it} \times QFII_{it} + Controls_{it} + \sum Industry +$$

$$\sum Year + \varepsilon_{it} \tag{3-21}$$

上述模型中，$QFII_{it}$为公司是否拥有境外机构持股的哑变量，公司拥有境外机构持股取值为1，否则为0。

对模型（3-21）进行回归检验，回归结果如表3-50中第（3）列和第（4）列所示，交互项CSR×QFII的系数为正，且都通过显著性检验，这说明，与未拥有境外机构持股的企业相比，履行社会责任对企业成长的正向影响在拥有境外机构持股的企业中更为显著。表明了境外机构持股有利于缓解企业的信息不对称与代理问题，增强了企业社会责任履行的效用。

（3）海外管理知识溢出效应。企业管理的国际化并不是单向的，不仅仅局限于对海外市场、海外子公司的管理，海外先进管理理念、管理方法也能回流到母公司，形成逆向溢出效应。此外，高管在海外的工作、学习经历对其管理能力的提升也是海外管理知识溢出的一种体现。下面以企业在发达国家投资、跨国并购、高管海外背景作为海外管理知识溢出的三个途径来分析它们对社会责任履行与企业成长之间关系产生的影响。

1）发达国家投资。企业对外直接投资，面临的首要治理问题就是制度边界拓展形成的制度落差，即各个国家政治、法律、文化制度不同，公司监管环境也各不相同，使公司跨国经营要学习当地公司先进治理模式进而改进公司的治理以增强在当地的适应性。当企业投资到市场经济制度发展较弱的经济体时，海外子公司嵌入不发达的市场，当地公司治理水平一般较弱，导致组织学习的促进效应较小，从而难以对公司治理水平进行有效提升。相比之下，当企业投资到市场制度发展更好的发达经济体时，海外子公司可以帮助国内企业获取先进的治理经验，改善其组织学习，并从知识溢出中获益，主要源于这些国家集中了中国企业所需的高附加值的经济功能和技能（荣大聂和提洛·赫恩曼，2013），如当地技术、管理的先进性、客户的复杂性和快速变化的需求促使他们不断改进和创新（Rabbiosi et al.，2012），而这些都有助于中国企业在治理方面的能力提升，且完善而执行有力的公司治理有助于提升公司履行社会责任的效用。

为进一步检验在发达国家[①]投资的海外管理知识溢出效应对社会责任履行与企业成长之间关系产生的影响，本书按上市公司是否在发达国家投资将样本分为两组，在发达国家有设立子公司的取值为 1，反之，取值为 0。接下来对模型（3-19）进行回归，回归结果如表 3-51 所示：第（1）列中社会责任履行 CSR 系数为正，但未通过显著性检验，第（2）列中社会责任履行 CSR 系数为正，且通过显著性检验，说明社会责任履行与企业成长的正向关系在发达国家有设立子公司的企业中更为显著。表明了在发达国家投资确实有助于改进公司治理，进而提升了企业社会责任履行效用。

2）跨国并购。从学习效应的角度来看，新兴市场国家的企业在跨国经营能力组合中的差距不仅涉及技术和品牌，还涉及与跨文化管理或收购后的整合管理，尤其是相关的关键管理能力（Arp，2014；Wang et al.，2014）。以往的研究认为，跨国并购可快速获取被并购企业的能力，进而培育和发展新的核心能力，实现自身核心能力的迅速积累，以不断适应外部环境的动态变化。由于并购不仅有助于增加公司的知识基础，而且还可以通过与公司的关系基础互惠互动来改进公司管理。此外，相比绿地投资，跨国并购的当地公司已经建立了较为牢固的本地关系，因而，公司内部转移知识的机会方面，并购可能比绿地投资更具优势（Johanson and Vahlne 2011），并购可以使无形、不可交易的资源快速内部化（Gubbi et al.，2010），如并购成立的子公司留用原来的管理人才，通过让其参与公司的管理，获得新的管理知识，转移回流到国内公司的管理实践中。海外并购公司具有改进公司治理的内在动机，被并购公司所在国更好的投资者保护制度，

---

① 本书参考余海燕和沈桂龙（2020）的做法，依据国际货币基金组织的分类方法，将安道尔、澳大利亚等 40 个国家和地区界定为发达经济体，具体参见 https://www.imf.org/en/Publications/WEO/weo-database/2021/October/select-country-group。

为公司提供了提升公司治理水平的一种范本,得以学习和借鉴,同时也给并购公司施加了压力,进而主动或被动提升自身的公司治理水平;或者公司在整合双方资源时,在必要的人力、管理的沟通协调中不断学习被收购方公司更好的治理经验和方法,促进公司治理水平的提高,即发挥出并购的正向协同效应。据此,跨国并购有助于公司治理水平的改善(赵海龙等,2016),加之中国跨国并购的大部分公司均位于发达国家,因而会对企业的资源配置效率产生正向影响,有助于提升企业履行社会责任的效用。

为进一步检验跨国并购的海外管理知识溢出效应对社会责任履行与企业成长之间关系所产生的影响,本书按上市公司是否有跨国并购子公司将样本分为两组,有跨国并购子公司的取值为1,反之,取值为0。接下来对模型(3-19)进行回归,回归结果如表3-51所示:第(3)列中社会责任履行 CSR 系数为正,但未通过显著性检验,第(4)列中社会责任履行 CSR 系数为正,且通过显著性检验,说明社会责任履行与企业成长的正向关系在拥有跨国并购子公司的企业中更为显著。表明了跨国并购产生的协同效应有助于提升企业社会责任履行效用。

表 3-51 海外管理知识溢出的影响一

VARIABLES	(1) 未在发达国家投资 TBQ	(2) 在发达国家投资 TBQ	(3) 没有跨国并购子公司 TBQ	(4) 有跨国并购子公司 TBQ
CSR	0.0009	0.0030***	0.0013	0.0035***
	(0.69)	(3.02)	(1.21)	(2.92)
Size	−0.5291***	−0.4002***	−0.4386***	−0.4266***
	(−16.82)	(−17.45)	(−18.82)	(−14.86)
Age	0.2828***	0.0508	0.1934***	0.0711
	(5.29)	(1.38)	(4.70)	(1.56)
Top1	0.0029**	0.0037***	0.0046***	0.0018
	(2.03)	(3.51)	(4.17)	(1.35)
LEV	−0.3185**	−0.1227	−0.5010***	0.2908*
	(−2.19)	(−0.91)	(−3.86)	(1.95)
Investor	0.0415***	0.0377***	0.0461***	0.0303***
	(10.80)	(14.44)	(15.57)	(9.99)

VARIABLES	（1） 未在发达国家投资 TBQ	（2） 在发达国家投资 TBQ	（3） 没有跨国并购子公司 TBQ	（4） 有跨国并购子公司 TBQ
ROA	−0.2871 （−0.45）	1.8082*** （3.41）	0.6241 （1.23）	1.8415*** （2.71）
InDirec	1.6600*** （4.15）	0.6788** （2.52）	0.6000** （2.00）	1.9390*** （5.72）
Industry	Controlled	Controlled	Controlled	Controlled
Year	Controlled	Controlled	Controlled	Controlled
Constant	11.8822*** （18.46）	10.6995*** （16.53）	10.7713*** （24.20）	10.0353*** （17.12）
N	3310	5606	5255	2661
R-squared	0.4293	0.3646	0.3935	0.3778

注：***、**、*分别表示在1%、5%、10%的水平下显著，括号内的T值为公司层面聚类稳健标准误T值。

3）高管海外背景。企业高管的海外背景大多来自较为发达的国家，其自身价值观认知与塑造受到多方面的影响，本书从以下三个方面进行分析：第一，国外发达国家的市场发展程度及相关制度、文化因素，与中国当前的情况存在一定程度上的差异。海外发达国家投资者保护水平较高、法律制度相对完善以及对信息披露要求较为严格，这将有助于高管形成严格的社会责任信息披露价值观。第二，发达国家社会责任履行理念的影响。发达国家的社会责任教育体系相对规范和成熟，其中许多国家具有长期的慈善教育传统。因而，当高管人员在具有较强的社会责任理论和教育的国家工作或学习时，他们的价值认知系统将植入更多的社会责任意识，从而更加关注利益相关者的利益。第三，发达国家的社会责任履行体验。在社会责任报告披露水平较高的国家，高级管理人员不仅可以掌握国外企业先进的经营模式和社会责任履行模式，且在其自身价值体系中将更加注重履行社会责任以及有效披露企业社会责任信息。因此，具有海外背景的高管源于其在海外学习和工作的经历，有助于其形成崇尚社会责任履行、严格披露企业社会责任信息的价值观认知，受此价值观影响，使其回国发展后能帮助企业完善企业的社会责任履行管理体系，进而有助于提升企业履行社会责任信息的质量（蒋尧明和赖妍，2019）。此外，具有海外背景的高管，能够运用其在海外累积的知识、技能、管理经验等帮助企业做出较优的资源配置决策，这都有助于企业优化整合履行社会责任所带来的资源，进而促进企业成长。

为进一步检验高管海外背景的海外管理知识溢出效应对社会责任履行与企业成长之间关系所产生的影响，本书构建了模型（3-22）和模型（3-23）：

$$TBQ_{it} = \alpha_0 + \alpha_1 CSR_{it} + \alpha_2 OverWork_{it} + \alpha_3 CSR_{it} \times OverWork_{it} + Controls_{it} +$$
$$\sum Industry + \sum Year + \varepsilon_{it} \tag{3-22}$$

$$TBQ_{it} = \alpha_0 + \alpha_1 CSR_{it} + \alpha_2 OverEdu_{it} + \alpha_3 CSR_{it} \times OverEdu_{it} + Controls_{it} +$$
$$\sum Industry + \sum Year + \varepsilon_{it} \tag{3-23}$$

上述模型中，分别从高管的海外工作经历和海外学习经历两个角度来检验高管海外背景的影响，其中，$OverWork_{it}$ 为高管海外工作经历背景，用有海外工作经历的董事数量（加 1 后取对数）来衡量；$OverEdu_{it}$ 为高管海外教育经历背景，用有海外教育经历的董事数量（加 1 后取对数）来衡量。

分别对模型（3-22）和模型（3-23）进行回归检验，回归结果如表 3-52 所示：第（1）列和第（2）列中，交互项 CSR×OverWork 的系数分别在 1%、5% 的水平下显著为正；第（3）列和第（4）列中，CSR×OverEdu 的系数分别在 1%、5%的水平下显著为正；这均说明，企业具有海外背景的高管人数越多，社会责任履行对企业成长正向影响越强。表明了具有海外背景的高管有助于提升企业履行社会责任信息的质量以及资源整合效率，进而提升了企业社会责任履行对企业成长的促进作用。

表 3-52　海外管理知识溢出的影响二

VARIABLES	（1）全样本 TBQ	（2）OFDI 公司样本 TBQ	（3）全样本 TBQ	（4）OFDI 公司样本 TBQ
CSR	0.0012*	0.0009*	0.0010*	0.0005*
	(1.93)	(1.89)	(1.85)	(1.90)
OverWork	0.0383	0.0657*		
	(1.12)	(1.82)		
CSR×OverWork	0.0040***	0.0026**		
	(4.11)	(2.20)		
OverEdu			0.0216	0.0163*
			(0.62)	(1.88)

续表

VARIABLES	(1) 全样本 TBQ	(2) OFDI 公司样本 TBQ	(3) 全样本 TBQ	(4) OFDI 公司样本 TBQ
CSR×OverEdu			0.0042 ***	0.0022 **
			(4.65)	(2.13)
Size	−0.5891 ***	−0.4519 ***	−0.6060 ***	−0.4651 ***
	(−34.72)	(−24.61)	(−35.03)	(−23.94)
Age	0.2769 ***	0.1523 ***	0.2390 ***	0.1318 ***
	(12.38)	(4.98)	(10.67)	(4.22)
Top1	0.0034 ***	0.0036 ***	0.0030 ***	0.0032 ***
	(5.10)	(4.22)	(4.47)	(3.72)
LEV	0.4078 ***	−0.1909 *	0.4792 ***	−0.0992
	(4.76)	(−1.94)	(5.69)	(−1.01)
Investor	0.0454 ***	0.0394 ***	0.0436 ***	0.0378 ***
	(25.53)	(18.30)	(24.66)	(17.30)
ROA	1.2899 ***	1.1356 ***	1.2630 ***	1.1497 ***
	(4.32)	(2.79)	(4.25)	(2.81)
InDirec	1.3642 ***	1.2317 ***	1.2943 ***	1.0484 ***
	(7.56)	(5.38)	(7.19)	(4.57)
Industry	Controlled	Controlled	Controlled	Controlled
Year	Controlled	Controlled	Controlled	Controlled
Constant	12.9487 ***	10.9786 ***	13.7027 ***	11.3241 ***
	(38.62)	(27.68)	(37.89)	(26.21)
N	19595	8916	19595	8916
R-squared	0.3862	0.3838	0.4076	0.4035

注：***、**、*分别表示在1%、5%、10%的水平下显著，括号内的 T 值为公司层面聚类稳健标准误 T 值。

2. 传导路径分析

本书上述研究已在多个情境下考察了企业社会责任履行对企业成长的影响，最终获得的核心结论是企业社会责任履行能够促进企业成长，顺着这个思路，接下来的问题是企业社会责任履行是通过什么路径对企业成长产生积极的影响？对这个问题的探究有助于从更深层次理解企业社会责任履行与企业成长之间的关系。本书接下来将企业成长理论领域的资源基础理论和利益相关者理论引入对外直接投资企业社会责任履行效用的研究，试图从创新投入的角度来解释企业社会责任如何影响企业成长。

在中国推动"创新驱动"战略以促进产业结构升级的背景下，由于不同类型的企业在技术需求与资源禀赋上存在差异，使得企业对外直接投资策略有所不同，但驱动企业成长的路径最终都将体现在创新上。国内学者大多从逆向技术溢出视角来验证 OFDI 对企业技术进步效应的存在性、差异性（李梅和柳士昌，2012；毛其淋和许家云，2014；赵宸宇和李雪松，2017；李东阳等，2019），基本厘清了逆向技术溢出的技术进步效应的主要作用机制和影响因素，在宏观和微观层面进行了有效的验证，并肯定了吸收能力对逆向技术溢出效应的正向调节作用，在实证分析中，通常用研发投入强度来衡量企业的吸收能力。然而，研发投入通常又受制于企业融资约束（张璇等，2017；熊广勤等，2019；张洁和唐洁，2019）。那么，接下来的问题是积极履行社会责任是否有助于降低企业融资约束呢？

基于资源基础理论和利益相关者理论的研究表明，企业社会责任的良好表现可以在一定程度上回应利益相关者的需求，有助于同利益相关者建立密切的关系（Choi and Wang，2009），获取如人力资本、企业声誉等不可替代或稀缺性的竞争性资源（Vilanova et al.，2009），而这些稀缺资源和关系资产作为企业持续成长的重要源泉，将对企业风险产生积极的影响：一方面，企业积极履行社会责任形成的利益相关者关系氛围可以增强其自身风险管理能力，降低企业风险发生的可能性。现有基于利益相关者关系的研究也从不同方面进行了探究，如积极履行社会责任能够提升企业合法性，降低在员工权益侵害、环境污染等方面的诉讼风险，通过善待员工，公司可以增强员工敬业度（Flammer and Luo，2017）、提升员工的创新生产力（Flammer and Kacperczyk，2016）；Park 等（2014）基于消费者视角的研究表明，企业社会责任活动可以建立并培养消费者对公司的信任，从而使消费者对公司的看法正面化或改善，提升公司的声誉与对公司产品品牌的认知度，进而显著提高公司的债务能力并降低了风险，因为强烈的消费者认知转化为了更高的信用等级和更低的未来现金流波动性（Larkin，2013）；企业社会责任履行也会影响到与其供应链合作伙伴的关系，而良好的合作伙伴关系有利于企业应对未来的不确定性需求变动，降低供应链变动带来的经营风险（Modi and Mishra，2011）；企业社会责任的良好表现更容易增强对投资者的吸引力，降低企业融资约束（Cheng et al.，2014），增强企业财务弹性，提升企业应对财务环境变动的能力，进而降低财务风险，Hsu 和 Chen（2015）对美国 1991～2012 年 38158 个公司年度观测样本研究发现，社会责任绩效评分较高的公司通常在信用等级方面表现更好，较高的社会责任评级与较低的财务风险相关；投资者认为社会上不负责任的企业具有相对较高的风险水平（Eccles et al.，2014）。由此可见，企业通过社会责任履行与其利益相关者形成的良好互动关系，能够在一定程度上减少企业发展中的一些风险因素，提高企业应对经营环境变动的能力。另一方面，企业社会责任的良好表现所形成的声誉资本能够缓解风险事件对企业发展的负面影响，减少企业可能遭受的损失。企业积极履行社会责任形成的声誉资本能对企业发挥出"防护"作用（Godfrey，2005），保护企业公众形象，减少负面事件对企业成长的冲击，增强其从危机中恢复的能力（Choi and Wang，2009）。基于以上分析可见，企业积极履行社会责任不但有助于管理和规避企业风险，还能够减缓已发生的负面事件对企业持续发展可能造成的冲击，进而有效降低企业风险，提升企业风险承担能力，而风险承担是企业履行社会责任的价值创造效应得以实现的重要机制（Harjoto and Laksmana，2018）。

基于融资约束视角的企业社会责任行为研究表明，提高利益相关者的参与度和企业社会责任绩效的透明度，可增强对企业社会责任具有认知的投资者的吸引力，从而有效降低企业面临的融资约束（El Ghoul et al.，2011；Cheng et al.，2014）。首先，企业社会责任的良好表现能够降低信息不对称性，如 Hong 和 Kacperczyk（2009）研究发现，相比履行社会责任水平较低的公司，履行社会责任水平较高的公司的股票吸引了较多的媒体关注，媒体对企业社会责任活动的关注传播了企业的社会属性、产品等信息，这种免费的宣传降低了信息不对称性，同时又推动了企业社会责任的可持续履行（McWilliams and Siegel，2001），而良好的企业社会责任绩效又促进了公司对利益相关者参与和合作的承诺，降低了管理层机会主义行为（Bénabou and Tirole，2010）。Cho 等（2013）研究发现，企业社会责任表现通过减少信息不对称对投资者起到积极作用，可能适当减轻信息不灵通的投资者面临的逆向选择问题。其次，企业社会责任的披露能够提升公司透明度，Dhaliwal 等（2011）研究发现，具有较高社会责任水平的公司对其社会责任信息的披露吸引了专门的机构投资者和分析师关注，同时提升了这些分析师盈利预测的准确度，进一步研究发现，相比未进行社会责任信息披露的公司，进行社会责任信息披露的公司能够获得更多的融资。而具有更好企业社会责任表现的企业面临的资本约束要低得多。如 Xu 等（2015）发现企业社会责任得分较高的公司的权益资本成本显著降低；社会责任绩效与新债券发行成本负相关，与信用评级正相关（Ge and Liu，2015）；具有较高企业社会责任评级的公司往往能够获得较低利率的借款，对于企业社会责任履行水平较低的公司，银行提供的贷款具有较高的利差和较短的期限，而高企业社会责任履行水平的公司则相反（Goss and Roberts，2011）；Li 和 Foo（2015）基于 3012 家中国上市公司的数据研究发现，企业社会责任报告评级得分与企业资本成本负相关，即社会责任信息披露的质量越高，企业权益资本的成本就越低，且企业社会责任信息披露的质量对降低民营公司的股本成本具有更为显著的影响。表明了公司良好的社会责任行为及其随后的信息披露具有有效的信号传递能力，将会使公司受益于通过资本市场降低的融资成本。

综上，企业社会责任履行可有效降低公司的信息不对称、降低公司的风险和提高公司风险承担能力，提升企业融资能力，有助于企业增加在创新活动中的投入，从而提升企业在对外直接投资过程中的吸收能力，促进企业技术进步，推动企业成长。

为检验社会责任履行通过提升企业创新投入进而促进企业成长的传导效应，本书借鉴温忠麟等（2004）的检验方法，在本书模型（3-19）的基础上，又构建了模型（3-24）~模型（3-26）：

$$\text{RD}_{it} = \alpha_0 + \alpha_1 \text{CSR}_{it} + \text{Controls}_{it} + \sum \text{Industry} + \sum \text{Year} + \varepsilon_{it} \tag{3-24}$$

$$\text{TBQ}_{it} = \alpha_0 + \alpha_1 \text{RD}_{it} + \text{Controls}_{it} + \sum \text{Industry} + \sum \text{Year} + \varepsilon_{it} \tag{3-25}$$

$$\text{TBQ}_{it} = \alpha_0 + \alpha_1 \text{CSR}_{it} + \alpha_2 \text{RD}_{it} + \text{Controls}_{it} + \sum \text{Industry} + \sum \text{Year} + \varepsilon_{it} \tag{3-26}$$

在上述模型中，RD_{it} 为企业创新投入，本书参考王玉霞和孙治一（2019）的做法，采用企业研发投入与总资产之比来衡量企业创新投入，比值越大，创新投入强度越高。

对模型（3-19）与模型（3-24）~模型（3-26）分别进行回归检验，回归结果如表 3-53 所示：第（2）列中，社会责任 CSR 系数在 1% 的水平下显著为正，表明社会责任履行与企业创新投入显著正相关；第（3）列中，创新投入系数 RD 在 1% 的水平下显著为正，表明创新投入与企业成长关系显著正相关；对比第（4）列与第（1）列可知，社会责任对企业成长影响的显著性降低（系数从 0.0023 下降到 0.0017，T 值从 2.95 降到 1.89）。以上分步回归检验结果表明，创新投入在社会责任与企业成长之间具有传导效应，中介效应与总效应之比是28.36%。检验结果初步表明，创新投入在对外直接投资与企业成长的关系之间起到了部分中介作用。进一步采用 Bootstrap 法进行检验，使用 Bootstrap 重复抽样1000次，对社会责任、创新投入与企业成长的关系检验结果显示，创新投入的中介效应在95%的偏差校正置信区间为（0.001，0.006），不包含0值，表明创新投入在社会责任与企业成长的关系之间发挥了传导效应。

表 3-53　创新投入的传导效应检验

VARIABLES	（1）TBQ	（2）RD	（3）TBQ	（4）TBQ
CSR	0.0023***	0.0002***		0.0017*
	（2.95）	（4.96）		（1.89）
RD			3.7514***	3.6569***
			（8.23）	（8.14）
Size	-0.4330***	-0.0023***	-0.3924***	-0.4022***
	（-24.16）	（-9.89）	（-22.32）	（-21.23）
Age	0.1510***	-0.0029***	0.1163***	0.1089***
	（4.94）	（-5.20）	（3.34）	（3.11）
Top1	0.0034***	-0.0000	0.0035***	0.0035***
	（3.97）	（-1.55）	（3.63）	（3.60）
LEV	-0.2306**	-0.0050***	-0.3245***	-0.3068***
	（-2.33）	（-3.34）	（-3.05）	（-2.86）
Investor	0.0394***	0.0002***	0.0390***	0.0390***
	（18.17）	（4.78）	（16.07）	（16.08）
ROA	1.0904***	0.0337***	0.8854**	0.6968
	（2.66）	（6.62）	（2.10）	（1.56）
InDirec	1.1161***	0.0040	1.0979***	1.1006***
	（4.92）	（1.08）	（4.39）	（4.40）
Industry	Controlled	Controlled	Controlled	Controlled
Year	Controlled	Controlled	Controlled	Controlled
Constant	10.7029***	0.0677***	10.6345***	10.8082***
	（27.95）	（14.10）	（12.40）	（12.66）

续表

VARIABLES	（1）	（2）	（3）	（4）
	TBQ	RD	TBQ	TBQ
N	8916	8916	8916	8916
R-squared	0.3792	0.2799	0.3836	0.3841

注：＊＊＊、＊＊、＊分别表示在1%、5%、10%的水平下显著，括号内的T值为公司层面聚类稳健标准误T值。

创新投入在社会责任与企业成长之间的传导效应更可能发生在技术类企业中，中国技术类企业对外直接投资的模式大多是"价值链扩张型"，在拓展国际市场的同时，更重要的是为了获取先进技术等战略性资产。而非技术类企业对外直接投资大多主要关注国际市场的拓展。因而，行业的差异性将可能影响创新投入在社会责任与企业成长之间的传导效应。

本书将技术创新较为活跃的3个行业①中企业定义为技术类企业，取值为1，其他行业类企业，取值为0，对创新投入的传导效应进行分组检验。分别对模型（3-19）与模型（3-24）～模型（3-26）进行回归，结果如表3-54、表3-55所示。

表3-54 创新投入传导效应在非技术类企业中的检验

VARIABLES	（1）	（2）	（3）	（4）
	TBQ	RD	TBQ	TBQ
CSR	0.0005	0.0001		0.0011
	（1.66）	（1.25）		（0.77）
RD			3.0070*	3.1202
			（1.79）	（1.07）
Size	−0.2956***	−0.0009***	−0.2642***	−0.2686***
	（−12.11）	（−3.75）	（−10.02）	（−10.19）
Age	−0.0147	−0.0013*	−0.1721***	−0.1723***
	（−0.32）	（−1.84）	（−2.93）	（−2.94）
Top1	0.0033**	−0.0001***	0.0030	0.0029
	（2.45）	（−3.17）	（1.59）	（1.57）
LEV	−0.4348***	−0.0092***	−0.4026*	−0.3957*
	（−2.65）	（−4.83）	（−1.79）	（−1.76）

① 3个行业指制造业，信息传输、软件和信息技术服务业，科学研究和技术服务业。

VARIABLES	（1）	（2）	（3）	（4）
	TBQ	RD	TBQ	TBQ
Investor	0.0171***	−0.0000	0.0181***	0.0180***
	（5.80）	（−0.83）	（4.41）	（4.36）
ROA	1.0233	0.0166**	1.1671	1.0404
	（1.28）	（2.27）	（1.00）	（0.89）
InDirec	1.3609***	−0.0096**	1.2142**	1.2210**
	（3.31）	（−2.39）	（2.08）	（2.09）
Industry	Controlled	Controlled	Controlled	Controlled
Year	Controlled	Controlled	Controlled	Controlled
Constant	10.7029***	0.0677***	10.6345***	10.8082***
	（27.95）	（14.10）	（12.40）	（12.66）
N	2155	2155	2155	2155
R−squared	0.4623	0.3150	0.4807	0.4809

注：***、**、*分别表示在1%、5%、10%的水平下显著，括号内的T值为公司层面聚类稳健标准误T值。

表3-55　创新投入传导效应在技术类企业中的检验

VARIABLES	（1）	（2）	（3）	（4）
	TBQ	RD	TBQ	TBQ
CSR	0.0028***	0.0003***		0.0021*
	（3.18）	（5.54）		（1.95）
RD			4.7438***	4.6330***
			（8.08）	（7.96）
Size	−0.5050***	−0.0026***	−0.4402***	−0.4506***
	（−21.66）	（−9.05）	（−20.97）	（−19.77）
Age	0.2213***	−0.0031***	0.1848***	0.1767***
	（6.08）	（−4.95）	（4.74）	（4.51）
Top1	0.0022**	−0.0000	0.0028**	0.0027**
	（2.10）	（−1.05）	（2.52）	（2.50）
LEV	−0.1328	−0.0044***	−0.2816**	−0.2627**
	（−1.13）	（−2.62）	（−2.40）	（−2.21）

续表

VARIABLES	(1)	(2)	(3)	(4)
	TBQ	RD	TBQ	TBQ
Investor	0. 0480 ***	0. 0002 ***	0. 0439 ***	0. 0439 ***
	(17. 84)	(5. 09)	(15. 85)	(15. 86)
ROA	1. 0274 **	0. 0337 ***	0. 8386 *	0. 6515
	(2. 21)	(6. 02)	(1. 87)	(1. 36)
InDirec	0. 9131 ***	0. 0062	0. 9024 ***	0. 9048 ***
	(3. 41)	(1. 45)	(3. 29)	(3. 30)
Industry	Controlled	Controlled	Controlled	Controlled
Year	Controlled	Controlled	Controlled	Controlled
Constant	11. 9515 ***	0. 0678 ***	9. 5998 ***	9. 7884 ***
	(23. 54)	(11. 17)	(22. 25)	(21. 15)
N	6761	6761	6761	6761
R-squared	0. 3629	0. 1997	0. 3759	0. 3763

注：***、**、*分别表示在1%、5%、10%的水平下显著，括号内的T值为公司层面聚类稳健标准误T值。

在表3-54第（2）列中，社会责任CSR系数为正但不显著；在第（3）列中，创新投入系数RD在10%的水平下显著为正；在第（4）列中，创新投入系数RD为正，也没通过显著性检验。以上分步回归检验结果表明，在非技术类企业中，创新投入在社会责任与企业成长之间的传导效应不显著。

在表3-55第（2）列中，社会责任CSR系数在1%的水平下显著为正，表明社会责任履行与企业创新投入显著正相关；在第（3）列中，创新投入系数RD在1%的水平下显著为正，表明创新投入与企业成长关系显著正相关；对比第（4）列与第（1）列可知，社会责任对企业成长影响的显著性降低（系数从0.0028下降到0.0021，T值从3.18降到1.95）。因而以上分步回归检验结果表明，创新投入在社会责任与企业成长之间具有传导效应，中介效应与总效应之比是46.15%。检验结果初步表明，创新投入在对外直接投资与企业成长的关系之间起到了部分中介作用。进一步采用Bootstrap法进行检验，使用Bootstrap重复抽样1000次，对社会责任、创新投入与企业成长的关系检验结果显示，创新投入的中介效应在95%的偏差校正置信区间为（0.002，0.008），不包含0值，表明创新投入在社会责任与企业成长的关系之间发挥了传导效应。由此可见，在技术类企业中，创新投入在社会责任与企业成长之间的传导效应更为显著。

以上基于创新传导效应视角，通过理论分析和实证检验探究了社会责任履行推动企业成长的作用路径，研究发现社会责任可以通过提升创新投入促进企业成长，表明了企业社会责任履行可能是企业创新与竞争优势的潜在来源，而不仅仅是成本以及慈善行为。但有理由相信，社会责任推动企业成长的路径并不仅限于本书所研究的创新投入方面。

五、小结

本节研究发现，企业社会责任履行与企业成长显著正相关，说明企业积极履行社会责任有助于企业的成长。在更换变量度量方式、更换回归方法、使用工具变量等控制内生性后，结果依然稳健。然而，社会责任对企业成长促进效应并不一致，可能还会受到企业内外部治理环境等因素的影响，基于此，本书进一步研究发现：①与国有企业相比，社会责任履行对企业成长的影响在民营企业中更为显著，表明民营企业会更充分利用通过社会责任履行给自身带来的资源，来弥补自身在资源获取上的劣势；②分析师关注度越高，社会责任履行对企业成长正向影响越强；③与未拥有境外机构持股的企业相比，履行社会责任对企业成长的正向影响在拥有境外机构持股的企业中更为显著；④当企业在发达国家拥有子公司或有跨国并购项目时，更能促进社会责任履行对企业成长的正向影响；⑤具有海外背景的高管人数越多，社会责任履行对企业成长的正向影响越强，表明了具有海外背景的高管有助于提升企业社会责任的信息质量以及资源整合效率。此外，对社会责任影响企业成长的路径进行研究，发现社会责任的良好表现有助于提升企业创新投入进而促进企业成长。

本节的贡献可能在于：①以往文献对企业为何履行社会责任的问题的研究主要集中于社会责任履行对企业财务绩效的影响。而本书主要对这一问题的研究是在企业国际扩张的背景下，把促进企业提升创新投入作为企业社会责任履行影响企业成长的"桥梁"，考察企业社会责任对企业创新投入的影响，进而为解释这一问题提供一种新视角。②探究了企业社会责任的影响机制。本书使用治理环境分析方法，考察企业产权性质、分析师关注、境外机构持股等公司内外部治理环境因素在企业社会责任影响企业成长过程中的作用，有助于揭示企业社会责任的影响机制，同时为完善企业制度环境、提升企业社会责任水平提供经验证据。

第四节 社会责任在对外直接投资与 企业成长之间的传导效应

一、问题提出

由本书上述研究结论可知,在当前经济转型期,中国境内对外直接投资企业为更好地走向国际化,有动机和有意愿去履行社会责任,而企业社会责任履行有助于企业成长,那么,社会责任履行是否在对外直接投资与企业成长关系之间发挥中介作用?在社会责任中介作用下,公司内外部治理机制在对外直接投资对企业成长的影响中是否起到了调节作用?上述问题仍需进一步研究。据此,本书将企业社会责任履行作为对外直接投资影响企业成长的中介变量,内外部治理机制作为社会责任中介作用下对外直接投资对企业成长影响的调节变量,在本书上述研究的基础上,进一步探讨对外直接投资对企业成长的影响机理。

二、理论分析与假设构建

(一) 社会责任履行的中介作用

由本书上述研究结论可知,对外直接投资公司跨国经营将面临数量更多、需求更多样化、合法性要求更高、更为强大的利益相关者,基于合法性和战略性动机,对外直接投资公司承担了更多的社会责任,而社会责任的履行有利于企业成长。因而对外直接投资对企业成长所起的推动作用可能需要借助公司社会责任履行,社会责任履行在对外直接投资与企业成长关系之间可能发挥了传导作用。社会责任履行在对外直接投资与企业成长之间关系中的中介作用基于社会责任的双重作用或特征:一方面,企业社会责任不仅仅是一项投资,也是企业的一种资源,具有价值创造性;另一方面,企业社会责任能够为企业带来外部资源流入。前者是基于该资源的特殊性价值,但更重要的是取决于企业的资源整合能力,以及是否把该资源转变为企业的竞争力;后者主要基于社会责任履行的社会资本效应,如企业承担社会责任帮助政府解决社会问题并能够为企业带来市场准入权和土地等关键性资源(Hussain and Moriarty,2016),社会责任水平通过提高企业声誉，降低了企业潜在风险，进而促进企业竞争优势的提升（石军伟，2009；罗津和贾兴平，2017；靳小翠，2018），促进企业发展。据此，提出 H4：

H4：社会责任履行在对外直接投资与企业成长之间的关系中发挥了中介效应。

（二）内部控制有效性的调节作用

内部控制是公司治理的一个重要方面。中国《企业内部控制基本规范》把"提高经营效率和效果，促进企业实现发展战略"作为主要目标，而非仅仅局限于财务报告目标，并要求公司对整体内部控制的有效性进行自评等。由此可见，现阶段的公司内部控制，不再以财务报告为导向，而是作为一种管理职能而存在。有效的企业内部控制能够在两个方面形成独特竞争优势（杨清香和廖甜甜，2017），即企业拥有难以模仿的、稀缺的、有价值的制度性资源；在不确定性的市场环境中，企业利用此种制度性资源或能力构建、整合、优化配置非制度性资源（如知识、技术、资本等）来发挥其竞争力。此外，有效的内部控制有助于提高公司信息披露质量（Altamuro and Beatty，2010），降低信息不对称程度，弱化委托代理问题，优化公司运营机制。由此可见，有效的内部控制一方面能够促进企业社会责任履行信息的披露，扩大利益相关者对企业的价值观认知；另一方面可以通过整合以及优化配置社会责任履行带来的非制度性资源（如技术、资本等要素），以形成企业独特竞争优势。据此，提出 H5：

H5：对外直接投资和企业内部控制有效性的交互效应经过企业社会责任的中介效应影响企业成长，即企业内部控制有效性越高，对外直接投资通过社会责任履行对企业成长的影响越强。

（三）分析师关注的调节作用

从企业成长视角来看，企业运营信息的有效披露能够提升企业成长能力（金祥义和张文菲，2019），而分析师关注度的增加能够扩大投资者对公司的认知程度，改善公司信息环境，提高公司资本运营效率，进而提升企业成长（Lang et al.，2003）。

企业社会责任履行信息具有难以量化和可比性较弱的特点，资本市场需要相应的补充机制来解读企业履行社会责任信息的内在价值，进而有利于资本市场合理配置资源。活跃在资本市场上的分析师，其通常不仅具有财务、金融等知识，还具有所关注企业所在行业的专业知识，通过择股关注、追踪分析、推荐投资等一系列行为，提供被关注企业的增量信息，因而分析师是一个能够向资本市场传播企业履行社会责任信息的理想角色。首先，分析师具有信息解读能力。分析师能够准确地向公司利益相关者解读与企业社会责任履行相关的信息，有利于帮助利益相关者更好地了解企业社会责任对企业长期价值的积极作用，进而减少信息不对称，降低企业融资约束程度，同时又有利于利益相关者更好地评价企业管理层，促进企业社会责任活动的展开。其次，分析师向资本市场上提供的信息会产生对企业有利的经济影响。如 Easley 和 O'Hara（2004）研究发现，分析师向资本市场提供企业的可靠信息，能够使企业信息得到有效转换，进而降低企业资本成本。最后，企业被分析师关注度越高，企业社会责任信息被披露的内容可能越全、范围可能越广。如陈露兰和王昱升（2014）基于中国情境的研究发现，分析师的跟踪有助于资本市场上利益相关者认识企业履行社会责任信息的价值。据此，本书提出 H6：

H6：分析师关注度对企业社会责任履行在 OFDI 与企业成长之间的中介效应具有调节作用，即分析师关注度越高，企业社会责任的中介效应越强。

基于上述分析，本节构建研究框架如图 3-4 所示：

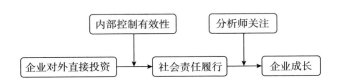

图 3-4 社会责任中介效应研究框架

三、研究设计

（一）数据来源与变量定义

数据来源与本章第一节相同。具体变量定义与度量见表 3-56。

表 3-56 变量定义与度量

变量	定义
被解释变量	
TBQ	企业成长性，市值/（资产总计-无形资产净额-商誉净额）
CSR	企业社会责任承担水平，和讯社会责任评分

续表

变量	定义
解释变量	
FORDUM	对外直接投资哑变量，有海外子公司时，取值为1，否则为0
FORSUB	对外直接投资深度，海外子公司数量的自然对数
FORCOU	对外直接投资广度，企业海外子公司分布国家或地区数量的自然对数
ICE	内部控制有效性，迪博·中国上市公司内部控制指数值的自然对数
AnaAtten	分析师关注度，在一年内跟踪某公司的分析师（如是一个团队，在数量上仍视为1）人数的自然对数
控制变量	
Size	公司规模，公司期末资产总额的自然对数
Age	公司年龄，公司成立时间的自然对数
Top1	第一大股东持股比例
ROA	总资产报酬率，（利润总额+财务费用）/资产总额
Investor	境内机构投资者持股比例总和
LEV	资产负债率，期末总负债/期末总资产
InDirec	独立董事占比，独立董事人数/全部董事总人数
Industry	行业控制变量
Year	年份控制变量

（二）模型构建

1. 中介效应模型

本书借鉴温忠麟等（2004）提出的用于检验中介效应的分步检验方法，分为四个步骤来检验：第一步，检验对外直接投资对企业成长的影响；第二步，检验对外直接投资对企业社会责任的影响；第三步，检验企业社会责任对企业成长的影响；第四步，检验对外直接投资、企业社会责任履行对企业成长的影响。而第一步到第三步在本书前面的章节里已经做过较为详细的分析，在此为了进行比较分析，仍将上述模型列出，构建模型（3-27）～模型（3-30）用于中介效应检验：

$$TBQ_{it} = \alpha_0 + \alpha_1 FORSUB_{it}/FORCOU_{it} + Controls_{it} + \sum Industry + \sum Year + \varepsilon_{it}$$

$$（3-27）$$

$$CSR_{it} = \alpha_0 + \alpha_1 FORSUB_{it}/FORCOU_{it} + Controls_{it} + \sum Industry + \sum Year + \varepsilon_{it}$$

$$（3-28）$$

$$TBQ_{it} = \alpha_0 + \alpha_1 CSR_{it} + Controls_{it} + \sum Industry + \sum Year + \varepsilon_{it} \qquad (3-29)$$

$$TBQ_{it} = \alpha_0 + \alpha_1 FORSUB_{it}/FORCOU_{it} + \alpha_2 CSR_{it} + Controls_{it} + \sum Industry +$$
$$\sum Year + \varepsilon_{it} \qquad (3-30)$$

2. 有中介的调节效应模型

检验社会责任在对外直接投资和内部控制有效性的交互项与企业成长之间的中介作用，对有中介的调节效应模型分三步依次检验（叶宝娟和温忠麟，2013）：第一步，以企业成长作为因变量，对对外直接投资、内部控制有效性以及二者的交互项做回归检验；第二步，以企业社会责任履行作为因变量，对对外直接投资、内部控制有效性以及二者的交互项做回归检验；第三步，以企业成长作为因变量，对对外直接投资、内部控制有效性以及二者的交互项和社会责任水平做回归检验。构建模型（3-31）~模型（3-33）用于中介的调节效应检验：

$$TBQ_{it} = \alpha_0 + \alpha_1 FORSUB_{it}/FORCOU_{it} + \alpha_2 ICE_{it} + \alpha_3 FORSUB_{it} \times ICE_{it}/FORCOU_{it} \times$$
$$ICE_{it} + Controls_{it} + \sum Industry + \sum Year + \varepsilon_{it} \qquad (3-31)$$

$$CSR_{it} = \alpha_0 + \alpha_1 FORSUB_{it}/FORCOU_{it} + \alpha_2 ICE_{it} + \alpha_3 FORSUB_{it} \times ICE_{it}/FORCOU_{it} \times$$
$$ICE_{it} + Controls_{it} + \sum Industry + \sum Year + \varepsilon_{it} \qquad (3-32)$$

$$TBQ_{it} = \alpha_0 + \alpha_1 FORSUB_{it}/FORCOU_{it} + \alpha_2 ICE_{it} + \alpha_3 FORSUB_{it} \times ICE_{it}/FORCOU_{it} \times$$
$$ICE_{it} + \alpha_4 CSR_{it} + Controls_{it} + \sum Industry + \sum Year + \varepsilon_{it} \qquad (3-33)$$

3. 有调节的中介效应模型

为了检验分析师关注度对社会责任水平在对外直接投资与企业成长之间的中介作用是否具有调节作用，借鉴叶宝娟和温忠麟（2013）以及温忠麟和叶宝娟（2014）提出的检验方法，分步检验如下：第一步，以企业成长作为因变量，对对外直接投资和分析师关注度做回归检验；第二步，以社会责任水平作为因变量，对对外直接投资和分析师关注度做回归检验；第三步，以企业成长作为因变量，对对外直接投资、社会责任水平、分析师关注度以及社会责任水平与分析师关注度的交互项做回归检验。构建模型（3-34）~模型（3-36）用于有调节的中介效应检验：

$$TBQ_{it} = \alpha_0 + \alpha_1 FORSUB_{it}/FORCOU_{it} + \alpha_2 AnaAtten_{it} + Controls_{it} +$$
$$\sum Industry + \sum Year + \varepsilon_{it} \qquad (3-34)$$

$$CSR_{it} = \alpha_0 + \alpha_1 FORSUB_{it}/FORCOU_{it} + \alpha_2 AnaAtten_{it} + Controls_{it} +$$

$$\sum \text{Industry} + \sum \text{Year} + \varepsilon_{it} \tag{3-35}$$

$$\text{TBQ}_{it} = \alpha_0 + \alpha_1 \text{FORSUB}_{it}/\text{FORCOU}_{it} + \alpha_2 \text{CSR}_{it} + \alpha_3 \text{AnaAtten}_{it} + \alpha_4 \text{CSR}_{it} \times$$

$$\text{AnaAtten}_{it} + \text{Controls}_{it} + \sum \text{Industry} + \sum \text{Year} + \varepsilon_{it} \tag{3-36}$$

四、实证结果分析

（一）社会责任的中介作用

分别用模型（3-27）~模型（3-30）依次检验社会责任是否具有中介作用，回归结果如表3-57所示：首先，第（1）列中对外直接投资深度 FORSUB 的系数在1%的水平下显著为正，说明对外直接投资与企业成长正相关；第（2）列中对外直接投资深度 FORSUB 的系数在1%的水平下显著为正，说明对外直接投资与企业社会责任水平正相关；对比第（4）列与第（1）列可知，对外直接投资深度 FORSUB 对企业成长 TBQ 影响的显著性降低（系数从 0.0542 下降到 0.0328，T 值从 3.63 下降到 1.79）。因而以上分步回归检验结果表明，社会责任在对外直接投资与企业成长关系之间发挥了中介作用，中介效应与总效应之比是4.6%。检验结果初步表明，社会责任在对外直接投资与企业成长之间起到了部分中介作用。进一步采用 Bootstrap 法再次进行中介效应检验，使用 Bootstrap 重复抽样1000次，对对外直接投资深度、社会责任与企业成长的关系检验结果显示，社会责任的中介效应在95%的偏差校正置信区间为（0.003，0.009），不包含0值，同样表明社会责任在对外直接投资与企业成长的关系之间发挥了中介效应，因而，H4 得到验证。

表 3-57　社会责任的中介作用检验

VARIABLES	(1)	(2)	(3)	(4)	(5)	(6)	(7)
	TBQ	CSR	TBQ	TBQ	TBQ	CSR	TBQ
FORSUB	0.0542***	0.5921***		0.0328*			
	(3.63)	(2.68)		(1.79)			
FORCOU					0.0626***	1.1986***	0.0398*
					(3.15)	(4.13)	(1.86)
CSR			0.0023***	0.0036***			0.0039***
			(2.55)	(2.83)			(3.18)
Size	-0.4329***	4.9998***	-0.4330***	-0.4441***	-0.4306***	4.9474***	-0.4416***
	(-24.98)	(27.34)	(-24.16)	(-23.80)	(-25.08)	(27.33)	(-23.94)

续表

VARIABLES	（1）	（2）	（3）	（4）	（5）	（6）	（7）
	TBQ	CSR	TBQ	TBQ	TBQ	CSR	TBQ
Age	0.1621***	3.0877***	0.1510***	0.1548***	0.1614***	3.1019***	0.1541***
	（5.31）	（7.51）	（4.94）	（5.06）	（5.30）	（7.54）	（5.05）
Top1	0.0035***	0.0183	0.0034***	0.0034***	0.0035***	0.0187	0.0034***
	（4.07）	（1.58）	（3.97）	（4.04）	（4.07）	（1.61）	（4.04）
LEV	−0.2561***	−8.6196***	−0.2306**	−0.2367**	−0.2560***	−8.6636***	−0.2368**
	（−2.63）	（−8.00）	（−2.33）	（−2.40）	（−2.63）	（−8.04）	（−2.40）
Investor	0.0393***	0.0605**	0.0394***	0.0391***	0.0393***	0.0593**	0.0392***
	（18.11）	（2.34）	（18.17）	（18.08）	（18.15）	（2.29）	（18.12）
ROA	1.3022***	91.4763***	1.0904***	1.1001***	1.2990***	91.4090***	1.0996***
	（3.42）	（29.88）	（2.66）	（2.70）	（3.41）	（29.88）	（2.70）
InDirec	1.0999***	−0.6930	1.1161***	1.0994***	1.1084***	−0.6718	1.1078***
	（4.86）	（−0.23）	（4.92）	（4.85）	（4.89）	（−0.23）	（4.89）
Industry	Controlled	Controlled	Controlled	Controlled	Controlled	Controlled	Controlled
Year	Controlled	Controlled	Controlled	Controlled	Controlled	Controlled	Controlled
Constant	9.9179***	−90.4145***	10.7029***	10.9095***	9.8660***	−89.2803***	10.8766***
	（30.42）	（−22.74）	（27.95）	（28.10）	（30.45）	（−22.69）	（27.91）
N	8916	8916	8916	8916	8916	8916	8916
R-squared	0.3796	0.3541	0.3792	0.3802	0.3794	0.3550	0.3799

注：***、**、*分别表示在1%、5%、10%的水平下显著，括号内的T值为公司层面聚类稳健标准误T值。

其次，第（5）列中对外直接投资广度FORCOU的系数在1%的水平下显著为正，说明对外直接投资与企业成长正相关；第（6）列中对外直接投资广度FORCOU的系数在1%的水平下显著为正，说明对外直接投资与企业社会责任水平正相关；对比第（7）列与第（5）列可知，对外直接投资广度FORCOU对企业成长TBQ影响的显著性降低（系数从0.0626下降到0.0398，T值从3.15下降到1.86）。因而以上分步回归检验结果表明，社会责任在对外直接投资与企业成长关系之间发挥了中介作用，中介效应与总效应之比是7.9%。检验结果初步表明，社会责任在对外直接投资与企业成长之间起到了部分中介作用。进一步采用Bootstrap法再次进行中介效应检验，使用Bootstrap重复抽样1000次，对对外直接投资广度、社会责任与企业成长的关系检验结果显示，社会责任的中介效应在95%的偏差校正置信区间为（0.001，0.008），不包含0值，同样表明社会责任在对外直接投资与企业成长的关系之间发挥了中介效应，H4通过验证。

（二）内部控制有效性在社会责任中介作用模型中的前置调节效应

分别用模型（3-31）~模型（3-33）依次检验内部控制有效性是否起到调节作用，回归结果如表3-58所示：首先，第（1）列中对外直接投资深度FOR-SUB与内部控制有效性ICE的交互项与企业成长TBQ显著正相关；第（2）列中对外直接投资深度FORSUB与内部控制有效性ICE的交互项与社会责任CSR显著正相关；对比第（3）列与第（2）列可知，对外直接投资深度FORSUB与内部控制有效性ICE的交互项与企业成长TBQ显著正相关，且交互项系数0.2206与T值1.78均小于第（2）列中的交互项系数3.1543与T值2.39。初步表明了社会责任在对外直接投资和内部控制有效性的交互项与企业成长之间发挥了中介作用。进一步采用Bootstrap法再次进行中介效应检验，使用Bootstrap重复抽样1000次，对对外直接投资深度、社会责任与企业成长的关系检验结果显示，社会责任的中介效应在95%的偏差校正置信区间为（0.003，0.010），不包含0值，同样表明社会责任在对外直接投资和内部控制有效性的交互项与企业成长之间发挥了中介作用。由此，H5通过验证。

表3-58　内部控制有效性的调节作用检验

VARIABLES	（1）	（2）	（3）	（4）	（5）	（6）
	TBQ	CSR	TBQ	TBQ	CSR	TBQ
FORSUB	1.6266 **	19.8664 **	1.5844 *			
	（2.29）	（2.24）	（1.78）			
FORCOU				1.9668 **	20.5869 *	1.9256
				（2.17）	（1.71）	（1.15）
ICE	0.6630 **	7.0205 **	0.6784 ***	0.6109 *	7.9888 ***	0.6284 *
	（2.32）	（2.12）	（3.39）	（1.85）	（5.27）	（1.91）
FORSUB×ICE	0.2570 **	3.1543 **	0.2206 *			
	（2.15）	（2.39）	（1.78）			
FORCOU×ICE				0.3101 **	3.3715 **	0.2635 *
				（2.23）	（2.51）	（1.85）
CSR			0.0021 ***			0.0020 ***
			（2.61）			（2.58）

续表

VARIABLES	(1)	(2)	(3)	(4)	(5)	(6)
	TBQ	CSR	TBQ	TBQ	CSR	TBQ
Size	-0.4424***	4.8909***	-0.4527***	-0.4398***	4.8309***	-0.4499***
	(-26.03)	(24.93)	(-24.99)	(-26.09)	(24.80)	(-25.10)
Age	0.1193***	3.4047***	0.1112***	0.1186***	3.4324***	0.1104***
	(3.58)	(7.57)	(3.33)	(3.57)	(7.62)	(3.32)
Top1	0.0049***	0.0091	0.0049***	0.0049***	0.0097	0.0049***
	(5.52)	(0.74)	(5.52)	(5.53)	(0.79)	(5.53)
LEV	-0.3348***	-9.4810***	-0.3150***	-0.3349***	-9.5221***	-0.3150***
	(-3.41)	(-8.26)	(-3.17)	(-3.42)	(-8.29)	(-3.17)
Investor	0.0346***	0.0444*	0.0345***	0.0347***	0.0432	0.0346***
	(15.85)	(1.65)	(15.84)	(15.88)	(1.61)	(15.86)
ROA	3.0599***	84.7011***	2.8909***	3.0360***	84.2972***	2.8686***
	(7.21)	(23.47)	(6.55)	(7.16)	(23.41)	(6.50)
InDirec	1.1515***	-0.5751	1.1487***	1.1729***	-0.3667	1.1696***
	(4.99)	(-0.18)	(4.98)	(5.08)	(-0.12)	(5.06)
Industry	Controlled	Controlled	Controlled	Controlled	Controlled	Controlled
Year	Controlled	Controlled	Controlled	Controlled	Controlled	Controlled
Constant	14.5836***	-79.5001***	15.5711***	14.1921***	-76.5662***	15.1769***
	(10.67)	(-12.26)	(11.36)	(12.08)	(-13.92)	(12.81)
N	8916	8916	8916	8916	8916	8916
R-squared	0.4115	0.3594	0.4121	0.4113	0.3605	0.4118

注：***、**、*分别表示在1%、5%、10%的水平下显著，括号内的 T 值为公司层面聚类稳健标准误 T 值。

其次，第（4）列中对外直接投资广度 FORCOU 与内部控制有效性 ICE 的交互项与企业成长 TBQ 显著正相关；第（5）列中对外直接投资广度 FORCOU 与内部控制有效性 ICE 的交互项与社会责任 CSR 显著正相关；对比第（6）列与第（5）列可知，对外直接投资广度 FORCOU 和内部控制有效性 ICE 的交互项与企业成长 TBQ 显著正相关，且交互项系数 0.2635 与 T 值 1.85 均小于第（5）列中的交互项系数 3.3715 与 T 值 2.51。初步表明了社会责任在对外直接投资和内部控制有效性的交互项与企业成长之间发挥了中介作用。进一步采用 Bootstrap 法再次进行中介效应检验，使用 Bootstrap 重复抽样 1000 次，对对外直接投资广度、社会责任与企业成长的关系检验结果显示，社会责任的中介效应在 95% 的偏差校正置信区间为（0.002，0.010），不包含 0 值，同样表明社会责任在对外直接投资和内部控制有效性的交互项与企业成长之间发挥了中介作用，H5 得到验证。以上检验结果说明，企业内部控制有效性越高，对外直接投资通过社会责任履行影响企业成长的传导效应越强。

（三）分析师关注在社会责任中介作用模型中的后置调节效应

分别用模型（3-34）~ 模型（3-36）依次检验分析师关注是否起到调节作用，回归结果如表 3-59 所示：首先，第（1）列中对外直接投资深度 FORSUB 与企业成长 TBQ 显著正相关；第（2）列中对外直接投资深度 FORSUB 与社会责任 CSR 显著正相关；第（3）列中，社会责任 CSR 和分析师关注 AnaAtten 的交互项与企业成长 TBQ 在 1% 的水平下显著正相关，表明了分析师关注对社会责任在对外直接投资与企业成长之间的中介作用具有调节效应，H6 得到验证。其次，第（4）列中对外直接投资广度 FORCOU 与企业成长 TBQ 显著正相关；第（5）列中对外直接投资广度 FORCOU 与社会责任 CSR 显著正相关；第（6）列中，社会责任 CSR 和分析师关注 AnaAtten 的交互项与企业成长 TBQ 在 1% 的水平下显著正相关，同样表明了分析师关注对社会责任在对外直接投资与企业成长之间的中介作用具有调节效应，H6 通过验证。以上检验结果均表明，分析师关注对社会责任在对外直接投资与企业成长之间的中介作用发挥了调节效应，即分析师关注度越高时，社会责任的中介作用越强。

表 3-59　分析师关注的调节作用检验

VARIABLES	（1）TBQ	（2）CSR	（3）TBQ	（4）TBQ	（5）CSR	（6）TBQ
FORSUB	0.0411*** (2.64)	0.5437** (2.29)	0.0394** (2.55)			
FORCOU				0.0425** (2.04)	1.1654*** (3.74)	0.0415** (2.00)
CSR			0.0138* (1.86)			0.0129*** (1.81)
AnaAtten	0.0572*** (3.55)	1.1456*** (5.49)	0.1356** (4.19)	0.0906*** (5.58)	1.6905*** (6.22)	0.1165* (1.88)
CSR×AnaAtten			0.0068*** (9.29)			0.0071*** (9.56)

续表

VARIABLES	（1）	（2）	（3）	（4）	（5）	（6）
	TBQ	CSR	TBQ	TBQ	CSR	TBQ
Size	−0.3927***	4.7440***	−0.4088***	−0.3903***	4.6905***	−0.4065***
	（−22.46）	（22.31）	（−21.93）	（−22.58）	（22.22）	（−22.08）
Age	0.1516***	3.6990***	0.1499***	0.1508***	3.7062***	0.1492***
	（4.63）	（8.19）	（4.60）	（4.61）	（8.20）	（4.59）
Top1	0.0044***	0.0109	0.0046***	0.0044***	0.0115	0.0046***
	（4.69）	（0.86）	（4.96）	（4.68）	（0.91）	（4.95）
LEV	−0.3911***	−7.5282***	−0.3718***	−0.3897***	−7.5832***	−0.3707***
	（−3.91）	（−6.04）	（−3.72）	（−3.90）	（−6.08）	（−3.71）
Investor	0.0353***	−0.0113	0.0340***	0.0354***	−0.0114	0.0341***
	（14.71）	（−0.38）	（14.40）	（14.74）	（−0.39）	（14.43）
ROA	1.7992***	83.4927***	1.8246***	1.7958***	83.5325***	1.8232***
	（4.14）	（23.13）	（4.10）	（4.13）	（23.14）	（4.09）
InDirec	1.1139***	−0.0648	1.1064***	1.1196***	−0.0879	1.1117***
	（4.75）	（−0.02）	（4.76）	（4.77）	（−0.03）	（4.78）
Industry	Controlled	Controlled	Controlled	Controlled	Controlled	Controlled
Year	Controlled	Controlled	Controlled	Controlled	Controlled	Controlled
Constant	9.0470***	−86.6350***	9.6921***	8.9938***	−85.4042***	9.6429***
	（26.85）	（−19.42）	（26.35）	（26.84）	（−19.28）	（26.41）
N	8916	8916	8916	8916	8916	8916
R−squared	0.3903	0.3478	0.3995	0.3900	0.3488	0.3999

注：***、**、*分别表示在1%、5%、10%的水平下显著，括号内的T值为公司层面聚类稳健标准误T值。

五、小结

本节研究发现：①社会责任在对外直接投资与企业成长之间发挥了中介作用，表明了对外直接投资通过促进社会责任履行间接促进了企业成长，这符合企业对外直接投资策略的预期，通过积极履行社会责任，降低进入海外市场的外来者劣势，提升企业声誉资本与关系资产，以培育自身独特竞争优势，促进企业成长；②企业内部控制有效性越高，对外直接投资通过社会责任履行影响企业成长的传导效应越强，表明了内部控制有效性较高的企业，有助于降低信息不对称，减少委托代理问题，促进企业在对外直接投资过程中更好地履行社会责任；③分析师关注度越高，社会责任在对外直接投资与企业成长关系之间的中介作用越强，表明分析师关注不仅仅直接影响企业社会责任履行，同时调节企业社会责任在对外直接投资与企业成长之间的中介作用。

综上，本节的研究结论表明，当公司进入海外市场经营时，由于不同东道国法律制度、社会文化、经济发展水平的差异，对外直接投资公司将面临数量更多、需求更多样化、合法性要求更高、更为强大的利益相关者，利益相关者压力会激发企业对资源及合法性的需求，促使企业承担更多的社会责任，以改善企业与拥有关键资源的外部组织的关系，有助于企业获得外部资源和提升风险承担能力，从而构建企业竞争优势和促进企业成长。进一步表明了企业履行社会责任并非仅仅是企业的一项成本，也是促进公司成长的一个重要途径。

本节的贡献可能在于丰富了企业成长途径的研究文献。本节探究了社会责任在对外直接投资与企业成长之间的中介作用，并进一步分析了内外部治理机制对社会责任中介作用的调节效应。

本节研究结论对政府和企业有以下启示：①对于政府而言，进一步完善企业履行社会责任的制度建设。如建立企业社会责任履行与监督机制、制定企业履行社会责任分类指引、构建含企业履行社会责任表现的公司整体绩效评价机制等，促进企业根据自身特征履行社会责任，进而更好地发挥社会责任履行对企业成长的积极作用。并合理引导各类信息中介如分析师等对企业社会责任履行产生更多关注，进而激发企业社会责任履行的主动性与积极性。②对于企业而言，社会责任履行是中国跨国公司更好地"走进去"和更好地执行"走出去"战略的关键，首先，要进一步提高企业社会责任履行意识，由仅满足外在合法性要求向主动融入企业战略管理转变。在动态的国内外环境中，对外直接投资企业只有不断调整自身行为，保持和维护好与外部组织的和谐关系，营造良好的内部工作氛围，才能表现出更好的社会责任行为，更好地融入全球化环境，充分发挥出境内外公司之间的协同效应，以求最终发挥出企业对外直接投资战略的规模效应。其次，要有效地披露企业履行社会责任活动信息。企业应主动、及时地向利益相关者传播企业社会责任承担信息，增强利益相关者对企业的认知度，提升企业声誉。

第四章 企业对外直接投资的管理溢出效应

第一节 引言

中国企业在国际市场上是后来者，属于成长型企业，具有先天性的后发劣势，国内学者基于企业战略性资产（先进技术、管理经验、品牌等）寻求的动机，大多从技术逆向溢出的视角，探讨海外投资对国内生产率、创新及产业升级的影响。除此之外，对外直接投资还有助于吸收和学习先进的经济制度、管理方式和治理机制，进而提升公司的治理水平。

然而，在中国企业对外直接投资进行战略性资产寻求过程中，有机会学习到先进的技术、管理知识，获取提升自身竞争优势的能力，同时又面临东道国的制度差异、文化冲突、供应链（Svensson，2013）以及社会关系等方面的问题，均可能增加中国企业对外直接投资风险（蒋冠宏，2015）。在跨国治理的情境下，东道国或海外上市监管机构的制度性规定提升了跨国协调成本，由此引发的信息披露风险、治理环境风险等公司治理风险也会相应提高。此外，企业对外直接投资经验不足、对外部风险规避能力不强。以上问题都对公司自身治理提出了很大挑战，如苏莉等（2019）使用2005~2016年沪深A股上市公司经验数据研究发现，上市公司对外直接投资加剧了公司的财务风险，且随着对外直接投资次数的增加又会加大公司财务风险，进而可能会影响企业资金的正常运转；文化层面的差异会反映在员工的行为、态度等工作价值观方面，影响公司的沟通效果和管理效率（徐笑君，2010）。

内部控制是公司治理的一个重要方面（Hazarika et al.，2012），系统而有效的内部控制是实现公司治理的基础设施建设（谢志华，2007）。中国《企业内部控制基本规范》[①] 把"提高经营效率和效果，促进企业实现发展战略"作为主要目标，而非仅仅局限于财务报告目标，并要求公司对整体内部控制的有效性进行自评。由此可见，现阶段的公司内部控制，不再以财务报告为导向，而是作为一种管理职能而存在，改善经营管理以提升企业成长（肖华和张国清，2013；王爱群等，2015）。

综上，在保持对外直接投资上升势头的同时，提升企业内部控制有效性也是继续有效实施"走出去"战略的关键。通过对外直接投资，企业一方面得到学习和吸收先进管理经验的机会，另一方面又须面对经营环境更加多元化导致的公司风险增加，那么，对外直接投资对企业内部控制有效性会产生怎样的影响？却没有得到较多的经验证据分析。基于此，本书探究对外直接投资对内部控制有效性有何影响以及对企业的成长是否具有传导效应，构建框架如图4-1所示。

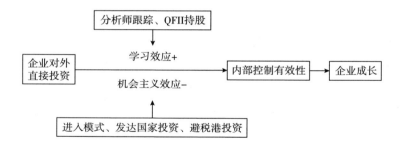

图4-1 对外直接投资、内部控制有效性与企业成长研究框架

---

① 上海、深圳证券交易所分别在2006年6月、9月发布上市公司内部控制指引，接着财政部等五部委于2008年和2010年联合发布《企业内部控制基本规范》及其配套《企业内部控制应用指引》，对上市公司内部控制的实施提出明确的要求，财政部和证监会又于2012年联合下发《关于2012年主板上市公司分类分批实施企业内部控制规范体系的通知》，要求国有及非国有控股公司分类、分批推进实施企业内部控制规范体系。上述一系列法规的出台，标志着上市公司的内部控制由一项自发治理机制进展成为一种制度建设行为。

第二节　理论分析与假设构建

一、对外直接投资与企业内部控制有效性

在管理学领域，企业对外直接投资的实质是基于所有权之上的企业管理与控制权的扩张，而不仅是资本的转移，体现在地理边界上拓展形成的治理主体多元化和国际化。跨国公司治理主体主要包括母子公司、关联公司、监管机构、母国政府和东道国政府等内外部治理主体，使得委托人和代理人更加多元化，信息不对称加剧，跨国治理的决策成本、监督成本和激励成本也随之增加，加之跨国经营面临制度、文化等方面的差异与冲突，使得不确定性、复杂性将随着市场异质性而大为增加，由此引发的公司内外部治理风险也相应提高，进而对企业内部控制有效性产生影响。

理论上，基于组织学习理论的学习效应以及信息不对称与代理理论的机会主义效应，对外直接投资对企业内部控制有效性存在促进和抑制两种截然相反的效应。

（一）学习效应

从学习效应的角度来看，新兴市场国家的企业，在跨国经营能力组合中的差距不仅涉及技术和品牌，还涉及跨文化管理或收购后的整合管理，尤其是相关的关键管理能力（Wang et al.，2014）。国内大多数有海外投资项目的企业仍处于"国际化"的早期阶段，传统上将其视为渐进的成长和学习周期的过程（Johanson and Vahlne，2009）。鉴于跨国公司在"外国"条件下如何运营的经验知识有限，许多海外投资旨在促进公司学习管理知识以提升自身能力（Meyer and Thaijongrak，2013）。

然而，跨国公司也有意将其外国运营单位用作新的管理实践的起源，这些新的管理实践随后会转移到总部和整个公司（Edwards et al.，2010）。因此，本地企业对跨国公司的反向溢出也可能发生在管理知识方面。然而，从东道国公司向国内母公司的逆向管理溢出的强度取决于母公司的管理水平。反向溢出更可能出现在位于发达国家的新兴市场跨国公司（Zou and Ghauri，2008），其他发达国家

的跨国公司则不需要向当地公司学习先进的做法。但由于组织的惰性，这种调整更多地发生在生产技术上，而在管理实践方面却发生得较少，如国内母公司可能对自身管理能力十分自信（可能是由于在国内取得了显著成功），这阻碍了海外管理知识的溢出效应，难以对企业内部治理产生影响。袁诚和陆挺（2005）采用中国1997年、2000年、2002年三次全国民营企业抽样调查数据，使用有限因变量模型和Treatment Effect方法，检验民营企业家在外资企业工作的经历对企业绩效和管理水平的影响，来研究外商直接投资管理知识溢出效应的存在性，研究发现，民营企业家在外资企业工作的经历对企业绩效和管理水平的影响并不太显著，表明外商直接投资企业管理知识溢出效应在对国内民营企业家管理能力的提升方面还不太明显，也侧面印证了学习国外先进管理经验的有效性有待提升。进一步地，企业在对外直接投资进行跨国增值过程中，嵌入国内、国外两种不同的制度、经济环境内，面对不同国家的市场、规制、规范等方面的差异，同时企业在规模、治理边界、员工来源等方面也发生了变化，需要企业自身动态调整自身资源、结构、管理等来适应新环境，加之不同于发达国家企业的渐进性国际化，中国企业往往倾向于迅速国际化，进而对公司管理能够动态调整以适应复杂环境的能力要求提高，然而他们在全球市场上作为后来者经验不足（Yang and Stoltenberg，2014），其组织结构、人员配置、管理方法以及理念等可能由于不能及时、有效地调整而产生新问题，同时利益相关者的复杂化与多元化加大了跨国企业治理的难度和协调成本，进而导致公司原有内部控制体系出现一定程度的低效或失效，降低企业内部控制体系的有效性。

（二）机会主义效应

从机会主义效应的角度来看，跨国经营一方面给公司带来了规模效应和经营的灵活性，但另一方面也提高了经营活动和组织结构的复杂性，复杂的经营环境、多样的风险也给企业的发展带来了更多的不确定性。同时，国际经营加剧了管理层、投资者、分析师和监管部门等彼此间的信息不对称（Brauer and Wiersema，2017），投资者和监管机构大都只能通过公司的相关报告来了解其经营状况，却很难综合国际化企业各个国家的经营信息，也难以识别这些信息的真实性和准确性。少部分学者关注到管理层可能利用这种信息不对称来谋求私利（Hope and Thomas，2008），如利用短期国际资本市场的不完善转移利润或损失进行套利。因此，跨国公司环境复杂、信息不对称程度增加以及管理层机会主义动机增加，不利于企业内部控制有效性的提高。

综上，本书认为，对外直接投资对企业内部控制有效性的影响是综合的，学习效应和机会主义效应同时存在，本书所观测的是其总和影响。进一步通过实证检验上述两种效应在中国这种新兴市场上的企业跨国治理情景，探究对外直接投资在总体上促进还是降低了企业内部控制有效性。基于此，本书提出 H1：

H1a：对外直接投资提升了企业内部控制有效性。

H1b：对外直接投资降低了企业内部控制有效性。

二、分析师跟踪的调节效应

相对于发达国家，中国公司管理层信息披露的诉讼风险较小，致使公司管理层自愿披露信息的动机较弱，且还存在信息自选择、信息不实等问题（罗炜和朱春艳，2010），导致资本市场上市公司的信息透明度整体不高。而跨国经营公司由于海外子公司的分散性、远距离等因素，又加剧了公司信息的不透明程度，信息透明程度的降低会引发代理冲突等一系列公司内部治理问题，而较低的公司信息透明度增加了对分析师跟进提供信息的需求，分析师作为外部治理机制中的一个重要角色，其通常不仅具有财务、金融等知识，还具有所关注企业所在行业的专业知识，通过择股关注、追踪分析、推荐投资等一系列行为，提供被关注企业的增量信息，进而提升投资者对公司认知的多国嵌入性和多公司嵌入性，缓解了上市公司与投资者间的信息不对称，有助于投资者准确评价公司的经营行为，更好地监督公司管理层和控股股东，进而抑制管理层和控股股东的利益侵占行为。虽然分析师的监督作用不能解决公司的内部治理问题，但具有修正效应，如分析师跟踪可减弱公司管理层操纵行为（李春涛等，2014）、缓解公司代理问题（Chen et al.，2015）。因此，分析师关注度的提高意味着跨国公司曝光度的增加，同时也意味着跨国公司的不规范行为更难被掩饰，促使公司认识到自身的内控缺陷，从而采取相应的改进措施，来提升内部控制的水平。而内部控制产生的本源就是代理问题，同时内部控制要解决的核心问题就是信息不对称。据此，本书提出 H2：

H2：分析师跟踪能在一定程度上抑制对外直接投资对企业内部控制有效性的不利影响。

第三节　研究设计

一、样本选择与数据来源

样本选择与第三章相同，剔除金融类公司、样本期间被 ST 的公司、样本期间退市的公司以及核心变量存在缺失的公司后，获得对外直接投资公司 9759 个样本；数据除迪博·中国上市公司内部控制指数来源于 DIB 内部控制与风险管理数据库外，其他数据来源与第三章相同。同样，为避免极端值的影响，所有未经对数化处理的连续变量均进行上下 1% 缩尾处理。

二、模型构建与变量定义

为了检验 H1，构建模型（4-1）和模型（4-2）：

$$ICE_{it} = \alpha_0 + \alpha_1 FORSUB_{it} + \alpha_i Controls_{it} + \sum Industry + \sum Year + \varepsilon_{it} \tag{4-1}$$

$$ICE_{it} = \alpha_0 + \alpha_1 FORCOU_{it} + \alpha_i Controls_{it} + \sum Industry + \sum Year + \varepsilon_{it} \tag{4-2}$$

其中，ICE_{it} 为企业内部控制有效性。财政部与证监会在 2018 年 11 月发布《我国上市公司 2017 年执行企业内部控制规范体系情况分析报告》时指出，"中国部分上市公司仍存在披露的内部控制缺陷整改不到位，隐瞒、虚报内部控制缺陷，披露内部控制缺陷时避重就轻，报告披露不够及时、格式不够规范等问题。"主要因为上市公司内部控制缺陷信息披露存在管理层的自选择问题，多是公司管理层应对外部审计进行有选择的披露，因而无法全面反映企业内部控制的真实情况。基于此，本书未采用上市公司披露的内部控制缺陷情况来衡量公司的内部控制有效性，而是借鉴逯东等（2014）的做法，选用第三方评价数据"迪博·中国上市公司内部控制指数"来衡量企业内部控制有效性，该指数值越大，表明企业内部控制有效性越强。

为了检验 H2，构建模型（4-3）和模型（4-4）：

$$ICE_{it} = \alpha_0 + \alpha_1 FORSUB_{it} + \alpha_2 AnaAtten_{it} + \alpha_3 FORSUB_{it} \times AnaAtten_{it} +$$

$$\alpha_i Controls_{it} + \sum Industry + \sum Year + \varepsilon_{it} \tag{4-3}$$

$$ICE_{it} = \alpha_0 + \alpha_1 FORCOU_{it} + \alpha_2 AnaAtten_{it} + \alpha_3 FORCOU_{it} \times AnaAtten_{it} +$$

$$\alpha_i Controls_{it} + \sum Industry + \sum Year + \varepsilon_{it} \qquad (4-4)$$

模型（4-3）和模型（4-4）中新加的变量 $AnaAtten_{it}$ 为分析师跟踪的代理变量，用分析师跟踪人数来衡量。

具体变量定义与度量如表 4-1 所示。

表 4-1　变量定义与度量

变量	定义
被解释变量	
ICE	内部控制有效性，迪博·中国上市公司内部控制指数值的自然对数
解释变量	
FORSUB	对外直接投资深度，海外子公司数量的自然对数
FORCOU	对外直接投资广度，企业海外子公司分布国家或地区数量的自然对数
AnaAtten	分析师跟踪，使用在一年内跟踪某公司的分析师（如是一个团队，在数量上仍视为 1）人数来衡量
控制变量	
Size	公司规模，公司期末资产总额的自然对数
Age	公司年龄，公司成立时间的自然对数
Top1	第一大股东持股比例
Investor	境内机构投资者持股比例总和
LEV	资产负债率，期末总负债/期末总资产
Adjunct	两职合一，若董事长与总经理由同一人担任，则取值为 1，否则为 0
Manage	管理层持股比例
InDirec	独立董事占比，独立董事人数/全部董事总人数
Industry	行业控制变量
Year	年份控制变量

第四节　实证结果分析

一、描述性统计

从表4-2中可以看出，样本企业内部控制有效性对数 ICE 均值为 6.5067，最小值和最大值分别为 3.6899 和 6.9031，说明公司内部治理水平存在明显差异。

表4-2　主要变量的描述性统计

VARIABLES	N	mean	sd	min	p50	max
ICE	9759	6.5067	0.1396	3.6899	6.5209	6.9031
FORSUB	9759	3.6922	5.6238	1	2	87
FORCOU	9759	2.4232	2.4912	1	2	35
Size	9759	22.4426	1.3803	18.7263	22.2138	28.5087
Age	9759	16.08	5.76	1	15.92	50.67
Top1	9759	34.8008	15.0373	8.38	32.9050	74
LEV	9759	0.4282	0.1973	0.0558	0.4258	0.8662
Investor	9759	7.4764	7.2824	0.0049	5.3698	34.7644
Adjunct	9759	0.3016	0.4590	0	0	1
Manage	9759	0.1496	0.2044	0	0.0160	0.7041
InDirec	9759	0.3769	0.0565	0.3333	0.3636	0.6

二、回归结果分析

（一）对外直接投资与企业内部控制有效性关系检验

在回归之前首先检验变量之间的相关性，Pearson 相关系数矩阵如表4-3所示，主要自变量之间相关系数绝大多数均小于 0.3，平均方差膨胀因子为 3.19，变量之间不存在严重的共线性。此外，对外直接投资深度 FORSUB、对外直接投资广度 FORCOU 均与公司内部控制 ICE 负相关，且分别在 1%、10% 的水平下显著，表明对外直接投资减弱了企业内部控制有效性，在一定程度上支持了本书 H1b。

表 4-3　Pearson 相关系数矩阵

VARIABLES	ICE	FORSUB	FORCOU	Size	Age	Top1	LEV	Investor	Adjunct	Manage	InDirec
ICE	1										
FORSUB	-0.046***	1									
FORCOU	-0.022*	0.297***	1								
Size	0.226***	0.305***	0.231***	1							
Age	-0.060**	0.068***	0.052***	0.154***	1						
Top1	0.118***	0.030**	0.024**	0.209***	-0.106***	1					
LEV	-0.057***	-0.230***	-0.200***	-0.276***	-0.205***	-0.053***	1				
Investor	0.158***	0.092***	0.078***	0.147***	0.044***	-0.128***	0.055***	1			
Adjunct	-0.064***	-0.050***	-0.035***	-0.222***	-0.097***	-0.021*	-0.159***	-0.016	1		
Manage	-0.061***	-0.105***	-0.081***	-0.405***	-0.258***	-0.103***	-0.344***	-0.099***	0.259***	1	
InDirec	0.010	0.048***	0.032**	0.042***	-0.045***	0.105***	-0.005	0.003	0.104***	0.050***	1

注：***、**、* 分别表示在 1%、5%、10% 的水平下显著。

为检验 H1，对模型（4-1）和模型（4-2）进行检验，为减轻同一公司不同时期序列相关问题以及异方差的影响，采用公司层面聚类稳健标准误，同时控制了行业和年份的影响。结果如表 4-4 中第（1）列和第（2）列所示，对外直接投资深度 FORSUB、对外直接投资广度 FORCOU 与公司内部控制 ICE 分别在10%、1% 的水平下显著负相关，表明对外直接投资降低了企业内部控制有效性，H1b 通过验证。从控制变量来看，公司规模 Size、管理层持股比例 Manage 都对公司内部控制水平产生了积极正向影响，而资产负债率与企业内部控制有效性负相关。

表 4-4　对外直接投资与企业内部控制有效性关系的检验

VARIABLES	(1)	(2)	(3)	(4)	(5)	(6)
	ICE	ICE	ICE	ICE	ICE	ICE
FORSUB	-0.0037*		-0.0217***		-0.0055**	
	(-1.86)		(-3.97)		(-2.53)	
FORCOU		-0.0066***		-0.0280***		-0.0095***
		(-2.68)		(-3.91)		(-3.46)
AnaAtten			0.0154***	0.0169***		
			(5.30)	(6.16)		
FORSUB×AnaAtten			0.0074***			
			(3.38)			
FORCOU×AnaAtten				0.0083***		
				(2.93)		
QFII					0.0072*	0.0077*
					(1.79)	(1.86)
FORSUB×QFII					0.0137***	
					(2.86)	
FORCOU×QFII						0.0185***
						(3.21)
Size	0.0358***	0.0362***	0.0279***	0.0285***	0.0347***	0.0351***
	(16.31)	(17.01)	(13.12)	(13.53)	(15.65)	(16.31)
Age	0.0014	0.0014	0.0096**	0.0097**	0.0013	0.0013
	(0.30)	(0.33)	(2.20)	(2.24)	(0.28)	(0.29)
Top1	0.0005***	0.0006***	0.0006***	0.0008***	0.0005***	0.0007***
	(5.16)	(5.77)	(5.25)	(5.89)	(5.53)	(5.95)

续表

VARIABLES	(1)	(2)	(3)	(4)	(5)	(6)
	ICE	ICE	ICE	ICE	ICE	ICE
LEV	−0.0918***	−0.0916***	−0.0640***	−0.0639***	−0.0875***	−0.0870***
	(−7.32)	(−7.29)	(−5.50)	(−5.51)	(−6.94)	(−6.88)
Investor	0.0020***	0.0023***	0.0012***	0.0015***	0.0031***	0.0035***
	(9.98)	(10.93)	(5.10)	(6.12)	(10.15)	(10.69)
Adjunct	−0.0028	−0.0028	−0.0021	−0.0020	−0.0033	−0.0034
	(−0.72)	(−0.70)	(−0.57)	(−0.54)	(−0.85)	(−0.86)
Manage	0.0452***	0.0454***	0.0266***	0.0270***	0.0463***	0.0466***
	(5.22)	(5.27)	(2.97)	(3.02)	(5.35)	(5.42)
InDirec	−0.0026	−0.0039	−0.0053	−0.0064	−0.0034	−0.0057
	(−0.08)	(−0.13)	(−0.16)	(−0.19)	(−0.11)	(−0.18)
Constant	5.8127***	5.8062***	5.9487***	5.9333***	5.8390***	5.8328***
	(110.21)	(113.35)	(110.66)	(112.20)	(109.16)	(112.09)
N	9759	9759	9759	9759	9759	9759
R−squared	0.1659	0.1663	0.2094	0.2099	0.1684	0.1690
F	29.12	26.16	25.51	24.89	26.22	25.19

注：***、**、*分别表示在1%、5%、10%的水平下显著，括号内的T值为公司层面聚类稳健标准误T值。

（二）分析师跟踪的调节效应

为检验 H2，对模型（4-3）和模型（4-4）进行检验，回归结果如表4-4中第（3）列和第（4）列所示，对外直接投资深度 FORSUB 与对外直接投资广度 FORCOU 的系数均显著为负，交互项 FORSUB×AnaAtten 和 FORCOU×AnaAtten 的系数显著为正，这说明，分析师跟踪人数越多，对外直接投资对公司内部控制有效性的负向影响越小，该结果与预期一致，支持了 H2。表明分析师跟踪通过降低信息不对称、减少委托代理问题弱化了对外直接投资对企业内部控制有效性的负向影响，发挥出了调节作用。

（三）是否有境外机构持股

境外机构投资者（QFII）作为中国资本市场引入的外部机制，大多为国际知名的机构投资公司，拥有理性的投资理念、专业的投资团队，具有较强的信息挖掘和分析能力，已被证明是资本市场上一个重要的信息中介。QFII 的市场参与被认为不仅能分散市场的风险，还能影响企业的行为。从治理效应来看，QFII 属于独立型的机构投资者，与其持股的公司一般不存在业务关系，QFII 换手率低于一般机构投资者，投机性动机较小，加之其拥有较优的资源和专业知识，有参与公司治理的动机和能力。由于新兴市场企业控股股东的集中持股，外资股东积极地扮演监管者的角色，以保障自己利益不受侵害、减少控股股东寻租行为带来的潜在风险（Bai et al.，2004；Johnson et al.，2000），Douma 等（2006）研究同样发现外资股东与良好的企业治理有关。基于中国的情境，李春涛等（2018）研究发现，QFII 持股显著正向影响公司信息披露质量，其机理是 QFII 通过增加持股公司的分析师关注度和高管薪酬业绩敏感性来改进信息披露质量；林雨晨等（2015）研究发现，QFII 持股促进了公司会计稳健性水平的提升，QFII 有动机对上市公司进行监督，从而有利于促使公司改善治理水平；乔琳等（2019）认为适度增加 QFII 的引入数量有助于改善信息环境和公司治理。

以上研究表明，QFII 已经成为一种重要的公司外部治理机制，QFII 持股会提升上市公司的信息透明度，加强对跨国公司经营行为的监督力度，促使公司改善治理水平，提升内部控制水平。

为进一步检验公司外部治理机制中，对外直接投资对企业内部控制有效性影响的差异，本书构建模型（4-5）和模型（4-6）：

$$ICE_{it} = \alpha_0 + \alpha_1 FORSUB_{it} + \alpha_2 QFII_{it} + \alpha_3 FORSUB_{it} \times QFII_{it} + \alpha_i Controls_{it} +$$

$$\sum Industry + \sum Year + \varepsilon_{it} \tag{4-5}$$

$$ICE_{it} = \alpha_0 + \alpha_1 FORCOU_{it} + \alpha_2 QFII_{it} + \alpha_3 FORCOU_{it} \times QFII_{it} + \alpha_i Controls_{it} +$$

$$\sum Industry + \sum Year + \varepsilon_{it} \tag{4-6}$$

模型（4-5）和模型（4-6）中新加的变量 $QFII_{it}$ 为公司是否拥有境外机构持股的哑变量。

对模型（4-5）和模型（4-6）进行回归，检验结果如表 4-4 中第（5）列和第（6）列所示，对外直接投资深度 FORSUB 与对外直接投资广度 FORCOU 的系数均显著为负，交互项 FORSUB×QFII 和 FORCOU×QFII 的系数显著为正，这说明，对外直接投资对内部控制有效性之间的负向影响在未拥有 QFII 持股的企业中更加显著。表明了 QFII 持股有利于缓解对外直接投资所带来的信息不对称以及代理问题，弱化对外直接投资对企业内部控制有效性的负向影响。

三、稳健性检验

（一）考虑主要变量的替代

首先，用海外业务收入占比 OverInco 替代对外直接投资深度 FORSUB 和对外直接投资广度 FORCOU 作为公司对外直接投资的替代变量，对模型（4-1）进行回归，结果如表 4-5 中第（1）列所示，海外业务收入占比 OverInco 的系数在 10% 的水平下显著为负，对外直接投资对公司内部控制有效性的负向影响依然成立。其次，用管理效率① ME 作为企业内部控制有效性的替代变量，对模型（4-1）和模型（4-2）进行回归，结果如表 4-5 中第（2）列和第（3）列所示，对外直接投资深度 FORSUB 与对外直接投资广度 FORCOU 的系数均在 1% 的水平下显著为正，说明对外直接投资程度越高，管理效率越差，表明上述研究结论仍然成立。

表 4-5　对外直接投资与企业内部控制有效性关系的稳健性检验

VARIABLES	(1)	(2)	(3)	(4)	(5)	(6)	(7)
	ICE	ME	ME	ICE	ICE	ICE_{it+1}	ICE_{it+1}
FORSUB		0.0059***		−0.0035*		−0.0012*	
		(5.30)		(−1.89)		(1.81)	
FORCOU			0.0076***		−0.0068***		−0.0031**
			(4.68)		(−2.76)		(−2.15)
OverInco	−0.0020*						
	(−1.82)						
Size	0.0309***	−0.0181**	−0.0178**	0.0357***	0.0363***	0.0269***	0.0276***
	(13.45)	(−2.26)	(−2.35)	(16.49)	(17.08)	(11.86)	(12.28)
Age	0.0053	−0.0086**	−0.0086**	0.0014	0.0014	−0.0020	−0.0020
	(1.03)	(−2.16)	(−2.17)	(0.30)	(0.31)	(−0.40)	(−0.40)
Top1	0.0006***	−0.0007**	−0.0006**	0.0006***	0.0006***	0.0006***	0.0006***
	(4.64)	(−2.17)	(−2.02)	(5.73)	(5.74)	(5.06)	(5.05)
LEV	−0.0773**	−0.0838	−0.0836	−0.0918**	−0.0914**	−0.0529**	−0.0525**
	(−2.37)	(−1.05)	(−1.55)	(−2.32)	(−2.28)	(−2.03)	(−2.19)

---

① 本书参照余官胜等（2018）的做法，用管理费用在公司业务收入中的占比衡量公司的管理效率，其占比越小，表示公司的管理成本越小，则管理效率越高。

续表

VARIABLES	(1)	(2)	(3)	(4)	(5)	(6)	(7)
	ICE	ME	ME	ICE	ICE	ICE$_{it+1}$	ICE$_{it+1}$
Investor	0.0022***	-0.0003	-0.0004	0.0023***	0.0023***	0.0017***	0.0016***
	(9.41)	(-1.15)	(-1.17)	(10.94)	(10.93)	(7.61)	(7.59)
Adjunct	-0.0038	0.0008	0.0007	-0.0028	-0.0028	0.0030	0.0030
	(-0.91)	(0.24)	(0.22)	(-0.72)	(-0.72)	(0.77)	(0.78)
Manage	0.0323***	-0.0229**	-0.0227**	0.0452***	0.0453***	0.0274***	0.0279***
	(3.44)	(-2.21)	(-2.16)	(5.22)	(5.27)	(2.99)	(3.05)
InDirec	0.0207	0.0607	0.0625	-0.0025	-0.0037	-0.0467	-0.0470
	(0.65)	(1.17)	(1.28)	(-0.08)	(-0.12)	(-1.38)	(-1.39)
OverExp				0.0003*	0.0008*		
				(1.80)	(1.92)		
Constant	5.8982***	0.5527***	0.5465***	5.8129***	5.8065***	5.9860***	5.9713***
	(108.28)	(7.03)	(6.68)	(110.58)	(113.63)	(108.46)	(109.90)
N	9759	9759	9759	9759	9759	9759	9759
R-squared	0.1655	0.1200	0.1198	0.1659	0.1663	0.1277	0.1279
F	26.55	58.87	58.81	28.61	30.18	22.29	23.16

注：***、**、*分别表示在1%、5%、10%的水平下显著，括号内的T值为公司层面聚类稳健标准误T值。

（二）控制可能遗漏的变量

已有研究表明，董事海外工作经历（宋建波和文雯，2016）等因素也会影响公司治理。为了避免遗漏这些因素对研究结果造成的影响，本书在模型（4-1）、模型（4-2）中补充了一个控制变量海外工作经历董事人数 OverExp。检验结果如表4-5中第（4）列和第（5）列所示，对外直接投资深度 FORSUB 与对外直接投资广度 FORCOU 的系数分别在10%、1%的水平下显著为负，表明在控制董事海外工作经历因素的影响之后，对外直接投资对公司内部控制的影响结果与上述研究结论一致。

（三）逆向因果

为减轻可能存在的逆向因果关系，借鉴 Brammer 等（2006）、Kang（2013）、Attig 等（2016）、陈永强和潘奇（2016）的研究，对所有变量滞后一期，结果如表4-5中第（6）列和第（7）列所示，对外直接投资深度 FORSUB 与对外直接投资广度 FORCOU 均与内部控制有效性负相关，且均通过显著性检验，表明上述研究结论依然成立。

四、拓展性分析

（一）是否有避税地投资

一般认为，中国在避税地的投资会扭曲对中国对外直接投资动机的分析（Hurst，2011）。首先，在避税地直接投资可能会加重管理层的利益侵占行为，进而加大管理层与股东、债权人与股东之间的代理问题；其次，企业的避税地直接投资行为降低了企业的信息透明度（Bennedsen and Zeume，2018），难以较好地监督企业管理层的资源配置决策，进而可能降低企业资源配置效率。比如管理层可能会通过避税地公司转移企业资源造成对国内企业生产经营活动的挤出，扭曲企业资源配置效率（Kim et al.，2010）。

为进一步检验对外直接投资的动机中，对外直接投资对公司内部控制影响的差异，本书将样本分为有避税地直接投资的公司和没有避税地直接投资的公司，分别对模型（4-1）和模型（4-2）进行回归，回归结果如表 4-6 所示：第（1）列和第（3）列中，对外直接投资深度 FORSUB 与对外直接投资广度 FORCOU 的系数均为负，但不显著，而在第（2）列和第（4）列中对外直接投资深度 FOR-SUB 与对外直接投资广度 FORCOU 的系数分别在 10%、5% 的水平下显著为负。这说明，对外直接投资与公司内部控制有效性之间的负向关系在有避税地直接投资的公司中更加显著。这也从对外直接投资动机的角度，说明公司基于投机动机，增强了对外直接投资对企业内部控制有效性的负向影响。

表 4-6　企业是否有避税地投资的影响

VARIABLES	（1） 没有避税地投资 ICE	（2） 有避税地投资 ICE	（3） 没有避税地投资 ICE	（4） 有避税地投资 ICE
FORSUB	−0.0031 (−1.38)	−0.0084* (−1.67)		
FORCOU			−0.0055 (−1.51)	−0.0171** (−2.26)
Size	0.0345*** (13.87)	0.0437*** (7.06)	0.0347*** (14.32)	0.0454*** (7.10)

续表

VARIABLES	（1） 没有避税地投资 ICE	（2） 有避税地投资 ICE	（3） 没有避税地投资 ICE	（4） 有避税地投资 ICE
Age	−0.0018	0.0156	−0.0018	0.0141
	（−0.36）	（1.11）	（−0.35）	（1.03）
Top1	0.0007***	0.0005	0.0007***	0.0004
	（6.10）	（1.46）	（6.13）	（1.27）
LEV	−0.0926***	−0.1413***	−0.0928***	−0.1336***
	（−6.87）	（−3.66）	（−6.88）	（−3.57）
Investor	0.0022***	0.0014***	0.0022***	0.0014***
	（10.10）	（2.83）	（10.10）	（2.75）
Adjunct	−0.0021	−0.0162	−0.0021	−0.0177
	（−0.51）	（−1.26）	（−0.49）	（−1.38）
Manage	0.0455***	0.0104	0.0455***	0.0150
	（4.99）	（0.29）	（5.02）	（0.42）
InDirec	−0.0284	0.0889	−0.0289	0.0746
	（−0.83）	（1.49）	（−0.84）	（1.26）
Constant	5.8537***	5.6479***	5.8482***	5.6146***
	（99.66）	（36.30）	（101.73）	（35.36）
N	7898	1861	7898	1861
R−squared	0.1515	0.3415	0.1517	0.3451
F	26.55	31.68	26.89	32.16

注：***、**、*分别表示在1%、5%、10%的水平下显著，括号内的 T 值为公司层面聚类稳健标准误 T 值。

（二）是否在发达国家投资

企业对外直接投资面临的首要治理问题就是制度边界拓展形成的制度落差，即各个国家政治、法律、文化制度不同，公司监管环境也各不相同，使公司跨国经营要学习当地公司治理模式进而改进公司的治理以增强在当地的适应性。发达的经济制度可以减少不确定性并降低搜索和交易成本，在制度发展更好的东道国，海外子公司可以帮助母公司获取先进的治理经验，可以改善其组织学习，从知识溢出中获益。而海外子公司嵌入不发达的市场、制度和企业，公司治理水平一般较弱，导致组织学习的促进效应较小，甚至会给公司带来更多的风险，从而难以给公司治理带来积极影响。

为进一步检验在对外直接投资目的地中，对外直接投资对公司内部控制影响的差异，本书将样本分为拥有发达国家投资的公司和未拥有发达国家投资的公司，分别对模型（4-1）和模型（4-2）进行回归，回归结果如表4-7所示：第（1）列和第（3）列中，对外直接投资深度 FORSUB 与对外直接投资广度 FORCOU 的系数分别在10%、5%的水平下显著为负；第（2）列和第（4）列中，对外直接投资深度 FORSUB 与对外直接投资广度 FORCOU 的系数均为负，但不显著。这说明，对外直接投资与公司内部控制之间的负向关系在未拥有发达国家投资的公司中更加显著。这也从经济制度发展的视角，验证了对发达国家的投资可以从先进管理知识溢出中学习获益，进而弱化对外直接投资对企业内部控制有效性的负向影响。

表4-7 是否在发达国家投资的影响检验

VARIABLES	（1）无发达国家投资 ICE	（2）有发达国家投资 ICE	（3）无发达国家投资 ICE	（4）有发达国家投资 ICE
FORSUB	−0.0033* （−1.86）	−0.0038 （−1.09）		
FORCOU			−0.0118** （−2.01）	−0.0057 （−1.64）
Size	0.0382*** （10.22）	0.0320*** （12.34）	0.0385*** （10.74）	0.0323*** （12.20）
Age	−0.0107 （−1.56）	0.0155** （2.43）	−0.0104 （−1.51）	0.0155** （2.44）
Top1	0.0005*** （3.29）	0.0007*** （4.59）	0.0005*** （3.32）	0.0007*** （4.62）
LEV	−0.0817*** （−4.25）	−0.1015*** （−6.51）	−0.0811*** （−4.19）	−0.1012*** （−6.55）
Investor	0.0022*** （7.22）	0.0025*** （8.78）	0.0022*** （7.18）	0.0025*** （8.77）
Adjunct	0.0042 （0.69）	−0.0110** （−2.08）	0.0040 （0.66）	−0.0110** （−2.07）

续表

VARIABLES	（1） 无发达国家 投资 ICE	（2） 有发达国家 投资 ICE	（3） 无发达国家 投资 ICE	（4） 有发达国家 投资 ICE
Manage	0.0642***	0.0235*	0.0640***	0.0236*
	（5.33）	（1.93）	（5.32）	（1.94）
InDirec	−0.0086	0.0092	−0.0102	0.0081
	（−0.20）	（0.19）	（−0.24）	（0.17）
Constant	5.7829***	5.8939***	5.7810***	5.8888***
	（67.71）	（90.56）	（69.66）	（89.66）
N	4948	4811	4948	4811
R−squared	0.1573	0.2048	0.1581	0.2050
F	22.15	28.12	21.79	28.66

注：***、**、*分别表示在1%、5%、10%的水平下显著，括号内的 T 值为公司层面聚类稳健标准误 T 值。

（三）进入模式影响

以往的研究认为，企业在很大程度上致力于在动态商业环境中利用现有知识并探索新知识，以发展自身可持续的竞争优势。知识在战略上被视为企业形成竞争优势的最重要资源。尤其是隐性知识，是公司的关键资源，隐性知识获取和学习是外国收购者实现其战略目标的重要机制（Persson，2006）。跨国并购为企业提供了快速获取其所不具备知识和资源的途径，可以在快速变化的商业环境中扩展新合并公司的知识库。特别是，它们为企业提供了获取与业务相关或与当地市场相关知识的途径（Lord and Ranft，2000），促进了国际市场学习（Harzing，2002），能够获得难以交易的有形和无形资源，这些资源通常存在于发达国家的目标公司中（Cui et al.，2014），并使企业更好地融入当地市场。赵海龙等（2016）研究发现，在跨国并购后，公司治理在三个方面得到改善，即 QFII 持股比例显著增加，选择规模大的会计师事务所进行审计的可能性更大，董事长和总经理两职合一显著下降。

由于并购不仅有助于增加公司的知识基础，而且还可以通过与公司的关系基础互惠互动来改进公司管理（Eriksson et al.，2000）。此外，相比绿地投资，跨国并购的当地公司已经建立了较为牢固的本地关系，因此，在跨内部关系转移知识的机会方面，并购可能比绿地投资更具优势（Johanson and Vahlne 2011），并购可以使无形、不可交易的资源快速内部化（Gubbi et al.，2010）。中国海外并购的大部分公司均位于发达国家。海外并购公司具有改进公司治理的内在动机，被并购公司所在国更好的投资者保护制度，为公司提供了提升公司治理水平的一种范本，得以学习和借鉴，同时也给并购公司施加了压力，进而主动或被动提升自身的公司治理水平；或者公司在整合双方资源时，在必要的人力、管理的沟通协调中不断学习被收购方公司更好的治理经验和方法，促进公司治理水平的提高，即发挥并购的正向协同效应。综上，海外并购会进一步促使公司改善自身治理，进而提升公司内部控制水平。

为进一步检验对外直接投资的模式中，对外直接投资对公司内部控制有效性影响的差异，本书将样本分为拥有并购进入模式的公司和仅拥有绿地投资的公司，分别对模型（4-1）和模型（4-2）进行回归，回归结果如表4-8所示：在第（1）列和第（3）列中，对外直接投资深度 FORSUB 与对外直接投资广度 FORCOU 的系数均在10%的水平下显著为负，而在第（2）列和第（4）列中，对外直接投资深度 FORSUB 和对外直接投资广度 FORCOU 的系数为负，但不显著。这说明，对外直接投资与公司内部控制之间的负向关系在仅拥有绿地投资进入模式的公司中更加显著。这也从对外直接投资进入模式的角度，说明并购有助于增加公司的知识基础进而增强公司的国际学习效果，并可以通过双方的协同效应来改进公司管理，弱化对外直接投资对企业内部控制有效性的负向影响。

表4-8　进入模式影响检验

VARIABLES	（1）ICE	（2）ICE	（3）ICE	（4）ICE
	仅绿地投资	含跨国并购	仅绿地投资	含跨国并购
FORSUB	−0.0035*	−0.0029		
	（−1.81）	（−0.70）		
FORCOU			−0.0055*	−0.0074
			（−1.73）	（−1.51）
Size	0.0369***	0.0306***	0.0350***	0.0311***
	（13.82）	（7.02）	（14.79）	（7.17）
Age	0.0015	0.0012	−0.0050	−0.0001
	（0.29）	（0.11）	（−0.94）	（−0.01）
Top1	0.0007***	0.0003	0.0007***	0.0003
	（6.28）	（0.97）	（5.75）	（1.10）

续表

VARIABLES	（1）ICE	（2）ICE	（3）ICE	（4）ICE
	仅绿地投资	含跨国并购	仅绿地投资	含跨国并购
LEV	-0.0862***	-0.1036***	-0.0909***	-0.1069***
	(-6.14)	(-3.45)	(-6.46)	(-3.63)
Investor	0.0022***	0.0028***	0.0021***	0.0028***
	(9.06)	(6.59)	(8.65)	(6.63)
Adjunct	-0.0023	-0.0019	0.0032	-0.0009
	(-0.50)	(-0.23)	(0.72)	(-0.11)
Manage	0.0566***	0.0089	0.0567***	0.0098
	(5.76)	(0.44)	(5.79)	(0.48)
InDirec	-0.0043	-0.0279	-0.0190	-0.0343
	(-0.12)	(-0.42)	(-0.53)	(-0.51)
Constant	5.7955***	5.8889***	5.8676***	5.8939***
	(93.21)	(54.39)	(106.07)	(57.24)
N	6970	2789	6970	2789
R-squared	0.1740	0.1835	0.1697	0.1836
F	35.22	37.19	36.01	37.88

注：***、**、*分别表示在1%、5%、10%的水平下显著，括号内的T值为公司层面聚类稳健标准误T值。

（四）对外直接投资、内部控制有效性与企业成长

有效的内部控制有助于提高会计信息质量（Altamuro and Beatty，2010），降低信息不对称程度，弱化委托代理问题，增加公司经营的安全性，进而有助于公司成长。为检验内部控制有效性对企业成长的影响，构建模型（4-7）：

$$TBQ_{it} = \alpha_0 + \alpha_1 ICE_{it} + \alpha_i Controls_{it} + \sum Industry + \sum Year + \varepsilon_{it} \qquad (4-7)$$

其中，TBQ_{it}为企业成长性。企业成长性主要反映公司的增长潜力和经营发展状况，已有文献衡量企业成长性的指标主要有销售收入、利润、市场份额、托宾Q值以及员工人数等（Chrisman et al.，2005；钱锡红等，2009；杜传忠和郭树龙，2012；金永红等，2016）。本书借鉴金永红等（2016）的做法，选用托宾Q值（市值/〈资产总计-无形资产净额-商誉净额〉）作为衡量企业成长性的衡量指标，因为作为市场指标的托宾Q值更能反映出企业未来价值提升能力和长期成长性，是一种未来指向型和风险调整型的资本市场绩效指标，对通货膨胀敏感度不高，能够折射出当前及未来的预期收益率（Li and Tallman，2011），托宾Q

值也是一种在国际化绩效研究中最受认可的市场指标。其他变量同本章第一节。

由上述检验结果可知，对外直接投资与企业内部控制有效性负相关，为了进一步检验企业内部控制有效性在对外直接投资与企业成长性之间是否存在传导效应，构建模型（4-8）和模型（4-9）：

$$TBQ_{it} = \alpha_0 + \alpha_1 FORSUB_{it} + \alpha_2 ICE_{it} + \alpha_i Controls_{it} + \sum Industry + \sum Year + \varepsilon_{it}$$
$$(4-8)$$

$$TBQ_{it} = \alpha_0 + \alpha_1 FORCOU_{it} + \alpha_2 ICE_{it} + \alpha_i Controls_{it} + \sum Industry + \sum Year + \varepsilon_{it}$$
$$(4-9)$$

首先，对模型（4-7）进行回归，结果如表4-9中第（3）列所示，企业内部控制有效性ICE与企业成长TBQ显著正相关，表明内部控制有效性有助于企业成长，同以前的研究结论一致（林钟高等，2007；肖华和张国清，2013；杨松令等，2014；王爱群等，2015）。

其次，对模型（4-8）和模型（4-9）进行回归，结果如表4-9中第（4）列和第（5）列所示：对外直接投资深度FORSUB的系数在1%的水平下显著为正，与第（1）列相比回归系数值稍微下降，对外直接投资广度FORCOU的系数也在1%的水平下显著为正，与第（2）列相比回归系数值也是稍微下降，且内部控制有效性ICE系数均不显著。检验结果初步表明，企业内部控制有效性在对外直接投资与企业成长的关系之间没有发挥出传导效应。进一步采用Bootstrap法，使用Stata14.0软件再次进行中介检验，使用Bootstrap重复抽样1000次，对对外直接投资、内部控制有效性与企业成长的关系检验结果显示，企业内部控制有效性的中介效应在95%的偏差校正置信区间为（-0.001，0.003），包含0值，表明企业内部控制有效性在对外直接投资与企业成长的关系之间没有中介效用。

表4-9 对外直接投资、内部控制有效性与企业成长关系检验

VARIABLES	(1)	(2)	(3)	(4)	(5)
	TBQ	TBQ	TBQ	TBQ	TBQ
FORSUB	0.0793***			0.0766***	
	(4.20)			(3.54)	
FORCOU		0.1029***			0.1024***
		(3.40)			(2.71)
ICE			0.4136*	0.4648	0.4593
			(1.95)	(1.49)	(1.51)

续表

VARIABLES	（1）TBQ	（2）TBQ	（3）TBQ	（4）TBQ	（5）TBQ
Size	0.6461 ***	0.6326 ***	− 0.6216 ***	− 0.6797 ***	− 0.6704 ***
	（5.26）	（5.77）	（−19.98）	（−20.11）	（−19.44）
Age	−0.0821	−0.0852	−0.0216	−0.0557	−0.0604
	（−1.47）	（−1.53）	（−0.38）	（−0.79）	（−0.86）
Top1	0.0089 ***	0.0087 ***	0.0109 ***	0.0079 ***	0.0078 ***
	（6.74）	（6.58）	（8.04）	（5.14）	（5.03）
LEV	−2.5676 ***	−2.5595 ***	−2.2387 ***	−2.6005 ***	−2.5916 ***
	（−15.69）	（−15.65）	（−13.67）	（−13.35）	（−13.31）
Investor	0.0469 ***	0.0468 ***	0.0384 ***	0.0431 ***	0.0430 ***
	（15.00）	（15.00）	（13.19）	（12.23）	（12.28）
Adjunct	0.0011	0.0012	0.0336	0.0510	0.0522
	（0.02）	（0.03）	（0.65）	（0.84）	（0.86）
Manage	0.6479 ***	0.6593 ***	0.6661 **	0.7566 **	0.7659 **
	（4.83）	（4.92）	（2.15）	（2.36）	（2.86）
InDirec	1.9624 ***	2.0160 ***	2.4404 ***	2.6388 ***	2.6873 ***
	（4.71）	（4.83）	（5.68）	（5.28）	（5.37）
Constant	16.8652 ***	16.5561 ***	13.3064 ***	14.6835 ***	14.4391 ***
	（22.15）	（21.65）	（7.34）	（6.63）	（6.51）
N	9759	9759	9759	9759	9759
R-squared	0.4654	0.4644	0.4566	0.4574	0.4568
F	64.57	64.42	30.18	32.55	31.96

注：＊＊＊、＊＊、＊分别表示在1%、5%、10%的水平下显著，括号内的 T 值为公司层面聚类稳健标准误 T 值。

第五节　本章小结

本章从理论上阐明并实证检验了对外直接投资多样嵌入性对跨国投资企业内部控制有效性的影响，并进一步探讨了分析师跟踪、进入模式、是否有 QFII 持股、是否在发达国家拥有子公司以及是否在避税地拥有子公司等内外部因素如何影响二者之间的关系。本书研究发现，对外直接投资多样嵌入性与企业内部控制有效性负相关，表明新兴市场经济体的弱竞争优势和国外市场经验不足可以抵消国际扩张的积极影响，对外直接投资程度的提高本身并不必然带来管理溢出效果，要判断其具体影响也需结合不同的情境及因素来进行分析。基于此，本书进一步研究发现，分析师跟踪在一定程度上抑制了对外直接投资对企业内部控制有效性的不利影响；与拥有 QFII 持股的公司相比，对外直接投资对企业内部控制有效性的负向影响在未拥有 QFII 持股的公司中更为显著；与拥有海外并购子公司相比，对外直接投资对企业内部控制有效性的负向影响在仅有绿地投资的公司中更为显著；与未在避税地投资的公司相比，对外直接投资对企业内部控制有效性的负向影响在拥有避税地投资的公司中更为显著；与在发达国家投资的公司相比，对外直接投资对企业内部控制有效性的负向影响在仅有非发达国家投资的公司中更为显著。

综上所述，目前对外直接投资的多样性嵌入，增加了接触学习先进管理经验的途径，但并未促进企业内部控制有效性的提高，反而是对外直接投资增加了管理的复杂性、加剧了信息不对称程度和委托代理问题，进而对公司内部治理产生不利影响，从而难以进一步发挥内部控制有效性对企业成长的促进作用。同时表明了对外直接投资过程中管理知识的溢出，并未促进企业内部控制有效性的提升。

本章的研究结论对政府和企业有以下启示：①对于政府而言，首先，优化企业信息披露制度，引导企业增加自愿性信息披露，改善整体信息环境。其次，加强对市场信息中介的诚信制度建设和对分析师队伍进行必要的监督，以充分发挥外部治理机制的监督作用。再次，适当放宽 QFII 的引入数量和金额，并重点监控 QFII 的资质和投资行为，同时进一步完善法律体系，进一步加强机构投资者利益的保护，释放机构投资者的治理活力，即发挥 QFII 对中国资本市场及公司行为的正向影响。最后，加强企业在避税地投资项目的监管，弱化企业的投资机会主义动机。②对于企业而言，首先，应积极利用通过对外直接投资学习海外先进管理经验的机会，来改善公司的内部治理。其次，应增强并购后人力资源、信息系统、品牌以及企业文化等方面的整合能力，以有效发挥并购双方的协同效应，促进企业技术水平和管理能力的提高。最后，跨国公司应增加人才资本投入，注重管理人才培养，借助有竞争力的薪酬福利来吸引国内外高素质管理型人才，促进公司治理水平的提升。

第五章　企业对外直接投资的技术溢出效应

第一节　对外直接投资与企业自主创新

一、引言

随着中国人口红利的消失和国内市场消费升级，低端消费品的日渐饱和所导致的企业产能过剩，凸显出中国企业优势日益减弱。在此背景下，中国政府积极推动产业结构转型升级，如 2013 年习近平总书记提出并在 2014 年开启的"一带一路"建设，2016 年开始以减少无效和低端供给、扩大有效和中高端供给为目的的供给侧结构性改革。然而，随着中国经济崛起、中国与发达国家产业分工从互补走向竞争，发达国家采取限制出口和严管跨国并购等措施来控制对中国市场的先进技术输入，此类"逆全球化"现象呈日益严峻之势，在此情况下，中国跨国公司对外直接投资的快速增长和显著发展，是否仍会促进公司的技术创新，海外子公司在东道国的学习成果是否仍会对母公司创新产生积极效应？

在当前知识经济时代，企业作为资本市场上自主创新的主体，其自主创新能力已关乎一个企业乃至国家的可持续化发展，正如习近平总书记所述，"在日趋激烈的全球综合国力竞争中，我们没有更多选择，非走自主创新道路不可"①，

---

① 习近平总书记于 2013 年 3 月 4 日参加全国政协十二届一次会议中国科学技术协会、科学技术界委员联组讨论时的讲话。

《中华人民共和国国民经济和社会发展第十三个五年规划纲要》强化原始创新、集成创新和引进消化吸收再创新，着力增强自主创新能力，习近平总书记进一步指出，"自主创新是开放环境下的创新，绝不能关起门来搞，而是要聚四海之气、借八方之力"[①]。因此，在开放环境下，促进企业自主创新能力提升，还有待深入探究对外直接投资对自主创新能力的影响机理。

以往的研究已经探讨了企业国际化或对外直接投资对企业创新的影响，但观点存在差异，且基于中国企业微观层面的研究偏少，加之在近几年来中国企业对外直接投资形式出现多元化发展、"走出去"正迈向更高层次以及更注重自主创新的新情境下，发展中国家利用国际技术外溢效应的便利逐渐消失，诸如发达国家高科技出口产品限制、对高科技企业的反并购审查日趋严格等，对国内企业来说，寻求技术自主创新应成为主要途径。因此，有必要进一步探讨中国跨国公司是否及在多大程度上利用对外直接投资进行知识搜寻与整合，以提升跨国公司自主创新能力。基于此，本书在现有研究的基础上，探究了对外直接投资对公司自主创新力的影响机理，并进一步探究了公司的吸收能力、产权性质等内外部因素对以上二者之间关系的影响，构建研究框架如图5-1所示。

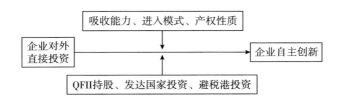

图5-1　对外直接投资与企业自主创新研究框架

二、理论分析与假设构建

（一）对外直接投资与企业自主创新

现有文献提供了关于国际化公司是否可以从其子公司的地域多元化中受益的发现，更大的地域覆盖范围使企业能够接触到更多不同类型的创新支持制度，东道国的制度发展对创新绩效的影响对于选择广泛的母公司更强。且对外直接投资

---

① 习近平总书记于2018年5月28日参加中国科学院第十九次院士大会、中国工程院第十四次院士大会时的讲话。

与企业创新绩效的关系可能不仅受东道国发展水平的影响，而且还可能受企业的海外子公司的地域多样性差异的影响。

首先，对外直接投资帮助国内企业从东道国的知识和技术外部性中受益，这种知识溢出效应提供信息和补充技术资源，海外子公司还可以通过与东道国更先进的企业合作来增强其组织学习（Erkelens et al.，2015），或通过东道国招聘技术人才以帮助搜索和吸收先进技术知识，此外，海外子公司可以通过整合来自东道国的供应商、客户的知识和想法来改善公司的组织学习和创新（Luo and Tung，2007）。例如，投资公司的多个海外子公司使其可以嵌入不同的创新支持制度并从中学习，增强学习效率，提高自身创新绩效（Bertrand and Capron，2015）。即在许多不同的东道国进行经营，可以通过获得新兴技术的各种基础研究和探索性研究来提高创新绩效，而这些研究通常是各个国家所特有的且因地而异的。这增加了跨国公司中知识流的多样性，然后这些知识又被转移回母公司，从而创建了更丰富的知识结构以促进国内的技术创新。相比之下，如果海外投资目的国或子公司越少，那么从国外获取知识的范围就越窄，导致向母公司转移的知识越少，这限制了其创新潜力。

其次，在多个国家的嵌入发展了组织的学习能力和灵活性，可以对不同的经济制度环境采取不同的战略和适应性措施，这种海外子公司在不同国家经营的经验可以提高母公司对外国制度的理解，降低与外国合作伙伴进行技术合作相关的交易成本，从而提高其创新绩效。相比之下，如果海外投资目的国或子公司很少，尽管公司可以利用东道国的制度优势，但子公司只能获得越来越少的创新支持制度，这可能会减弱东道国经济制度对跨国公司创新绩效的积极影响。

综上，国内跨国公司通过新建或并购海外公司及设立研发中心等形式嵌入东道国技术创新环境中，通过技术扩散效应、模仿跟随效应、人才流动效应、信息平台效应等方式，企业可以跟踪相关领域内的科技发展动态、接触市场前沿信息资源，学习东道国先进的生产技术、管理经验等知识，进而促进母公司的技术创新。如果对外直接投资国际化程度越高的话，跨国企业暴露在多样化技术、文化和商业环境中的范围也就越大。尽管各国不仅在制度发展水平上存在差异，在创新支持程度上也存在差异，甚至同一类型的制度在国家之间也可能有所不同，但对外直接投资目的国多样性丰富了公司的知识来源，使其可以从多个文化视角、更多新的市场来获得新思想、新知识，且还可以从它们在国外异地的经验中产生新的国际知识，进而发展为其独特的知识并获得竞争优势（Zaheer and Nachum，

2011），即为企业提供了更为广泛的组织学习机会和来源，从而能进一步增加企业的知识基础和研发能力。尽管对外直接投资对新兴市场经济体的技术创新绩效既有正面影响，也有负面影响，例如，新兴市场经济体的弱竞争优势和国外市场经验不足可以抵消国际扩张的积极影响。但本书预计通过国际学习，对外直接投资可以正面影响中国跨国公司的自主创新。基于此，本书提出 H1：

H1：对外直接投资与企业自主创新正相关。

（二）吸收能力对对外直接投资与公司自主创新关系的调节效应

Cohen 和 Levinthal（1990）创建的吸收能力理论（Absorbtive Capacity Theory）认为，组织吸收新知识可使其变得更具创新性和灵活性，且相比不吸收新知识的组织有着更高的绩效水平。对外直接投资到具有更发达的制度环境的东道国有助于公司获得先进的技术，但它们并非都能够同样地利用这种制度优势来增强其创新能力，源于企业可以利用东道国经济发展的程度与其自身吸收能力相关。具有强大吸收能力的公司对强制性压力和不断变化的规范更为敏感（Wang et al.，2014）。公司吸收能力越强，越可能会通过模仿当地企业创新活动和制度化实践来增强公司在东道国环境中的合法性和更好地应对当地的制度压力，减少不确定性，以更有效地利用经济制度发展优势并提高其创新绩效。此外，公司的吸收能力越强，越能认识到自身在技术领域内的差距，从而可以在知识流中快速识别并吸收与自身互补的新知识，整合并内化到公司研发资源中。因为知识是高度本地化的，所以只有具有更高吸收能力的公司才能通过有效处理各种信息源，集成和利用知识以及降低与外部技术获取相关的交易成本来提高其创新绩效。Penner-Hahn 和 Shaver（2005）研究发现，公司在具有利用对外直接投资获得先进技术、知识的消化和吸收能力时，才会增加公司的专利产出。因此，具有更高吸收能力的公司通过整合国内外知识，能进一步通过知识重组来发展创新的独特优势。综上，研发投入强度较低将限制新兴市场跨国公司从学习活动中受益的程度，而更高的研发投入强度有助于跨国公司将国际市场上寻求的技术知识内部化，提升自身创新力。基于此，本书提出 H2a：

H2a：当跨国公司研发投入强度较大时，会更有能力吸收通过对外直接投资带来的知识和技术，对企业自主创新的影响会更强。

此外，企业的吸收能力通常受其过去的经验、文化、知识保留或基于技术的能力的影响，具有强大研发实力的跨国公司具有更大的吸收能力，可以识别和理解国外市场上的各种技术和管理实践，并将这些新知识要素整合到他们现有的知识储备中（Li and Atuahene-Gima，2002）。相比之下，研发实力较弱的跨国公司的吸收能力往往也相对较弱，可能难以识别国外市场上较为先进的技术和管理经验，即超出了其识别和利用国外知识的能力（Zhang and Li，2010）。基于此，本书提出 H2b：

H2b：当跨国公司原有研发实力较强时，也更有能力吸收通过对外直接投资带来的知识和技术，对企业自主创新的影响会更强。

三、研究设计

（一）样本选择与数据来源

样本选择与第三章相同，剔除金融类公司、样本期间被 ST 的公司、样本期间退市的公司以及核心变量存在缺失的公司后，获得对外直接投资公司 9759 个样本；数据来源与第三章相同。同样，为避免极端值的影响，所有未经对数化处理的连续变量均进行上下 1% 缩尾处理。

（二）变量定义与模型构建

为检验 H1，构建模型（5-1）和模型（5-2）：

$$IGrant_{it+1;it+2} = \alpha_0 + \alpha_1 FORSUB_{it} + \alpha_i Controls_{it} + \sum Industry + \sum Year + \varepsilon_{it} \quad (5-1)$$

$$IGrant_{it+1;it+2} = \alpha_0 + \alpha_1 FORCOU_{it} + \alpha_i Controls_{it} + \sum Industry + \sum Year + \varepsilon_{it} \quad (5-2)$$

其中，$IGrant_{it+1;it+2}$ 为公司自主创新能力，本书使用发明专利授权数来衡量企业自主创新能力，考虑到专利相对于公司的创新投入具有时间上的滞后性，本书分别检验海外投资的多国嵌入性、多公司嵌入性对企业未来第一年、第二年发明专利产出的影响。由于自主创新强调企业技术创新活动的自主性以及拥有明确归属的自主知识产权（蔡新蕾等，2014），所以专利是自主创新能力较为合理的衡量指标（李兵等，2016；毛海欧等，2019），此外，与实用新型、外观设计专利相比，发明专利的技术要求相对较高，更能显示出企业的技术创新能力（余明桂等，2016），鉴于此，本书使用发明专利授权数来衡量企业的自主创新能力。

$Controls_{it}$ 为控制变量，参考以往研究公司技术创新影响因素的文献，本书控制了可能影响公司技术创新产出的其他变量：公司规模 Size（期末总资产的自然对数）；公司年龄 Age；股权集中度指标 Top1（第一大股东持股比例）；机构投资者持股比例总和 Investor；资产负债率 LEV；是否两职兼任 Adjunct（董事长与总经理是否兼任）；管理层持股比例 Manage；独立董事占比 InDirec（独立董事与全部董事的比例）；Industry 和 Year 分别为行业控制变量和年份控制变量。

为了检验 H2a 和 H2b，构建模型（5-3）~模型（5-6）：

$$IGrant_{it+1;it+2} = \alpha_0 + \alpha_1 FORSUB_{it} + \alpha_2 RDintens_{it} + \alpha_3 FORSUB_{it} \times RDintens_{it} +$$

$$\alpha_i Controls_{it} + \sum Industry + \sum Year + \varepsilon_{it} \qquad (5-3)$$

$$IGrant_{it+1;it+2} = \alpha_0 + \alpha_1 FORCOU_{it} + \alpha_2 RDintens_{it} + \alpha_3 FORCOU_{it} \times RDintens_{it} +$$

$$\alpha_i Controls_{it} + \sum Industry + \sum Year + \varepsilon_{it} \qquad (5-4)$$

模型（5-3）和模型（5-4）中新加的变量 $RDintens_{it}$ 为公司吸收能力的代理变量，用研发强度，即研发投入占公司营业收入的比例来衡量。

$$IGrant_{it+1;it+2} = \alpha_0 + \alpha_1 FORSUB_{it} + \alpha_2 VInven_{it} + \alpha_3 FORSUB_{it} \times VInven_{it} +$$

$$\alpha_i Controls_{it} + \sum Industry + \sum Year + \varepsilon_{it} \qquad (5-5)$$

$$IGrant_{it+1;it+2} = \alpha_0 + \alpha_1 FORCOU_{it} + \alpha_2 VInven_{it} + \alpha_3 FORCOU_{it} \times VInven_{it} +$$

$$\alpha_i Controls_{it} + \sum Industry + \sum Year + \varepsilon_{it} \qquad (5-6)$$

模型（5-5）和模型（5-6）中新加的变量 $VInven_{it}$ 也是公司吸收能力的代理变量，用有效发明专利存量来衡量。

具体变量定义与度量如表 5-1 所示。

表 5-1 变量定义与度量

变量	定义
被解释变量	
IGrant	发明专利产出，企业发明专利授权数（发明专利授权数+1）的自然对数
解释变量	
FORSUB	对外直接投资深度，海外子公司数量的自然对数
FORCOU	对外直接投资广度，企业海外子公司分布国家或地区数量的自然对数
RDintens	研发强度，研发投入金额/公司营业收入
VInven	有效发明专利存量，截至当年公司持有的有效发明专利总数的自然对数
控制变量	
Size	公司规模，公司期末资产总额的自然对数
Age	公司年龄，公司成立时间的自然对数
Top1	第一大股东持股比例
Investor	境内机构投资者持股比例总和
LEV	资产负债率，期末总负债/期末总资产
Adjunct	两职合一，若董事长与总经理由同一人担任，则取值为 1，否则为 0

变量	定义
Manage	管理层持股比例
InDirec	独立董事占比，独立董事人数/全部董事总人数
Industry	行业控制变量
Year	年份控制变量

四、实证结果分析

（一）描述性统计

从表5-2中可以看出，样本公司发明专利产出对数 IGrant 均值为 1.6094，最小值和最大值分别为 0 和 8.1775，说明公司之间的自主创新能力差别较大；平均而言，每家公司拥有 3.6922 个海外子公司，在 2.4232 个国家或地区进行对外直接投资。

表 5-2　主要变量的描述性统计

VARIABLES	N	mean	sd	min	p50	max
IGrant	9759	1.8597	1.4095	0	1.6094	8.1775
FORSUB	9759	3.6922	5.6238	1	2	87
FORCOU	9759	2.4232	2.4912	1	2	35
Size	9759	22.4426	1.3803	18.7263	22.2138	28.5087
Age	9759	16.08	5.76	1	15.92	50.67
Top1	9759	34.8008	15.0373	8.38	32.9050	74
LEV	9759	0.4282	0.1973	0.0558	0.4258	0.8662
Investor	9759	7.4764	7.2824	0.0049	5.3698	34.7644
Adjunct	9759	0.3016	0.4590	0	0	1
Manage	9759	0.1496	0.2044	0	0.0160	0.7041
InDirec	9759	0.3769	0.0565	0.3333	0.3636	0.6

从控制变量来看，平均而言，上市公司年龄均值为 16.08，资产负债率均值为 42.82%，第一大股东持股比例均值为 34.8008%，机构投资者持股比例均值为

7.4674，管理层持股比例均值为 0.1496，独立董事占比均值为 0.3769，两职兼任现象占比为 30.16%。

（二）回归结果分析

1. 对外直接投资与企业自主创新的关系检验

在回归之前首先检验变量之间的相关性，Pearson 相关系数矩阵如表 5-3 所示，主要自变量之间相关系数绝大多数均小于 0.3，平均方差膨胀因子为 3.95，变量之间不存在严重的共线性。此外，对外直接投资深度 FORSUB、对外直接投资广度 FORCOU 分别与发明专利产出 IGrant 正相关，且在 1% 的水平下显著，表明对外直接投资促进了企业自主创新，也在一定程度上支持了本书 H1。

为检验 H1，对模型（5-1）和模型（5-2）进行检验，为减轻同一公司不同时期序列相关问题以及异方差的影响，采用公司层面聚类稳健标准误，同时控制了行业和年份的影响。结果如表 5-4 所示：从第（1）列和第（3）列中可以看出，对外直接投资深度 FORSUB 与公司自主创新 IGrant 正相关，在 1% 的水平下显著；从第（2）列和第（4）列中可以看出，对外直接投资广度 FORCOU 与公司自主创新 IGrant 正相关，也在 1% 的水平下显著。以上表明对外直接投资促进了公司的自主创新，对外直接投资程度越高，公司自主创新绩效也越高。由此 H1 通过验证。从控制变量来看，与以往研究一致，公司规模与公司自主创新正相关，资产负债率与公司自主创新负相关。

2. 吸收能力对对外直接投资与企业自主创新关系的调节效应检验

为检验 H2，首先对模型（5-3）和模型（5-4）进行检验，回归结果如表 5-5 所示，对外直接投资深度 FORSUB 与对外直接投资广度 FORCOU 的系数均显著为正，交互项 FORSUB×RDintens 和 FORCOU×RDintens 的系数显著为正，这说明，公司研发投入强度越高，对外直接投资对公司自主创新的正向影响越强，该结果与预期一致，支持了 H2a。其次对模型（5-5）和模型（5-6）进行检验，回归结果如表 5-6 所示，对外直接投资深度 FORSUB 与对外直接投资广度 FOR-COU 的系数均显著为正，交互项 FORSUB×VInven 和 FORCOU×VInven 的系数显著为正，这说明，公司原有研发实力越强，对外直接投资对公司自主创新的正向影响也越强，该结果与预期一致，支持了 H2b。以上结论表明，公司吸收能力通过更高的研发投入强度、更强的原有技术实力显著增强了对外直接投资与企业自主创新之间的正向关系，发挥出了调节作用。

表 5-3 Pearson 相关系数矩阵

VARIABLES	IGrant	FORSUB	FORCOU	Size	Age	Top1	LEV	Investor	Adjunct	Manage	InDirec
IGrant	1										
FORSUB	0.263***	1									
FORCOU	0.205***	0.297***	1								
Size	0.136***	0.305***	0.231***	1							
Age	0.062***	0.068***	0.052***	0.154***	1						
Top1	0.069***	0.030	0.024**	0.209***	-0.106***	1					
LEV	-0.188***	-0.230***	-0.200***	-0.276***	-0.205***	-0.053***	1				
Investor	0.131***	0.092***	0.078***	0.147***	0.044***	-0.128***	0.055***	1			
Adjunct	-0.057**	-0.050***	-0.035***	-0.222***	-0.097***	-0.021*	-0.159***	-0.016	1		
Manage	-0.165**	-0.105***	-0.081***	-0.405***	-0.258***	-0.103***	-0.344***	-0.099***	0.259***	1	
InDirec	0.054***	0.048***	0.032**	0.042**	-0.045***	0.105***	-0.005	0.003	0.104***	0.050***	1

注：***、**、*分别表示在1%、5%、10%的水平下显著。

表 5-4　对外直接投资与企业自主创新关系检验

VARIABLES	（1）	（2）	（3）	（4）
	$IGrant_{it+1}$	$IGrant_{it+1}$	$IGrant_{it+2}$	$IGrant_{it+2}$
FORSUB	0. 1063 ***		0. 1002 ***	
	（4. 93）		（3. 86）	
FORCOU		0. 1974 ***		0. 1952 ***
		（7. 49）		（6. 24）
Size	0. 6367 ***	0. 6235 ***	0. 6595 ***	0. 6447 ***
	（31. 07）	（30. 89）	（27. 83）	（27. 72）
Age	0. 0177	0. 0142	0. 0079	0. 0056
	（0. 42）	（0. 33）	（0. 17）	（0. 12）
Top1	0. 0019	0. 0018	0. 0020	0. 0019
	（1. 60）	（1. 53）	（1. 43）	（1. 37）
LEV	−0. 2943 ***	−0. 3051 ***	−0. 2037 *	−0. 2132 *
	（−2. 70）	（−2. 80）	（−1. 81）	（−1. 78）
Investor	0. 0088 ***	0. 0091 ***	0. 0110 ***	0. 0113 ***
	（3. 99）	（4. 09）	（4. 34）	（4. 46）
Adjunct	0. 0998 ***	0. 0979 ***	0. 1072 **	0. 1046 **
	（2. 76）	（2. 71）	（2. 52）	（2. 46）
Manage	−0. 1512	−0. 1609	−0. 1436	−0. 1533
	（−1. 63）	（−1. 65）	（−1. 31）	（−1. 40）
InDirec	0. 3086	0. 3621	0. 3376	0. 3818
	（1. 06）	（1. 26）	（1. 01）	（1. 16）
Constant	−13. 9108 ***	−13. 6536 ***	−14. 3483 ***	−14. 0786 ***
	（−27. 86）	（−27. 53）	（−25. 30）	（−25. 04）
N	9759	9759	9759	9759
R−squared	0. 4458	0. 4496	0. 4663	0. 4700
F	28. 25	31. 12	35. 21	31. 68

注：＊＊＊、＊＊、＊分别表示在1%、5%、10%的水平下显著，括号内的 T 值为公司层面聚类稳健标准误 T 值。

表 5-5　吸收能力的调节效应检验一

VARIABLES	(1)	(2)	(3)	(4)
	IGrant$_{it+1}$	IGrant$_{it+1}$	IGrant$_{it+2}$	IGrant$_{it+2}$
FORSUB	0.0632*		0.0875**	
	(1.75)		(2.12)	
FORCOU		0.1211***		0.1546***
		(2.62)		(2.95)
RDintens	0.0296***	0.0315***	0.0336***	0.0360***
	(3.25)	(3.43)	(4.01)	(4.24)
FORSUB×RDintens	0.0119*		0.0066**	
	(1.80)		(2.15)	
FORCOU×RDintens		0.0111*		0.0033*
		(1.85)		(1.90)
Size	0.6633***	0.6566***	0.6889***	0.6826***
	(30.56)	(30.60)	(27.04)	(27.09)
Age	0.0593	0.0533	0.0571	0.0532
	(1.25)	(1.12)	(1.09)	(1.01)
Top1	0.0034***	0.0034***	0.0030*	0.0029*
	(2.65)	(2.60)	(1.94)	(1.91)
LEV	−0.1386	−0.1478	−0.0761	−0.0825
	(−1.14)	(−1.21)	(−0.54)	(−0.58)
Investor	0.0086***	0.0088***	0.0106***	0.0109***
	(3.50)	(3.59)	(3.66)	(3.77)
Adjunct	0.0682*	0.0637*	0.0632	0.0593
	(1.79)	(1.67)	(1.39)	(1.31)
Manage	−0.1051	−0.1105	−0.0623	−0.0642
	(−1.11)	(−1.16)	(−0.54)	(−0.56)
InDirec	0.1232	0.1633	0.2654	0.2999
	(0.39)	(0.51)	(0.71)	(0.81)
Constant	−14.6334***	−14.5048***	−15.0115***	−14.9153***
	(−26.73)	(−26.56)	(−24.50)	(−24.29)
N	9759	9759	9759	9759

续表

VARIABLES	(1) IGrant$_{it+1}$	(2) IGrant$_{it+1}$	(3) IGrant$_{it+2}$	(4) IGrant$_{it+2}$
R-squared	0.4356	0.4368	0.4534	0.4546
F	65.12	66.58	83.44	85.18

注：***、**、*分别表示在1%、5%、10%的水平下显著，括号内的T值为公司层面聚类稳健标准误T值。

表 5-6　吸收能力的调节效应检验二

VARIABLES	(1) IGrant$_{it+1}$	(2) IGrant$_{it+1}$	(3) IGrant$_{it+2}$	(4) IGrant$_{it+2}$
FORSUB	0.0748 *** (2.79)		0.0560 * (1.80)	
FORCOU		0.0945 *** (2.68)		0.0439 * (1.95)
VInven	0.6394 *** (57.37)	0.6379 *** (58.73)	0.5891 *** (40.46)	0.5876 *** (41.96)
FORSUB×VInven	0.0383 *** (5.24)		0.0286 *** (2.72)	
FORCOU×VInven		0.0519 *** (5.77)		0.0372 *** (3.05)
Size	0.1730 *** (12.08)	0.1691 *** (11.91)	0.2479 *** (13.49)	0.2409 *** (13.22)
Age	−0.1002 *** (−3.47)	−0.1007 *** (−3.49)	−0.1075 *** (−2.92)	−0.1075 *** (−2.93)
Top1	0.0035 *** (4.44)	0.0035 *** (4.48)	0.0037 *** (3.67)	0.0037 *** (3.67)
LEV	−0.1359 * (−1.85)	−0.1387 * (−1.89)	−0.1178 (−1.26)	−0.1229 (−1.32)
Investor	0.0049 *** (3.14)	0.0051 *** (3.24)	0.0072 *** (3.70)	0.0074 *** (3.76)
Adjunct	0.0269 (1.06)	0.0285 (1.12)	0.0352 (1.07)	0.0359 (1.09)

VARIABLES	(1) IGrant$_{it+1}$	(2) IGrant$_{it+1}$	(3) IGrant$_{it+2}$	(4) IGrant$_{it+2}$
Manage	0.1558 **	0.1523 **	0.1721 **	0.1659 **
	(2.48)	(2.43)	(2.11)	(2.03)
InDirec	0.2390	0.2398	0.1000	0.1011
	(1.20)	(1.22)	(0.39)	(0.40)
Constant	−3.5261 ***	−3.4438 ***	−5.0473 ***	−4.9118 ***
	(−8.79)	(−8.64)	(−9.96)	(−9.78)
N	9759	9759	9759	9759
R−squared	0.7416	0.7528	0.6978	0.6986
F	35.16	29.56	56.15	46.19

注：***、**、*分别表示在1%、5%、10%的水平下显著，括号内的T值为公司层面聚类稳健标准误T值。

（三）稳健性检验

1. 控制可能遗漏的变量

已有研究表明，政府补贴、董事海外背景（宋建波和文雯，2016）等因素也会影响企业的创新活动。为了避免遗漏这些因素对研究结果造成的影响，本书在模型（5-1）和模型（5-2）中补充了两个控制变量：公司获得的政府补贴Govern与有海外工作经历董事人数OverExp。检验结果如表5-7所示，对外直接投资深度FORSUB与对外直接投资广度FORCOU的系数均在1%的水平下显著为正，表明在控制政府补贴及董事海外背景的影响之后，对外直接投资的多样性嵌入对公司自主创新的影响依然符合预期。

表5-7　可能遗漏变量的检验

VARIABLES	(1) IGrant$_{it+1}$	(2) IGrant$_{it+1}$	(3) IGrant$_{it+2}$	(4) IGrant$_{it+2}$
FORSUB	0.0755 ***		0.0677 ***	
	(3.60)		(2.69)	
FORCOU		0.1419 ***		0.1335 ***
		(5.47)		(4.38)

续表

VARIABLES	(1)	(2)	(3)	(4)
	IGrant$_{it+1}$	IGrant$_{it+1}$	IGrant$_{it+2}$	IGrant$_{it+2}$
Size	0.4190***	0.4127***	0.4219***	0.4146***
	(16.89)	(16.88)	(14.10)	(14.01)
Age	0.0395	0.0361	0.0298	0.0275
	(0.96)	(0.88)	(0.65)	(0.60)
Top1	0.0030**	0.0029**	0.0029**	0.0029**
	(2.54)	(2.48)	(2.19)	(2.14)
LEV	−0.2607**	−0.2721**	−0.1482	−0.1574
	(−2.46)	(−2.57)	(−1.22)	(−1.29)
Investor	0.0084***	0.0086***	0.0098***	0.0101***
	(3.91)	(3.98)	(4.00)	(4.09)
Adjunct	0.1084***	0.1076***	0.1217***	0.1204***
	(3.08)	(3.05)	(2.92)	(2.89)
Manage	−0.1352	−0.1425	−0.1235	−0.1306
	(−1.51)	(−1.59)	(−1.18)	(−1.24)
InDirec	0.4134	0.4403	0.4636	0.4812
	(1.46)	(1.57)	(1.44)	(1.50)
Govern	0.2169***	0.2142***	0.2334***	0.2308***
	(12.49)	(12.43)	(10.32)	(10.26)
OverExp	0.1010***	0.0902***	0.1163***	0.1051***
	(3.57)	(3.18)	(3.56)	(3.22)
Constant	−13.0398***	−12.8665***	−13.3220***	−13.1434***
	(−26.88)	(−26.64)	(−24.90)	(−24.76)
N	9759	9759	9759	9759
R−squared	0.4624	0.4644	0.4842	0.4859
F	30.21	32.28	28.65	30.56

注：***、**、*分别表示在1%、5%、10%的水平下显著，括号内的T值为公司层面聚类稳健标准误T值。

2. 考虑主要变量的替代

首先使用发明专利申请数IApply作为公司自主创新能力的替代变量，分别对模型（5-1）和模型（5-2）进行回归，结果显示，表5-8第（1）～（4）列中，对外直接投资深度 FORSUB 与对外直接投资广度 FORCOU 的系数均显著为正，控制变量的回归检验结果没有明显变化，支持本书上述研究结论；其次使用海外业务收入占比 OverInco 替代对外直接投资深度 FORSUB 和对外直接投资广度 FORCOU 作为公司对外直接投资的替代变量，分别对模型（5-1）和模型（5-2）进行回归，结果显示，表 5-8 第（5）列和第（6）列中，海外业务收入占比 OverInco 的系数分别在 1%、5% 的水平下显著为正，表明对外直接投资对公司自主创新的正向影响依然存在。

表 5-8　替换变量的检验

VARIABLES	(1) $IApply_{it+1}$	(2) $IApply_{it+1}$	(3) $IApply_{it+2}$	(4) $IApply_{it+2}$	(5) $IGrant_{it+1}$	(6) $IGrant_{it+2}$
FORSUB	0.0561** (2.42)		0.0494* (1.79)			
FORCOU		0.1417*** (5.08)		0.1282*** (3.83)		
OverInco					0.0451*** (3.58)	0.0326** (2.36)
Size	0.7283*** (34.48)	0.7130*** (34.19)	0.7250*** (29.66)	0.7104*** (29.48)	0.7180*** (33.89)	0.7426*** (30.76)
Age	-0.0172 (-0.38)	-0.0195 (-0.43)	-0.0014 (-0.03)	-0.0026 (-0.05)	0.0387 (0.82)	0.0323 (0.61)
Top1	0.0019 (1.49)	0.0019 (1.47)	0.0021 (1.46)	0.0020 (1.42)	0.0015 (1.10)	0.0011 (0.74)
LEV	-0.2691** (-2.30)	-0.2815** (-2.40)	-0.1041 (-0.76)	-0.1150 (-0.83)	-0.4377*** (-3.62)	-0.3756*** (-2.67)
Investor	0.0168*** (7.13)	0.0169*** (7.18)	0.0231*** (9.01)	0.0233*** (9.07)	0.0115*** (4.75)	0.0147*** (5.34)
Adjunct	0.0943** (2.44)	0.0926** (2.40)	0.0790* (1.73)	0.0768* (1.68)	0.0987** (2.48)	0.1169** (2.51)
Manage	0.1905* (1.94)	0.1794* (1.83)	0.2694** (2.34)	0.2596** (2.26)	-0.0708 (-0.68)	-0.0563 (-0.47)
InDirec	-0.2438 (-0.78)	-0.2134 (-0.69)	-0.3312 (-0.93)	-0.3091 (-0.87)	0.4586 (1.43)	0.3751 (1.03)

续表

VARIABLES	（1）	（2）	（3）	（4）	（5）	（6）
	IApply$_{it+1}$	IApply$_{it+1}$	IApply$_{it+2}$	IApply$_{it+2}$	IGrant$_{it+1}$	IGrant$_{it+2}$
Constant	−15.776 ***	−15.481 ***	−15.889 ***	−15.610 ***	−15.736 ***	−16.168 ***
	（−28.62）	（−28.15）	（−25.73）	（−25.45）	（−29.18）	（−26.45）
N	9759	9759	9759	9759	9759	9759
R−squared	0.4616	0.4635	0.4792	0.4809	0.4453	0.4660
F	29.26	30.55	31.68	32.15	31.29	33.16

注：***、**、*分别表示在1%、5%、10%的水平下显著，括号内的T值为公司层面聚类稳健标准误T值。

3. 替换检验模型

因样本中一部分公司的发明专利授权数为0，采用面板 Tobit 回归，检验结果如表5-9所示，对外直接投资深度 FORSUB 与对外直接投资广度 FORCOU 的系数均显著为正，控制变量的回归检验结果没有明显变化，依然支持本书上述研究结论。

表5-9　Tobit 方法检验

VARIABLES	（1）	（2）	（3）	（4）
	IGrant$_{it+1}$	IGrant$_{it+1}$	IGrant$_{it+2}$	IGrant$_{it+2}$
FORSUB	0.1109 ***		0.1025 **	
	（2.81）		（2.25）	
FORCOU		0.2025 ***		0.1965 ***
		（4.29）		（3.56）
Size	0.6913 ***	0.6777 ***	0.7120 ***	0.6968 ***
	（17.07）	（17.09）	（15.86）	（15.89）
Age	0.0211	0.0178	0.0153	0.0131
	（0.24）	（0.20）	（0.16）	（0.14）
Top1	0.0017	0.0017	0.0018	0.0017
	（0.70）	（0.68）	（0.68）	（0.65）
LEV	−0.3475 *	−0.3575 *	−0.2555	−0.2635
	（−1.67）	（−1.72）	（−1.10）	（−1.13）

续表

VARIABLES	(1)	(2)	(3)	(4)
	IGrant$_{it+1}$	IGrant$_{it+1}$	IGrant$_{it+2}$	IGrant$_{it+2}$
Investor	0.0110***	0.0112***	0.0123***	0.0126***
	(3.01)	(3.06)	(3.12)	(3.19)
Adjunct	0.1124*	0.1106*	0.1085	0.1060
	(1.74)	(1.71)	(1.47)	(1.44)
Manage	-0.1920	-0.2019	-0.1725	-0.1821
	(-1.06)	(-1.11)	(-0.85)	(-0.90)
InDirec	0.2447	0.2951	0.3273	0.3714
	(0.45)	(0.55)	(0.56)	(0.61)
Constant	-15.3987***	-15.1316***	-15.9650***	-15.6915***
	(-17.35)	(-17.29)	(-16.22)	(-16.25)
N	9759	9759	9759	9759
R-squared	0.1561	0.1576	0.1646	0.1660
F	18.58	19.22	19.21	20.55

注：***、**、*分别表示在1%、5%、10%的水平下显著，括号内的T值为公司层面聚类稳健标准误T值。

（四）拓展性分析

1. 是否有QFII持股的影响

境外机构投资者（QFII）作为中国资本市场引入的外部机制，大多为国际知名的机构投资公司，拥有理性的投资理念、专业的投资团队，具有较强的信息挖掘和分析能力，已被证明是资本市场上一个重要的信息中介。从信息效应来看，QFII注重公司长期价值和成长性，使得QFII持股的公司更易受到投资者的关注，因为QFII持股本身是对国际金融市场投资者和债权人的积极信号（Bhaumik et al.，2010），进而在资本市场上产生"联动效应"，对公司股价产生影响，增强公司的直接融资能力，减缓用于创新资金投入的压力。且在资本市场中拥有较强风险判断力和承担力的QFII更倾向于长期持有企业股份，有利于缓解创新型企业短期业绩压力，还能通过积极参与企业治理，优化企业技术创新行为。从企业资源观来看，外资股东对新兴市场企业的技术转移是十分显著和明显的，且新兴市场企业可以通过融入外资股东的供应体系、放大外资股东提供的资源以及向外资股东学习先进的技术和管理理念而获得更多收益（Mathews，2006）。国内学者郑春美和朱丽君（2019）基于 2007～2016 年中国沪深 A 股上市公司数据研究发现，QFII 持股促进了公司增加研发投入，马妍妍等（2019）也持相同观点。牟琪和吴柏钧（2018）则以国内沪深 A 股 2010～2015 年战略性新兴产业（专利密集型产业）上市公司为研究样本，发现 QFII 持股显著正向影响了公司专利产出。据此，QFII 的进入有助于缓解公司的融资约束，增强公司研发投入力度，促进公司的技术创新。

为进一步检验公司外部治理机制中，对外直接投资对自主创新影响的差异，本书构建模型（5-7）和模型（5-8）：

$$\text{IGrant}_{it+1;it+2} = \alpha_0 + \alpha_1 \text{FORSUB}_{it} + \alpha_2 \text{QFII}_{it} + \alpha_3 \text{FORSUB}_{it} \times \text{QFII}_{it} +$$

$$\alpha_i \text{Controls}_{it} + \sum \text{Industry} + \sum \text{Year} + \varepsilon_{it} \quad (5-7)$$

$$\text{IGrant}_{it+1;it+2} = \alpha_0 + \alpha_1 \text{FORCOU}_{it} + \alpha_2 \text{QFII}_{it} + \alpha_3 \text{FORCOU}_{it} \times \text{QFII}_{it} +$$

$$\alpha_i \text{Controls}_{it} + \sum \text{Industry} + \sum \text{Year} + \varepsilon_{it} \quad (5-8)$$

模型（5-7）和模型（5-8）中新加的变量 QFII_{it} 为公司是否拥有境外机构持股的哑变量。

对模型（5-7）和模型（5-8）进行回归，检验结果如表 5-10 所示，对外直接投资深度 FORSUB 与对外直接投资广度 FORCOU 的系数均显著为正，交互项 FORSUB×QFII 和 FORCOU×QFII 的系数显著为正，这说明，对外直接投资对公司自主创新的正向关系在拥有 QFII 持股的企业中更加显著。表明了 QFII 持股有利于缓解企业短期业绩压力、减少融资约束，增强对外直接投资对企业自主创新的正向影响。

表 5-10　QFII 持股影响检验

VARIABLES	（1）IGrant_{it+1}	（2）IGrant_{it+1}	（3）IGrant_{it+2}	（4）IGrant_{it+2}
FORSUB	0.0899*** (3.97)		0.0790*** (2.92)	
FORCOU		0.1780*** (6.39)		0.1676*** (5.07)
QFII	0.0076* (1.91)	0.0242* (1.85)	0.0102* (1.82)	0.0252* (1.86)
FORSUB×QFII	0.1277** (2.19)		0.1692** (2.47)	

续表

VARIABLES	(1) IGrant$_{it+1}$	(2) IGrant$_{it+1}$	(3) IGrant$_{it+2}$	(4) IGrant$_{it+2}$
FORCOU×QFII		0.1277*		0.1783**
		(1.85)		(2.28)
Size	0.6299***	0.6176***	0.6503***	0.6372***
	(30.67)	(30.56)	(27.37)	(27.37)
Age	0.0160	0.0128	0.0049	0.0036
	(0.38)	(0.30)	(0.10)	(0.08)
Top1	0.0017	0.0017	0.0017	0.0017
	(1.43)	(1.42)	(1.24)	(1.24)
LEV	−0.2630**	−0.2776**	−0.1581	−0.1728
	(−2.42)	(−2.55)	(−1.25)	(−1.37)
Investor	0.0083***	0.0086***	0.0100***	0.0104***
	(3.75)	(3.87)	(3.97)	(4.13)
Adjunct	0.0951***	0.0936***	0.1000**	0.0989**
	(2.64)	(2.60)	(2.37)	(2.34)
Manage	−0.1429	−0.1539*	−0.1328	−0.1444
	(−1.54)	(−1.66)	(−1.22)	(−1.32)
InDirec	0.3055	0.3522	0.3516	0.3849
	(1.05)	(1.22)	(1.05)	(1.16)
Constant	−13.7528***	−13.5188***	−14.1171***	−13.8835***
	(−27.36)	(−27.08)	(−24.85)	(−24.70)
N	9759	9759	9759	9759
R−squared	0.4476	0.4506	0.4685	0.4716
F	30.66	35.59	66.12	58.55

注：***、**、*分别表示在1%、5%、10%的水平下显著，括号内的 T 值为公司层面聚类稳健标准误 T 值。

2. 是否在发达国家拥有子公司的影响

制度发展的国际差异仍然存在，国际化的创新促进效果可能会有所不同，可能会取决于海外子公司投资组合的目的地。发达的经济制度可以减少不确定性并降低搜索和交易成本。在制度发展更好的东道国，海外子公司可以帮助母公司获取丰富的创新资源并享受高水平制度环境对技术创新的支持。在此类市场中的海外子公司有更多机会获得先进技术，拓宽创新网络并从创新中介制度中受益，如在发达国家有更多机会与知识密集型企业、竞争对手和大学建立网络联系，并招募受过良好教育和更有经验的本地技术人才（Crescenzi et al.，2014）。基于知识逆向溢出效应的视角，Chen 和 Li（2012）基于 2000~2008 年 493 个新兴市场跨国企业进行对外直接投资的数据，研究发现，在发达市场中设立海外子公司促进了国内母公司的技术创新，缘于发达市场拥有更丰富的技术资源所产生的逆向溢出效应。相反，在体制发展水平较低的东道国中，由于其整体经济和技术发展水平较低，可能限制其子公司的学习机会，使得海外子公司的交易成本较高、转换效率较低，进而可能会抑制其进行生产性创新的能力，难以对母公司的创新绩效做出贡献。

中国企业对其他发展中国家的直接投资也能够从全球规模经济中获益并增加市场份额，但可能会导致组织学习的促进效应较小，源于海外子公司嵌入不发达的市场、制度和企业，融入的是弱的研发资源和要求不高的客户。相比之下，当投资到具有行业特定的比较技术优势的发达市场时，可以改善其组织学习，从知识溢出中获益，并获得有价值的研发资源和管理经验，因为这些国家集中了中国企业所需的高附加值的经济功能和技能（荣大聂和提洛·赫恩曼，2013），当地技术、管理的先进性，客户的复杂性和快速变化的需求促使他们不断改进和创新（Rabbiosi et al.，2012）。

为进一步检验在对外直接投资目的地中，对外直接投资对企业自主创新影响的差异，本书将样本分为拥有发达国家投资的公司和无发达国家投资的公司，分别对模型（5-1）和模型（5-2）进行回归，回归结果如表 5-11 和表 5-12 所示，表 5-11 与表 5-12 的第（2）列和第（4）列中，对外直接投资深度 FORSUB 与对外直接投资广度 FORCOU 的系数均显著为正；而表 5-11 与表 5-12 的第（1）列和第（3）列中，对外直接投资深度 FORSUB 与对外直接投资广度 FORCOU 的系数为正，但不显著。这说明，对外直接投资与自主创新之间的正向关系在拥有发达国家投资的公司中更加显著。这也从经济制度发展的视角，验证了对发达国家的投资，可以改善其组织学习，从先进知识溢出中获益，进而促进企业自主创新能力。

表 5-11 发达国家影响检验：t+1 期

VARIABLES	（1）无发达国家投资 IGrant$_{it+1}$	（2）有发达国家投资 IGrant$_{it+1}$	（3）无发达国家投资 IGrant$_{it+1}$	（4）有发达国家投资 IGrant$_{it+1}$
FORSUB	0.0052	0.0562*		
	(0.11)	(1.84)		
FORCOU			0.1685	0.1005***
			(1.05)	(2.77)
Size	0.6623***	0.7711***	0.6494***	0.7627***
	(21.40)	(27.57)	(21.40)	(27.52)
Age	-0.0585	0.1049	-0.0665	0.1041
	(-0.90)	(1.63)	(-1.02)	(1.62)
Top1	0.0020	0.0008	0.0018	0.0007
	(1.03)	(0.48)	(0.93)	(0.45)
LEV	-0.2764	-0.2949*	-0.3012*	-0.3022**
	(-1.55)	(-1.94)	(-1.68)	(-1.99)
Investor	0.0182***	0.0146***	0.0184***	0.0147***
	(4.73)	(4.77)	(4.78)	(4.82)
Adjunct	0.1332**	0.0400	0.1372**	0.0384
	(2.22)	(0.77)	(2.29)	(0.74)
Manage	0.1760	0.1832	0.1638	0.1787
	(1.15)	(1.42)	(1.07)	(1.38)
InDirec	-0.8281*	0.0478	-0.8378*	0.0842
	(-1.79)	(0.12)	(-1.81)	(0.20)
Constant	-14.2096***	-15.8309***	-14.0362***	-15.6553***
	(-18.90)	(-20.41)	(-18.81)	(-20.30)
N	4948	4811	4948	4811
R-squared	0.4067	0.5249	0.4086	0.5257
F	17.86	26.12	18.69	26.65

注：***、**、* 分别表示在1%、5%、10%的水平下显著，括号内的 T 值为公司层面聚类稳健标准误 T 值。

表 5-12　发达国家影响检验：t+2 期

VARIABLES	(1) 无发达国家投资 IGrant$_{it+2}$	(2) 有发达国家投资 IGrant$_{it+2}$	(3) 无发达国家投资 IGrant$_{it+2}$	(4) 有发达国家投资 IGrant$_{it+2}$
FORSUB	0.0466	0.0589 *		
	(0.80)	(1.72)		
FORCOU			0.1062	0.0903 **
			(1.30)	(2.19)
Size	0.6894 ***	0.7473 ***	0.6753 ***	0.7423 ***
	(18.64)	(23.52)	(18.70)	(23.59)
Age	−0.0367	0.1155 *	−0.0442	0.1150 *
	(−0.50)	(1.66)	(−0.60)	(1.66)
Top1	0.0023	0.0008	0.0021	0.0008
	(0.98)	(0.45)	(0.89)	(0.42)
LEV	−0.0791	−0.1866	−0.1112	−0.1885
	(−0.36)	(−1.06)	(−0.51)	(−1.07)
Investor	0.0215 ***	0.0225 ***	0.0215 ***	0.0226 ***
	(4.83)	(7.05)	(4.81)	(7.10)
Adjunct	0.0867	0.0358	0.0895	0.0341
	(1.15)	(0.60)	(1.19)	(0.57)
Manage	0.3472 *	0.1835	0.3277 *	0.1835
	(1.84)	(1.26)	(1.73)	(1.26)
InDirec	−0.5968	−0.1431	−0.6148	−0.1128
	(−1.13)	(−0.29)	(−1.16)	(−0.23)
Constant	−14.9785 ***	−15.3258 ***	−14.7520 ***	−15.2258 ***
	(−16.89)	(−22.47)	(−16.92)	(−22.51)
N	4948	4811	4948	4811
R-squared	0.4434	0.5316	0.4438	0.5320
F	19.46	18.36	20.18	18.59

注：***、**、*分别表示在1%、5%、10%的水平下显著，括号内的 T 值为公司层面聚类稳健标准误 T 值。

3. 是否在避税地拥有子公司的影响

避税是跨国企业在避税地进行投资的重要动机，在国外的研究文献中已成为共识（Gumpert et al.，2016）。基于中国跨国企业的研究，国内学者发现企业在避税地进行直接投资有明显的避税动机（王永钦等，2014），刘志阔等（2019）利用双重差分方法研究中国跨国企业发现，企业利用避税地进行利润转移，进而侵蚀了中国的税基。如果中国跨国企业在避税地直接投资确实有较为激进的避税动机，那么将对跨国公司通过对外直接投资寻求技术性资产进而提升自身竞争优势产生不利影响，因为企业在避税地直接投资的过程中，会降低信息透明度（Hines，2010；Bennedsen and Zeume，2018）及增大避税活动背后的委托代理问题（叶康涛和刘行，2014），这些问题一方面会加大管理层的利益侵占动机或通过避税地公司转移企业资金，导致研发资金投入的挤出；另一方面会增加企业的资本市场风险，导致企业在进行外部融资时受到制约，加剧企业的融资约束，而融资约束会造成企业研发投入的不足，不利于企业技术创新。

为进一步检验对外直接投资的动机中，对外直接投资对企业自主创新影响的差异，本书将样本分为有避税地直接投资的公司和没有避税地直接投资的公司，分别对模型（5-1）和模型（5-2）进行回归，回归结果如表5-13、表5-14所示：表5-13第（1）列和第（3）列中，对外直接投资深度FORSUB与对外直接投资广度FORCOU的系数均显著为正，而在第（2）列和第（4）列中，对外直接投资深度FORSUB与对外直接投资广度FORCOU的系数为正，但不显著；表5-14第（1）列和第（3）列中对外直接投资深度FORSUB与对外直接投资广度FORCOU的系数均在1%的水平下显著为正，而在第（2）列和第（4）列中对外直接投资深度FORSUB与对外直接投资广度FORCOU的系数均在10%的水平下显著为正。这说明，对外直接投资与自主创新之间的正向关系在没有避税地直接投资的公司中更加显著。这也从对外直接投资动机的角度，说明公司基于投机动机，削弱了对外直接投资对企业自主创新的积极影响。

表5-13　避税地投资影响检验：t+1 期

VARIABLES	（1） 没有避税地投资 IGrant$_{it+1}$	（2） 有避税地投资 IGrant$_{it+1}$	（3） 没有避税地投资 IGrant$_{it+1}$	（4） 有避税地投资 IGrant$_{it+1}$
FORSUB	0.0651*** （3.07）	0.0772 （1.36）		
FORCOU			0.1388*** （5.38）	0.2171 （1.16）

续表

VARIABLES	(1) 没有避税地投资 IGrant$_{it+1}$	(2) 有避税地投资 IGrant$_{it+1}$	(3) 没有避税地投资 IGrant$_{it+1}$	(4) 有避税地投资 IGrant$_{it+1}$
Size	0.7249***	0.7002***	0.7130***	0.6654***
	(38.67)	(10.77)	(38.05)	(10.09)
Age	−0.0248	0.1289	−0.0263	0.1339
	(−0.57)	(0.76)	(−0.61)	(0.79)
Top1	0.0022*	−0.0109***	0.0021*	−0.0100**
	(1.95)	(−2.63)	(1.87)	(−2.41)
LEV	−0.2721***	−0.3471	−0.2728***	−0.4532
	(−2.61)	(−0.93)	(−2.63)	(−1.21)
Investor	0.0124***	0.0184**	0.0123***	0.0181**
	(5.64)	(2.43)	(5.63)	(2.37)
Adjunct	0.0696**	−0.0132	0.0673**	0.0098
	(2.03)	(−0.11)	(1.96)	(0.08)
Manage	0.1047	0.0874	0.0981	0.0035
	(1.21)	(0.21)	(1.14)	(0.01)
InDirec	−0.4286	1.9824**	−0.4183	2.1486**
	(−1.48)	(2.35)	(−1.44)	(2.58)
Constant	−15.3445***	−15.0068***	−15.1067***	−14.2050***
	(−29.82)	(−8.76)	(−29.26)	(−8.19)
N	7898	1861	7898	1861
R−squared	0.4268	0.6296	0.4288	0.6343
F	29.15	32.19	30.58	32.87

注: ***、**、*分别表示在1%、5%、10%的水平下显著, 括号内的T值为公司层面聚类稳健标准误T值。

表5-14 避税地投资影响检验: t+2期

VARIABLES	(1) 没有避税地投资 IGrant$_{it+2}$	(2) 有避税地投资 IGrant$_{it+2}$	(3) 没有避税地投资 IGrant$_{it+2}$	(4) 有避税地投资 IGrant$_{it+2}$
FORSUB	0.0589***	0.1142*		
	(2.59)	(1.82)		

续表

VARIABLES	（1） 没有避税地投资 IGrant$_{it+2}$	（2） 有避税地投资 IGrant$_{it+2}$	（3） 没有避税地投资 IGrant$_{it+2}$	（4） 有避税地投资 IGrant$_{it+2}$
FORCOU			0.1272***	0.2867*
			（2.86）	（1.80）
Size	0.7358***	0.6258***	0.7249***	0.5846***
	（34.04）	（8.85）	（33.57）	（8.31）
Age	−0.0278	0.2089	−0.0296	0.2253
	（−0.58）	（1.16）	（−0.62）	（1.25）
Top1	0.0031**	−0.0093**	0.0031**	−0.0083*
	（2.39）	（−2.07）	（2.33）	（−1.85）
LEV	−0.3201***	−0.0699	−0.3206***	−0.1945
	（−2.63）	（−0.17）	（−2.64）	（−0.47）
Investor	0.0170***	0.0232***	0.0170***	0.0238***
	（6.86）	（2.88）	（6.90）	（2.92）
Adjunct	0.0882**	0.1116	0.0858**	0.1453
	（2.19）	（0.79）	（2.13）	（1.05）
Manage	0.1767*	0.1658	0.1708*	0.0767
	（1.73）	（0.40）	（1.68）	（0.18）
InDirec	−0.4448	1.5743*	−0.4336	1.8156**
	（−1.33）	（1.74）	（−1.30）	（2.01）
Constant	−15.8887***	−17.2763***	−15.6791***	−16.2150***
	（−27.80）	（−9.75）	（−27.31）	（−9.08）
N	7898	1861	7898	1861
R-squared	0.4420	0.6360	0.4436	0.6430
F	36.65	32.36	38.51	35.12

注：***、**、*分别表示在1%、5%、10%的水平下显著，括号内的 T 值为公司层面聚类稳健标准误 T 值。

4. 进入模式的影响

海外经营的子公司在东道国享有相同的制度优势，然而，它们无法从这些制度中平等受益，与其进入模式也有很大关系，如并购还是绿地投资。并购可以更快地获取东道国经济制度上的创新支持（Pangarkar and Lim，2003）。此外，并购企业还可以使子公司从其合作伙伴和合作伙伴的其他联盟那里获取缺乏、耗时且难以自行发展的知识，促进子公司的经验学习，使它们能够更好、更快地利用东道国的资源。因此，从并购企业中获得收益会相对较快，使子公司能够提高其创新能力然后将其转移回国内母公司，以提升其创新绩效。相比之下，绿地投资会产生更高的交易成本和时间上的不经济性，如在组建联盟、寻找供应商以及与本地代理商建立网络方面需要进行广泛的尝试，以及试图从东道国的体制优势中学习和受益的障碍，进而影响公司吸收外国制度利益和开发创新能力的效率和能力。

为进一步检验对外直接投资的模式中，对外直接投资对自主创新影响的差异，本书将样本分为拥有并购进入模式的公司和仅拥有绿地投资的公司，分别对模型（5-1）和模型（5-2）进行回归，回归结果如表 5-15 和表 5-16 所示：表 5-15 第（1）列和第（3）列中，对外直接投资深度 FORSUB 与对外直接投资广度 FORCOU 的系数均在 1% 的水平下显著为正，而在第（2）列中对外直接投资深度 FORSUB 的系数为正，但不显著，第（4）列中对外直接投资广度 FORCOU 的系数在 10% 的水平下显著为正；表 5-16 第（1）列和第（3）列中对外直接投资深度 FORSUB 与对外直接投资广度 FORCOU 的系数分别在 5%、1% 的水平下显著为正，而在第（2）列和第（4）列中对外直接投资深度 FORSUB 与对外直接投资广度 FORCOU 的系数为正，但不显著。这说明，对外直接投资与自主创新之间的正向关系在拥有并购进入模式的公司中更加显著。这也从对外直接投资进入模式的角度，说明公司对外直接投资进入模式的选择影响了对外直接投资对公司自主创新的提升作用。

表 5-15　进入模式影响检验：t+1 期

VARIABLES	（1） 含跨国并购 $IGrant_{it+1}$	（2） 仅绿地投资 $IGrant_{it+1}$	（3） 含跨国并购 $IGrant_{it+1}$	（4） 仅绿地投资 $IGrant_{it+1}$
FORSUB	0.0877*** (2.79)	0.0394 (0.96)		
FORCOU			0.1804*** (4.76)	0.1007* (1.87)
Size	0.6788*** (27.96)	0.7608*** (20.15)	0.6666*** (28.00)	0.7486*** (19.89)

续表

VARIABLES	（1） 含跨国并购 IGrant$_{it+1}$	（2） 仅绿地投资 IGrant$_{it+1}$	（3） 含跨国并购 IGrant$_{it+1}$	（4） 仅绿地投资 IGrant$_{it+1}$
Age	0.0495 （0.89）	−0.2523*** （−3.08）	0.0417 （0.75）	−0.2478*** （−3.02）
Top1	0.0056*** （3.67）	−0.0051** （−2.25）	0.0055*** （3.63）	−0.0051** （−2.25）
LEV	−0.0611 （−0.45）	−0.4111* （−1.84）	−0.0700 （−0.52）	−0.4281* （−1.91）
Investor	0.0178*** （6.26）	0.0184*** （4.40）	0.0179*** （6.30）	0.0186*** （4.47）
Adjunct	0.0267 （0.58）	0.2205*** （3.10）	0.0303 （0.66）	0.2159*** （3.04）
Manage	0.4242*** （3.54）	−0.4621*** （−2.64）	0.4119*** （3.44）	−0.4667*** （−2.67）
InDirec	0.2580 （0.70）	−0.8374 （−1.51）	0.2833 （0.77）	−0.8019 （−1.45）
Constant	−14.9200*** （−24.48）	−16.1018*** （−17.58）	−14.6733*** （−24.20）	−15.8902*** （−17.41）
N	2789	6970	2789	6970
R−squared	0.4627	0.5248	0.4652	0.5260
F	43.86	39.18	44.51	40.15

注：***、**、*分别表示在1%、5%、10%的水平下显著，括号内的T值为公司层面聚类稳健标准误T值。

表5-16　进入模式影响检验：t+2期

VARIABLES	（1） 含跨国并购 IGrant$_{it+2}$	（2） 仅绿地投资 IGrant$_{it+2}$	（3） 含跨国并购 IGrant$_{it+2}$	（4） 仅绿地投资 IGrant$_{it+2}$
FORSUB	0.0789** （2.06）	0.0015 （1.08）		
FORCOU			0.1728*** （3.63）	0.0450 （0.85）

续表

VARIABLES	(1) 含跨国并购 IGrant$_{it+2}$	(2) 仅绿地投资 IGrant$_{it+2}$	(3) 含跨国并购 IGrant$_{it+2}$	(4) 仅绿地投资 IGrant$_{it+2}$
Size	0.6746***	0.7433***	0.6616***	0.7313***
	(23.11)	(17.96)	(23.13)	(17.73)
Age	0.0562	-0.2119**	0.0475	-0.2068**
	(0.91)	(-2.32)	(0.77)	(-2.26)
Top1	0.0068***	-0.0061**	0.0067***	-0.0062**
	(3.81)	(-2.44)	(3.74)	(-2.45)
LEV	0.1356	-0.2025	0.1245	-0.2095
	(0.84)	(-0.78)	(0.77)	(-0.80)
Investor	0.0227***	0.0249***	0.0228***	0.0250***
	(7.20)	(5.73)	(7.24)	(5.73)
Adjunct	-0.0049	0.2354***	0.0000	0.2308***
	(-0.09)	(2.89)	(0.00)	(2.82)
Manage	0.5227***	-0.4651**	0.5122***	-0.4671**
	(3.66)	(-2.30)	(3.58)	(-2.30)
InDirec	0.0561	-0.7860	0.0689	-0.7752
	(0.13)	(-1.29)	(0.16)	(-1.27)
Constant	-14.9942***	-16.0867***	-14.7290***	-15.8589***
	(-21.54)	(-17.03)	(-21.38)	(-16.93)
N	2789	6970	2789	6970
R-squared	0.4821	0.5458	0.4843	0.5461
F	36.65	31.26	37.06	31.87

注：***、**、*分别表示在1%、5%、10%的水平下显著，括号内的T值为公司层面聚类稳健标准误T值。

5. 产权性质的影响

先前的研究表明，发达经济体内的东道国市场或制度可以通过提供要素投入和创新中介降低交易成本来帮助新兴市场经济体企业创新（Wang et al.，2015）。然而，一些企业并不太注重东道国市场提供的有助于获取相关收益的要素。理论并未明确预测东道国的制度发展水平何时以及如何影响国际化新兴市场经济体的创新成果。因此，本书认为并非所有海外投资的国内公司都能从东道国提供的要素中平等受益，而是取决于企业产权性质。

国家所有权是新兴市场的重要制度维度（Hong et al.，2015），国有企业通常处于资源依赖状态，在进行海外投资时，能较容易获得政府资源或享有融资上的便利等方面的支持，影响其国际化的意愿和能力，进而影响国有企业海外投资的水平，如区位选择（发达国家还是发展中国家）及其寻求类型（资源、市场寻求）等。因而，国有企业在对外直接投资行为上可能遵循"国家逻辑"，从而使其决策在不同程度上反映出政府设定的政治目标，不一定是基于公司资源和能力上的最佳决策。也就是说，国有企业在跨国经营时受制于双重目标，即国家政治目标和自身商业目标（Deng，2009），且在很大程度上受到政府政治目标的影响。政府的支持也会给公司求得战略与政府政策保持一致带来压力，并可能使公司目标模糊（Estrin et al.，2016）。因此，国有企业需要适应社会的关注和政府的需求，导致国有企业与政府相关的所有权关系可能会降低创新性。

与民营企业相比，国有企业与政府的隶属关系可能会增加海外投资过程中面临的外来者劣势和东道国制度上的约束壁垒，尤其在市场经济、法治以及技术资源丰富的发达国家体现得更为明显，国有企业面临更大的合法性障碍，如出于"国家安全"对国有企业的严格审查，国有企业完成收购的可能性较小（Zhang et al.，2011）或完成收购的时间较长。因而，国有企业更有可能进入制度薄弱、规则类似于本国的国家，以降低适应性成本，但企业获得较为先进技术资源的可能性也会大幅减少。

而在制度更发达的国家进行创新时，由于国有企业习惯于不太透明的国内环境（Wang et al.，2015），因此这些公司无法适应制度透明、高效以及市场力量支配政府力量的环境，难以像在国内那样使用非市场机制来建立竞争优势，使得国有企业管理层可能更关注效率、盈利能力，体制差异使它们难以利用发达的市场协调创新活动。此外，在资源垄断和行政性保护下的国有企业所受的市场竞争会在相当程度上被抵消，且即使它们面临着竞争压力，因管理层的激励机制存在不同程度的扭曲，也不一定产生技术学习吸收和创新的激励。因此，尽管东道国较高的经济发展水平可能会对企业技术创新产生积极影响，但这种作用可能对国有企业较难发挥。

民营企业由于与政府的关系薄弱，在国内面临一定程度上的不公平竞争，并且难以从非市场渠道获取外部资源，因此向海外投资以寻求更大的制度性利益。

此外，民营企业的对外直接投资项目一般与政治目标的关联度很小或没有，特别是进入发达经济体内受到诸如"国家安全"类的审查影响较小，多出于企业自身寻求战略性资产或市场的动机，从而能够较为容易融入当地经济网络进行学习，来提升自身的创新力。

为进一步检验企业主体产权性质影响对外直接投资对企业自主创新的差异，本书将样本分为国企和民营两种类型的公司，分别对模型（5-1）和模型（5-2）进行回归，回归结果如表5-17、表5-18所示：表5-17第（2）列和第（4）列中，对外直接投资深度FORSUB与对外直接投资广度FORCOU的系数均在1%的水平下显著为正，而在第（1）列和第（3）列中，对外直接投资深度FORSUB与对外直接投资广度FORCOU的系数为正，但不显著。表5-18第（2）列和第（4）列中，对外直接投资深度FORSUB与对外直接投资广度FORCOU的系数均在1%的水平下显著为正，而在第（1）列中对外直接投资深度FORSUB的系数为正，但不显著，第（3）列中对外直接投资广度FORCOU的系数在10%的水平下显著为正。这说明，对外直接投资与自主创新之间的正向关系在民营公司中更加显著。这也从母公司产权性质的角度，说明对外直接投资的动机和目标影响了对外直接投资与企业自主创新之间的关系。

表5-17 产权性质影响检验：t+1期

VARIABLES	（1） 国企 IGrant$_{it+1}$	（2） 民营 IGrant$_{it+1}$	（3） 国企 IGrant$_{it+1}$	（4） 民营 IGrant$_{it+1}$
FORSUB	0.0449 （1.55）	0.1394*** （3.83）		
FORCOU			0.1416 （1.06）	0.2008*** （4.56）
Size	0.7187*** （23.71）	0.6067*** （18.85）	0.6995*** （23.34）	0.6040*** （19.07）
Age	0.1019* （1.88）	−0.2770*** （−2.96）	0.1014* （1.87）	−0.2739*** （−2.93）
Top1	0.0008 （0.48）	−0.0012 （−0.51）	0.0007 （0.43）	−0.0012 （−0.54）
LEV	−0.2566* （−1.81）	−0.3003 （−1.44）	−0.2638* （−1.86）	−0.3335 （−1.59）

VARIABLES	(1) 国企 IGrant$_{it+1}$	(2) 民营 IGrant$_{it+1}$	(3) 国企 IGrant$_{it+1}$	(4) 民营 IGrant$_{it+1}$
Investor	0.0168***	0.0231***	0.0168***	0.0236***
	(6.06)	(5.28)	(6.08)	(5.40)
Adjunct	0.1546***	0.0268	0.1539***	0.0284
	(3.58)	(0.29)	(3.58)	(0.30)
Manage	0.4309***	−1.3277	0.4212***	−1.4309
	(4.14)	(−1.35)	(4.05)	(−1.45)
InDirec	−0.8108**	0.9747*	−0.7852**	1.0385**
	(−2.11)	(1.94)	(−2.05)	(2.08)
Constant	−14.9547***	−13.5243***	−14.5630***	−13.5322***
	(−20.18)	(−17.48)	(−19.75)	(−17.77)
N	2993	6766	2993	6766
R-squared	0.3719	0.6226	0.3747	0.6243
F	16.21	18.28	16.65	18.69

注：***、**、*分别表示在1%、5%、10%的水平下显著，括号内的T值为公司层面聚类稳健标准误T值。

表5-18 产权性质影响检验：t+2期

VARIABLES	(1) 国企 IGrant$_{it+2}$	(2) 民营 IGrant$_{it+2}$	(3) 国企 IGrant$_{it+2}$	(4) 民营 IGrant$_{it+2}$
FORSUB	0.0290	0.1319***		
	(0.82)	(3.19)		
FORCOU			0.1255*	0.1811***
			(1.90)	(3.59)
Size	0.7228***	0.6132***	0.7021***	0.6119***
	(19.63)	(17.07)	(19.29)	(17.43)
Age	0.1180**	−0.2528**	0.1189**	−0.2473**
	(1.97)	(−2.45)	(1.99)	(−2.40)
Top1	0.0011	−0.0015	0.0010	−0.0017
	(0.59)	(−0.61)	(0.55)	(−0.65)

续表

VARIABLES	(1) 国企 IGrant$_{it+2}$	(2) 民营 IGrant$_{it+2}$	(3) 国企 IGrant$_{it+2}$	(4) 民营 IGrant$_{it+2}$
LEV	−0.1704 (−0.99)	−0.0042 (−0.02)	−0.1761 (−1.03)	−0.0327 (−0.13)
Investor	0.0253*** (8.25)	0.0249*** (5.44)	0.0255*** (8.28)	0.0255*** (5.59)
Adjunct	0.1412*** (2.74)	−0.0683 (−0.64)	0.1387*** (2.69)	−0.0649 (−0.61)
Manage	0.4797*** (3.93)	−1.5222 (−1.43)	0.4712*** (3.87)	−1.5974 (−1.49)
InDirec	−0.8373* (−1.80)	0.6778 (1.27)	−0.8389* (−1.81)	0.7539 (1.42)
Constant	−15.5598*** (−17.28)	−13.3846*** (−14.92)	−15.1432*** (−16.83)	−13.4246*** (−15.31)
N	2993	6766	2993	6766
R-squared	0.3846	0.6395	0.3867	0.6405
F	20.55	26.58	20.98	26.22

注：***、**、*分别表示在1%、5%、10%的水平下显著，括号内的T值为公司层面聚类稳健标准误T值。

五、小结

本节从理论上阐明并实证检验了对外直接投资对国内投资公司自主创新的影响，并进一步探讨了企业吸收能力、产权性质、进入模式、是否有QFII持股、是否在发达国家拥有子公司以及是否在避税地拥有子公司如何影响二者之间的关系。本书研究发现，对外直接投资的多国嵌入性、多公司嵌入性，即海外子公司的国际化配置，会正向影响母公司的自主创新，且公司的吸收能力越强，对外直接投资在促进母公司自主创新中的作用越大；此外，公司吸收能力对对外直接投资与公司自主创新关系的调节效应在公司低融资约束时更为显著，表明低融资约束有利于增强公司的吸收能力。然而，对外直接投资对企业自主创新促进效应并不一致，源于可能还会受到企业吸收能力、产权性质、东道国市场发展程度等内外部因素的影响，基于此，本书进一步研究发现，当母公司在发达国家拥有子公司时，即目的国中有发达国家，其自主创新能力提升要好于目的国未含有发达国家的公司，表明对外直接投资的创新增强效应不仅取决于其对外直接投资本身，而且还取决于影响随后知识获取的地理位置选择；当母公司拥有海外并购子公司时，其自主创新能力提升要好于仅有绿地投资的公司；当母公司在避税地未拥有子公司时，其自主创新能力提升要好于在避税地拥有子公司的投资公司；与没有 QFII 持股的公司相比，对外直接投资对公司自主创新的正向影响在拥有 QFII 持股的母公司中更为显著；与国有企业相比，民营企业对外直接投资的多样性嵌入对国内母公司自主创新的影响更大。研究结果表明，公司可以通过在海外投资和利用东道国制度环境、技术发展水平等来增强它们的组织学习、获得多样化的知识和思维模式从而提高公司的自主创新绩效；尽管平均而言，东道国体制发展可以提高母公司的创新绩效，但对于具有强大吸收能力的新兴市场经济体和向更多国家进行多元化经营的新兴市场经济体，这种影响更为明显，因为较强的吸收能力使母国公司能够适应不同的政治环境、法规要求及增加研发方面的支出，由此可见，公司吸收能力的异质性使得公司不可能平等地利用有利的制度环境和多样化的知识来源获益；公司与海外并购企业的协同效应有助于其创新能力的提升；QFII 能优化投资公司的技术创新行为；而在避税地进行投资的公司，其管理层短期机会主义动机可能会更大，进而影响公司在研发方面的支持力度。因此，在当前我国自主创新能力促进技术进步的作用亟待提高的背景下，借助于对外直接途径，通过嵌入技术发达国家和地区的高端产业链条以及在地理上接近其研发聚集地获取研发溢出，运用模仿以及"干中学"等多种手段获取东道国先进的技术、管理经验以及前沿信息，有助于跨国企业自主创新力的提升。

本节不足之处在于：首先，本书用专利产出来衡量公司自主创新绩效。然而，并非所有的创新都可以申请专利，并且未结合基于专利的相关产品的市场接受度。由于制度环境可能以不同的方式影响各种形式的创新，如新产品引入和过程创新，因此当通过新产品引入或与专利不直接相关的途径来实现创新绩效时，可能会产生不同的发现。其次，本书中的公司吸收能力是从研发层面用研发投入强度来衡量的，没有从组织层面进行界定。最后，对外直接投资对企业自主创新的影响可能有一个规模范围，并不是跨国投资规模越大，对企业自主创新影响越大，本书还难以对企业对外直接投资程度定下一个合适的范围，仍需进一步探究。

本节研究结论对政府和企业有以下启示：①对于政府而言，首先，继续加强对对外直接投资、创新活动的监管、引导与支持。其次，适当放宽 QFII 的引入数量和金额，并重点监控 QFII 的资质和投资行为，进一步加强机构投资者利益的保护，释放合格境外机构投资者的治理活力及其所带来的资源效应，以促进公司的自主创新。②对于企业而言，第一，在我国企业对外直接投资的过程中，虽然知识的学习、吸收、借鉴十分重要，但自主创新仍为重中之重。在学习、借鉴基础上的持续自主创新与对外直接投资相结合，才是企业获取国际竞争优势的源泉。第二，从外部获得的知识必须与内部知识和其他来源的知识相结合。由于制度差异、地域距离、吸收和分享的意愿，特别是海外子公司与国内母公司之间的技术差距等障碍，这些跨国公司有必要建立一些促进知识整合的机制。第三，当对外直接投资受到国际学习的推动时，地点的选择对于实现这一目标至关重要。企业决策者应考虑特定东道国的制度是否有利于其创新活动，如何提高其吸收能力以利用所选东道国的制度优势，因此，国内企业应尽可能地在拥有世界一流大学、研究中心、高要求的客户和高度创新的公司的发达经济体中设立更多的 OFDI 项目，尽管这可能会带来巨大的竞争压力，但它提供了在相对较短的时间内加速组织学习并赶上全球技术领先者的机会。第四，提升跨国公司的嵌入能力。跨国公司应全面了解东道国的政治、法律、文化等环境，使自身管理体系尽量跟东道国企业保持一致，以便能够快捷、高效地获取当地先进的技术知识。第五，跨国公司应增加研发资本和人才资本投入，注重人才培养，借助有竞争力的薪酬福利来吸引国内外高技术创新型人才，以更有效地对技术外溢进行消化、吸收和再创新。

第二节　自主创新在对外直接投资与企业成长关系中的中介效用

一、理论分析与假设构建

（一）自主创新与企业成长

企业技术创新被认为是企业实现价值提升和保持竞争优势的核心手段（Tian

and Wang，2014)，更多创新的公司可以赚取未来的超额收益，使得外部投资者会根据上市公司技术创新活动来评估公司未来价值的创造力（Duqi et al.，2015)，且公司技术创新活动可提高产品的竞争力，进而提升企业绩效（吴晓云和张欣妍，2015)。然而，技术创新活动周期长、不确定性大等特征增大了企业的风险，对企业成长创造能力会产生负向影响（郭斌，2006)；抑或技术创新活动转化成效不足（胡珊珊和安同良，2008)，使得技术创新与企业成长难以形成正相关关系。由此，技术创新活动能否提升企业成长创造能力还有待进一步的实证检验。基于此，本书提出 H3：

H3a：自主创新促进了企业成长。

H3b：自主创新抑制了企业成长。

（二）自主创新在对外直接投资与企业成长之间的中介效应

对外直接投资是一种有效的技术转移和吸收机制，尤其当东道国被并购企业所掌握的技术比较复杂、先进和包括较多的内涵知识时，对外直接投资的作用更显突出，如通过跨国并购设立海外研发机构以及绿地投资等可以嵌入东道国技术先进和研发水平高的产业链条，通过与其上下游产业产生关联效应促进母公司技术水平提升。且通过对外直接投资带给母公司的不仅仅是先进技术，更为重要的是管理能力、技术人员、技术管理知识以及产品技术的创新和组织制度方面的创新等，这些因素都会进一步提升母公司的自主创新能力，而自主创新能力有助于企业成长。因此，对外直接投资对企业成长所起的推动作用可能需要借助公司自主创新能力，自主创新能力在对外直接投资与企业成长之间可能发挥了传导作用。基于以上分析，提出 H4：

H4：自主创新能力在对外直接投资与企业成长的关系中发挥了中介效应。

二、研究设计

（一）样本选择与数据来源

样本选择与数据来源与本章第一节相同。

（二）变量定义与模型构建

为检验 H3a 和 H3b，构建模型（5-9)：

$$TBQ_{it} = \alpha_0 + \alpha_1 IGrant_{it} + \alpha_i Controls_{it} + \sum Industry + \sum Year + \varepsilon_{it} \qquad (5-9)$$

为检验 H4，构建模型（5-10）和模型（5-11)：

$$TBQ_{it} = \alpha_0 + \alpha_1 FORSUB_{it} + \alpha_2 IGrant_{it} + \alpha_i Controls_{it} + \sum Industry + \sum Year + \varepsilon_{it}$$

$$(5-10)$$

$$TBQ_{it} = \alpha_0 + \alpha_1 FORCOU_{it} + \alpha_2 IGrant_{it} + \alpha_i Controls_{it} + \sum Industry + \sum Year + \varepsilon_{it}$$

$$(5-11)$$

其中，TBQ_{it} 为企业成长性。企业成长性主要反映公司的增长潜力和经营发展状况，已有文献衡量企业成长性的指标主要有销售收入、利润、市场份额、托宾 Q 值以及员工人数等（Chrisman et al.，2005；钱锡红等，2009；杜传忠和郭树龙，2012；金永红等，2016）。本书借鉴金永红等（2016）的做法，选用托宾 Q 值（市值/〈资产总计－无形资产净额－商誉净额〉）作为衡量企业成长性的指标，因为作为市场指标的托宾 Q 值更能反映出企业未来价值提升能力和长期成长性，是一种未来指向型和风险调整型的资本市场绩效指标，对通货膨胀敏感度不高，能够折射出当前及未来的预期收益率（Li and Tallman，2011），托宾 Q 值也是一种在国际化绩效研究中最受认可的市场指标。其他变量与本章第一节相同。

三、实证结果分析

（一）描述性统计

从表 5-19 中可以看出，样本公司企业成长均值为 2.5382，最小值和最大值分别为 0.0839 和 35.9032，说明公司之间的企业成长性差别较大。

表 5-19 主要变量的描述性统计

VARIABLES	N	mean	sd	min	p50	max
TBQ	9759	2.5382	2.4245	0.0839	1.8675	35.9032
IGrant	9759	1.8597	1.4095	0	1.6094	8.1775
FORSUB	9759	3.6922	5.6238	1	2	87
FORCOU	9759	2.4232	2.4912	1	2	35
Size	9759	22.4426	1.3803	18.7263	22.2138	28.5087
Age	9759	16.08	5.76	1	15.92	50.67
Top1	9759	34.8008	15.0373	8.38	32.9050	74
LEV	9759	0.4282	0.1973	0.0558	0.4258	0.8662

VARIABLES	N	mean	sd	min	p50	max
Investor	9759	7.4764	7.2824	0.0049	5.3698	34.7644
Adjunct	9759	0.3016	0.4590	0	0	1
Manage	9759	0.1496	0.2044	0	0.0160	0.7041
InDirec	9759	0.3769	0.0565	0.3333	0.3636	0.6

（二）回归结果分析

1. 自主创新与企业成长关系检验

在回归之前首先检验变量之间的相关性，Pearson 相关系数矩阵如表 5-20 所示，主要自变量之间相关系数绝大多数均小于 0.3，平均方差膨胀因子为 3.82，变量之间不存在严重的共线性。

为检验 H3，对模型（5-9）进行回归，结果如表 5-21 第（3）列所示，公司自主创新 IGrant 系数在 1%的水平下显著为正，说明自主创新与企业成长正相关，H3a 通过验证，表明了跨国公司自主创新能力的提升促进了自身成长。

2. 自主创新在对外直接投资与企业成长关系之间的中介效应检验

为检验 H4，对模型（5-10）和模型（5-11）进行回归，结果如表 5-21 中第（4）列和第（5）列所示：对外直接投资深度 FORSUB 的系数在 10%的水平下显著为正，与第（1）列相比回归系数值和显著水平 T 值均下降，中介效应与总效应之比是 6.55%；对外直接投资广度 FORCOU 的系数在 10%的水平下显著为正，与第（2）列相比回归系数值和显著水平 T 值均下降，中介效应与总效应之比是 8.12%。检验结果初步表明，自主创新在对外直接投资与企业成长的关系之间起到了部分中介作用。进一步采用 Bootstrap 法，使用 Stata14.0 软件再次进行中介检验，使用 Bootstrap 重复抽样 1000 次，对对外直接投资、自主创新与企业成长的关系检验结果显示，自主创新的中介效应在 95%的偏差校正置信区间分别为（0.002，0.006）、（0.002，0.007），不包含 0 值，表明自主创新在对外直接投资与企业成长的关系之间起到了部分中介作用。以上结论支持本书 H4 的预期，H4 得到验证。

表 5-20 Pearson 相关系数矩阵

VARIABLES	TBQ	IGrant	FORSUB	FORCOU	Size	Age	Top1	LEV	Investor	Adjunct	Manage	InDirec
TBQ	1											
IGrant	0.129***	1										
FORSUB	0.135***	0.263***	1									
FORCOU	0.122***	0.205***	0.297***	1								
Size	0.467***	0.136***	0.305***	0.231***	1							
Age	0.087***	0.062***	0.068***	0.052***	0.154***	1						
Top1	0.064***	0.069***	0.030**	0.024**	0.209***	-0.106***	1					
LEV	-0.278***	-0.188***	-0.230***	-0.200***	-0.276***	-0.205***	-0.053***	1				
Investor	0.074***	0.131***	0.092***	0.078***	0.147***	0.044***	-0.128***	0.055***	1			
Adjunct	0.165***	-0.057**	-0.050***	-0.035***	-0.222***	-0.097*	-0.021*	-0.159***	-0.016	1		
Manage	0.293***	-0.165**	-0.105***	-0.081***	-0.405***	-0.258***	-0.103***	-0.344***	-0.099***	0.259***	1	
InDirec	0.061***	0.054***	0.048***	0.032	0.042***	-0.045***	0.105***	-0.005	0.003	0.104***	0.050***	1

注：***、**、* 分别表示在 1%、5%、10%的水平下显著。

表 5-21 自主创新能力在对外直接投资与企业成长关系之间的中介效应

VARIABLES	(1) TBQ	(2) TBQ	(3) TBQ	(4) TBQ	(5) TBQ
FORSUB	0.0793 *** (4.20)			0.0715 * (1.86)	
FORCOU		0.1029 *** (3.40)			0.0952 * (1.82)
IGrant			0.0833 *** (3.95)	0.1005 *** (5.36)	0.1007 *** (5.98)
Size	0.6461 *** (5.26)	0.6326 *** (5.77)	0.6672 *** (6.18)	0.6615 *** (5.98)	0.6495 *** (6.01)
Age	−0.0821 (−1.47)	−0.0852 (−1.53)	−0.1577 ** (−2.56)	−0.1516 ** (−2.47)	−0.1559 ** (−2.53)
Top1	0.0089 *** (6.74)	0.0087 *** (6.58)	0.0102 *** (6.89)	0.0106 *** (7.15)	0.0105 *** (7.07)
LEV	−2.5676 *** (−15.69)	−2.5595 *** (−15.65)	−2.6369 *** (−15.60)	−2.6669 *** (−15.89)	−2.6598 *** (−15.83)
Investor	0.0469 *** (15.00)	0.0468 *** (15.00)	0.0458 *** (13.22)	0.0463 *** (13.35)	0.0464 *** (13.42)
Adjunct	0.0011 (0.02)	0.0012 (0.03)	0.0259 (0.45)	0.0263 (0.46)	0.0274 (0.48)
Manage	0.6479 *** (4.83)	0.6593 *** (4.92)	0.8506 *** (5.41)	0.8042 *** (5.08)	0.8143 *** (5.14)
InDirec	1.9624 *** (4.71)	2.0160 *** (4.83)	2.0274 *** (3.94)	2.0134 *** (3.92)	2.0742 *** (4.03)
Constant	16.8652 *** (22.15)	16.5561 *** (21.65)	17.5594 *** (20.00)	17.4530 *** (21.72)	17.1690 *** (21.55)
N	9759	9759	9759	9759	9759
R-squared	0.4654	0.4644	0.4790	0.4796	0.4789
F	64.57	64.42	36.69	41.16	41.91

注：***、**、* 分别表示在 1%、5%、10% 的水平下显著，括号内的 T 值为公司层面聚类稳健标准误 T 值。

四、小结

本节进一步探究了自主创新对跨国企业成长的影响以及公司自主创新能力在对外直接投资与企业成长关系之间的传导效应。本书研究发现，自主创新与企业成长关系正相关，表明自主创新能力的提升有助于企业成长；自主创新能力在对外直接投资与企业成长的关系中发挥了部分中介效用，表明了自主创新能力在对外直接投资与企业成长关系之间具有路径效应。

本节研究结论对政府和企业有以下启示：①对于政府而言，应探索建立支持企业对外直接投资的长效机制，加强企业投资动机、方式的引导。②对于企业而言，应不断学习和吸收发达国家先进技术和管理经验，进一步融入全球研发创新的产业链，促进其自主创新能力的提升。

第六章　研究总结与启示

第一节　研究总结

一、研究结论

在"走出去"战略及"一带一路"倡议的推动下，中国企业对外直接投资迅猛发展，同时随着中国经济崛起，中国与发达国家产业分工从互补走向竞争，使得战略性资产寻求也逐渐成为对外直接投资的主要动机，这意味着"走出去"正迈向更高层次，然而，同时也伴随着国际政治纷争、贸易摩擦增加、发达国家采取限制出口和严管跨国并购的"逆全球化"。那么，作为一种关键的学习工具和战略性资产寻求途径的对外直接投资能否促进企业成长呢？对外直接投资的多元溢出效应会对跨国投资企业成长产生怎样的影响？为回答这些问题，本书采用中国沪深 A 股 2010~2017 年非金融上市公司经验数据进行了实证研究，研究结论如下：

（一）对外直接投资、社会责任履行与企业成长的关系

第一，对外直接投资对企业社会责任履行的影响。本书研究发现，对外直接投资与企业社会责任评分显著正相关，说明对外直接投资是企业履行企业社会责任的最主要的驱动因素之一。在更换社会责任度量指标、更换回归检验方法、使用 Heckman 两阶段模型、工具变量和倾向得分匹配法控制内生性后，结果依然稳健。

进一步探究对外直接投资影响社会责任履行的机理，研究发现：①当东道国制度质量较高时，对外直接投资与企业社会责任评分显著正相关，说明合法性动机是中国跨国公司履行社会责任的主要动机之一；②在国有上市公司中，对外直接投资与社会责任评分显著正相关，而在非国上市公司中，二者关系不显著，表明对外直接投资对社会责任履行的影响主要存在于国有上市公司中，这也从母公司产权性质的角度，验证了合法性动机是中国公司国际化中承担更多社会责任的主要动机之一；③在社会责任敏感行业中，对外直接投资与企业社会责任评分显著正相关，而在非敏感行业中，不存在显著关系，进一步从行业特征的角度，说明跨国公司基于合法性动机，对外直接投资提升了企业社会责任履行水平；④当企业内部控制有效性较高时，对外直接投资与公司社会责任评分显著正相关，而当内部控制有效性较低时，二者无显著相关关系，说明中国企业对外直接投资过程中也自发履行了社会责任。由此可见，当东道国制度质量较高、为国有上市公司、所处行业为社会责任敏感性行业以及企业内部控制有效性较高时，对外直接投资显著提升了企业社会责任评分，说明对外直接投资对社会责任的正向影响主要源于政治制度的外生要求与公司内在自发选择，即履行社会责任是对外直接投资的必然要求和主动实践的结合。

在拓展性分析中考察了对外直接投资进入模式、公司内外部治理环境因素对二者之间关系的影响。研究表明，跨国并购、企业管理层权力小以及境外机构持股时，对外直接投资对企业社会责任水平的提升作用更为显著。

第二，对外直接投资对企业成长的影响。本书研究发现，对外直接投资与企业成长显著正相关，说明对外直接投资促进了企业成长。在更换主要变量度量方式、更换回归检验方法、使用 Heckman 两阶段模型、工具变量和倾向得分匹配法控制内生性后，结果依然稳健。然而，在不同的情境下，对外直接投资对公司成长的促进效应具有异质性：①当企业在发达国家有投资时，其成长性提升要好于未在发达国家投资的企业；②当企业拥有海外并购公司时，其成长性提升要好于仅有绿地投资的企业，表明跨国并购产生的协同效应有助于企业发展；③当企业在避税地投资时，会削弱对外直接投资对企业成长的正向影响；④与国有企业相比，民营企业对外直接投资对企业成长的影响更大；⑤企业内部控制有效性越高，对外直接投资对企业成长的正向影响越强，表明了良好的内部控制在企业对外直接投资过程中，有助于提升企业国际资源整合效率；⑥对外直接投资对企业成长的正向影响在两权分离度高的公司中更加显著；⑦相对于非技术类企业，对外直接投资对企业成长的正向影响在技术类企业中更加显著。

第三，社会责任履行对企业成长的影响。本书研究发现，企业社会责任履行与企业成长显著正相关，说明企业积极履行社会责任有助于企业的成长。在更换变量度量方式、更换回归方法、使用工具变量等控制内生性后，结果依然稳健。然而，在不同的情境下，企业社会责任履行与企业成长的正相关关系具有异质性：①与国有企业相比，社会责任履行对企业成长的影响在民营企业中更为显著，表明民营企业会更充分利用通过社会责任履行给自身带来的资源，来弥补自身在资源获取上的劣势；②分析师关注度越高，社会责任履行对企业成长的正向影响越强；③与未拥有境外机构持股的企业相比，履行社会责任对企业成长性的正向影响在拥有境外机构持股的企业中更为显著；④当企业在发达国家拥有子公司或有跨国并购项目时，更能促进社会责任履行对企业成长的正向影响；⑤具有海外背景的高管人数越多，社会责任履行对企业成长的正向影响越强，表明了具有海外背景的高管有助于提升企业社会责任的信息质量以及资源整合效率。进一步对社会责任影响企业成长的路径进行研究，发现社会责任的良好表现有助于提升企业创新投入进而促进企业成长。

第四，社会责任在对外直接投资与企业成长关系中的作用。本书研究发现，①社会责任在对外直接投资与企业成长之间发挥了中介作用，表明对外直接投资通过促进社会责任履行间接促进了企业成长，这符合企业对外直接投资策略的预期，通过积极履行社会责任，降低进入海外市场的外来者劣势，提升企业声誉资本与关系资产，以培育自身独特竞争优势，促进企业成长；②企业内部控制有效性越高，对外直接投资通过社会责任履行影响企业成长的传导效应越强，表明内部控制有效性有助于降低信息不对称及委托代理问题，促使企业在对外直接投资过程中更好地履行社会责任；③分析师关注度越高，社会责任在对外直接投资与企业成长关系之间的中介作用越强，表明分析师关注，不仅直接影响企业社会责任履行，同时调节企业社会责任在对外直接投资与企业成长之间的中介作用。

（二）对外直接投资、内部控制有效性与企业成长的关系

本书研究发现，对外直接投资多样嵌入性与企业内部控制有效性负相关，表明新兴市场经济体的弱竞争优势和国外市场经验不足可以抵消国际扩张的积极影响，对外直接投资程度的提高本身并不必然带来管理溢出效应，要判断其具体影响也需结合不同的情境及因素来进行分析。基于此，本书进一步的研究发现，分析师跟踪在一定程度上抑制了对外直接投资对企业内部控制有效性的不利影响；

与拥有 QFII 持股的公司相比，对外直接投资对企业内部控制有效性的负向影响在未拥有 QFII 持股的母公司中更为显著；与拥有海外并购子公司相比，对外直接投资对企业内部控制有效性的负向影响在仅有绿地投资的母公司中更为显著；与未在避税地投资的公司相比，对外直接投资对企业内部控制有效性的负向影响在拥有避税地投资的母公司中更为显著；与在发达国家投资的公司相比，对外直接投资对企业内部控制有效性的负向影响在仅在非发达国家投资的母公司中更为显著。

基于以上分析可见，目前对外直接投资的多样性嵌入，增加了接触学习先进管理经验的途径，但并未促进企业内部控制有效性的提高，反而使对外直接投资增加了管理的复杂性、加剧了信息不对称程度和委托代理问题，进而对内部治理产生不利影响，从而难以进一步发挥内部控制有效性对企业成长的促进作用。

（三）对外直接投资、自主创新与企业成长的关系

本书研究发现，对外直接投资与公司自主创新能力是呈相关关系，且公司的吸收能力越强，对外直接投资在促进母公司自主创新中的作用更大。本书进一步的研究发现，对外直接投资对公司自主创新促进效应存在异质性，体现在：当母公司在发达国家拥有子公司时，即目的国中有发达国家，其自主创新能力提升要好于目的国未含有发达国家的公司，表明对外直接投资的创新增强效应不仅取决于其对外直接投资本身，而且还取决于影响随后知识获取的地理位置选择；当母公司拥有并购子公司时，其自主创新能力提升要好于仅有绿地投资的公司；当母公司在避税地未拥有子公司时，其自主创新能力提升要好于在避税地拥有子公司的投资公司；与没有 QFII 持股的公司相比，对外直接投资对公司自主创新的正向影响在拥有 QFII 持股的母公司中更为显著；与国有企业相比，民营企业对外直接投资的多样性嵌入对母公司自主创新的影响更大。由此，在当前我国自主创新能力促进技术进步的作用亟待提高的背景下，借助于对外直接途径通过嵌入技术发达国家和地区的高端产业链条以及在地理上接近其研发聚集地获取研发溢出，运用模仿以及"干中学"等多种手段获取东道国先进的技术、管理经验以及前沿信息，有助于投资公司自主创新力的提升，只是在不同的内外部因素影响下，对外直接投资对公司自主创新能力影响的程度不同。

进一步研究发现，自主创新能力与企业成长关系呈正相关，表明自主创新能力的提升有助于企业成长；自主创新能力在对外直接投资与企业成长的关系中发挥了部分中介效用，表明自主创新能力在对外直接投资与企业成长关系之间具有

路径效应。

二、研究不足与展望

（一）研究不足

第一，本书基于 2010~2017 年中国沪深 A 股非金融上市公司，在手工收集与数据库查询相结合整理出上市公司对外直接投资相关数据的基础上，对对外直接投资与企业成长关系进行了探索，得出了一些初步结论。囿于数据获得性的限制，本书只能以公开的上市公司为样本，然而上市公司并不能代表全部企业，因此本书研究结论不具有普适性。

第二，缺少基于海外子公司视角的研究。文中采用海外子公司数量与海外子公司所在东道国数量来衡量企业的对外直接投资水平，来探究企业对外直接投资活动对企业成长的影响，可能有些粗略，缺少从海外子公司角度的研究。

第三，对外直接投资水平的确定。囿于数据的限制、衡量方法的不足以及当前中国企业跨国运营经验不足的实际，究竟怎样的对外直接投资水平更适合境内投资企业的成长，本书尚未能有效地进行界定。

第四，在实证检验中对内生性的处理也略显不足。为处理对外直接投资相关研究的内生性问题，文中采用了工具变量、倾向得分匹配法、Heckman 两阶段模型等，但仍显不足。

（二）研究展望

第一，更好地处理对外直接投资相关研究的内生性问题。为处理对外直接投资相关研究的内生性问题，本书采用了公司与年份双重聚类法、Heckman 两阶段模型等方法，在后续的研究中，进一步丰富数据内容，采用动态 DID 方法处理研究的内生性。

第二，随着中国企业全球化步伐的加快，如何履行社会责任才能优化整合国际资源、提升企业核心竞争力、降低运营风险以促进企业更好的成长，值得进一步深入研究。

第三，海外子公司通过执行关键功能（如战略性资产寻求、市场机会寻求等）来担当公司战略推动者的角色。海外子公司的内部治理、经营水平的高低可能会影响其承担关键职能的实现程度，进而对国内母公司的管理、战略决策等产生不同影响，未来可进一步研究海外子公司的运营能力对国内母公司成长的影响效应。

第四，国际化企业都将面临日益复杂、动态的发展环境。近几年，全球经济持续低迷，民粹主义抬头、"逆全球化"浪潮持续蔓延，西方发达国家出于自保相继出现了英国脱欧、美国退群等事件，尤其是美国提倡"美国优先"的主要针对中国、欧盟等国家和地区的贸易与投资保护主义。2016年中国对美国的直接投资达到创纪录的169.8亿美元，但2017年受投资限制，同比下降35%。2018年8月，美国发布《外国投资风险评估现代化法案》（FIRRMA），进一步扩大美国外国投资审查委员会审批权限，标志着美国对外国投资限制日趋严苛，且将"敏感资产"内涵不断扩大，使得涟漪效应显现，其他欧美国家相继效仿美国，导致全球投资安全审查趋紧，国际投资格局面临重构，中国的技术"学习之路"会愈加变窄。据此，基于不确定、不稳定因素日益增加的国际环境，进一步研究对外直接投资对企业成长的影响机制显得尤为重要。

第五，近几年来，中国政府进一步推动国有企业混改，支持国有企业股权结构多元化，一些国企已经成为国有和私有企业的混合组织，公司治理结构也相应发生变化。同时，政府对其影响力也发生了变化，体现在政府的影响力不仅取决于混合公司的股权水平，而且还取决于持有股权的政府类型，例如地方政府与中央政府，以及正式和非正式机构在监督国有企业决策者方面的有效性（Estrin et al.，2016）。因此，国有企业混改后，可能对企业对外直接投资决策及其经济后果产生新的影响。这也可以作为下一步的研究方向。

第二节　研究启示

为了充分发挥对外直接投资的积极作用，克服对外直接投资带来的不利影响，充分发挥"走出去"战略服务实体经济发展、促进企业成长的作用，分别从政府和企业两个层面进行阐述：

一、政府层面的启示

（一）加强对企业对外直接投资活动的引导与监督

继续加强对企业对外直接投资活动的引导、支持与监管，提升对外直接投资的有效性。针对快速发展的跨国并购，政府主管部门一方面应对企业继续提供必要的便利化服务和政策支持，及时发布风险提示和信息引导，确保企业投资的安全性和持续性；另一方面应加强事中事后监管，特别要加强对重大项目的关注和跟踪。

（二）完善企业履行社会责任的制度建设

建立企业履行社会责任推动与监督机制、制定企业履行社会责任分类指引、构建含企业履行社会责任水平的公司整体绩效评价机制等，引导企业根据自身特征履行社会责任，进而更好地发挥社会责任履行对企业成长的积极作用。

（三）强化企业社会责任信息披露制度

继续强化企业社会责任信息披露制度，规范、改善企业社会责任履行信息的披露与传播。中国上市公司社会责任评分总体较低，一方面原因是部分企业履行社会责任水平确实不高，因而应进一步完善企业社会责任履行的监督机制，与社会责任信息机制形成良性互动；另一方面重要原因在于社会责任履行"只做不说"，因而鼓励跨国公司在履行社会责任的同时，积极披露该信息，并采用合适的方式向东道国和关键利益相关者传播企业在社会责任履行方面的措施与成效，改善企业形象，提升竞争优势。

（四）适当放宽境外机构投资限制

本书研究表明，境外机构持股通过降低公司的信息不对称、弱化公司代理问题以及给企业带来先进的技术、管理知识等资源，促进了企业成长。因而需要适当放宽境外机构投资的引入数量和金额，同时也应重点监控 QFII 的资质和投资行为，加强机构投资者利益的保护，以释放境外机构投资的治理活力及其所带来的资源。

（五）加强信息中介队伍建设与监管

本书研究表明，分析师关注能促进社会责任履行效用的提升，进而促进企业成长。因而应加强对市场信息中介的诚信制度建设和对分析师等信息中介的监督，以充分发挥外部治理机制的公司治理作用。

二、企业层面的启示

（一）提升跨国公司的嵌入能力

对外直接投资企业应全面了解东道国的政治、法律、文化等环境，使自身管理体系与东道国企业保持一致，以便能够快捷、高效地获取当地先进的技术、管理等知识，并进行有效整合，助力企业成长。

（二）企业应优化在对外直接投资过程中的区位选择

本书研究表明，在发达国家的直接投资促进企业社会责任履行及企业成长的作用更为显著。东道国的选择对对外直接投资过程中学习效应的大小至关重要，企业决策者应考虑特定东道国的制度及经济发展情况是否有利于其自身发展，进一步如何有效利用东道国的制度、经济优势等方面的资源来提升企业竞争力。

（三）企业要改变观念，强化社会责任履行意识

应把企业社会责任看成是一种投资而不仅仅是成本，是企业培育自身独特竞争优势、促进企业成长的重要途径。本书研究表明，跨国企业社会责任的履行促进了企业自身成长，对于追求持续成长的企业而言，应重视社会责任的履行，实现从"社会责任成本"到"社会责任资本"的价值观念转变。

（四）将社会责任履行与企业战略决策深度融合

社会责任不应仅仅限于应对合法性需求及被动响应社会压力等，而应向主动融入企业战略管理转变，并能够与企业的全球价值链构建相结合，对企业国际化战略给予支持，以进一步发挥出社会责任履行促进企业成长的价值创造力。

（五）要有效地披露企业履行社会责任活动信息

本书研究表明，分析师关注度的增加，扩大了对外直接投资企业社会责任履行信息的传播，有助于企业获取更多的外部资源。因而，应主动、及时地向利益相关者传播企业社会责任履行信息，增强资本市场上利益相关者对企业的认知度，以促进企业社会责任履行加快内化为企业资本（如声誉资本、关系资产）和形成独特竞争优势。

参考文献

［1］白俊红，刘宇英．对外直接投资能否改善中国的资源错配［J］．中国工业经济，2018（1）：60-78．

［2］蔡新蕾，高山行，徐新．企业自主技术创新测度及不同创新模式作用研究［J］．科技进步与对策，2014，31（1）：116-122．

［3］陈怀超，范建红，牛冲槐．基于制度距离的中国跨国公司进入战略选择：合资还是独资？［J］．管理评论，2013，25（12）：98-111．

［4］陈怀超．战略柔性影响中国跨国公司国际化绩效了吗？——东道国环境的调节作用和子公司股权结构的中介作用［J］．中央财经大学学报，2016（2）：94-103．

［5］陈立敏．国际化战略与企业绩效关系的争议——国际研究评述［J］．南开管理评论，2014，17（5）：112-125．

［6］陈良，张正勇，高文亮．合规管理与企业社会责任信息披露——来自中国上市公司的经验证据［J］．南京财经大学学报，2012（6）：73-79．

［7］陈露兰，王昱升．证券分析师跟踪与企业社会责任信息披露——基于中国资本市场的研究［J］．宏观经济研究，2014（5）：107-116．

［8］陈永强，潘奇．国际化经营对企业履行社会责任的影响——以慈善捐赠为例的上市公司实证研究［J］．杭州师范大学学报（社会科学版），2016（3）：128-136．

［9］陈志军，闵亦杰．家族控制与企业社会责任：基于社会情感财富理论的解释［J］．经济管理，2015（4）：42-50．

［10］程聪，池仁勇，张伟．企业推动SCSR项目实施机制研究［J］．科研管理，2019（1）：139-150．

［11］戴翔．"走出去"促进我国本土企业生产率提升了吗？［J］．世界经济研究，2016（2）：78-89.

［12］翟华云．预算软约束下外部融资需求对企业社会责任披露的影响［J］．中国人口·资源与环境，2010，20（9）：107-113.

［13］杜传忠，郭树龙．经济转轨期中国企业成长的影响因素及其机理分析［J］．中国工业经济，2012（11）：97-109.

［14］高鹏飞，辛灵，孙文莉．新中国70年对外直接投资：发展历程、理论逻辑与政策体系［J］．财经理论与实践（双月刊），2019，40（5）：2-10.

［15］关鑫，齐晓飞．中国企业对外直接投资的驱动因素研究——基于制度理论的解释［M］．北京：科学出版社，2018.

［16］郭斌．规模、R&D与绩效：对我国软件产业的实证分析［J］．科研管理，2006，27（1）：121-126.

［17］韩先锋．中国对外直接投资逆向创新的价值链外溢效应［J］．科学学研究，2019，37（3）：556-567.

［18］胡珊珊，安同良．中国制药业上市公司专利绩效分析［J］．科技管理研究，2008，28（2）：194-196.

［19］黄珺，贺国亮．企业社会责任、技术创新与企业成长［J］．软科学，2017（7）：93-97.

［20］黄凌云，郑淑芳，王珏．"一带一路"背景下对外投资企业的合作共赢机制研究——基于社会责任视角［J］．管理评论，2018（2）：172-182.

［21］黄益平．对外直接投资的"中国故事"［J］．国际经济评论，2013（1）：20-33.

［22］姜雨峰，田虹．利益相关者需求有助于企业开展社会责任战略吗？——一项三维交互研究［J］．财经论丛，2015（4）：81-88.

［23］蒋冠宏，蒋殿春．中国工业企业对外直接投资与企业生产率进步［J］．世界经济，2014a（9）：53-76.

［24］蒋冠宏，蒋殿春．中国企业对外直接投资的"出口效应"［J］．经济研究，2014b（5）：160-173.

［25］蒋冠宏．制度差异、文化距离与中国企业对外直接投资风险［J］．世界经济研究，2015（8）：37-47.

［26］蒋为，李行云，宋易珈．中国企业对外直接投资快速扩张的新解

释——基于路径、社群与邻伴的视角［J］. 中国工业经济, 2019 (3): 62-80.

［27］蒋尧明, 赖妍. 高管海外背景对企业社会责任信息披露的影响——基于任职地区规制压力的调节作用［J］. 山西财经大学学报, 2019, 41 (1): 70-86.

［28］金祥义, 张文菲. 有效信息披露与企业成长能力［J］. 世界经济文汇, 2019 (3): 38-56.

［29］金鑫, 雷光勇, 王文. 国际化经营、机构投资者与股价同步性［J］. 科学决策, 2011 (8): 1-21.

［30］金永红, 蒋宇思, 奚玉芹. 风险投资参与、创新投入与企业成长增值［J］. 科研管理, 2016, 37 (9): 59-67.

［31］靳小翠. 企业社会责任会影响社会资本吗?——基于市场竞争和法律制度的调节作用研究［J］. 中国软科学, 2018 (2): 129-139.

［32］孔东民, 李天赏. 政府补贴是否提升了公司绩效与社会责任?［J］. 证券市场导报, 2014 (6): 26-31.

［33］李兵, 岳云嵩, 陈婷. 出口与企业自主技术创新: 来自企业专利数据的经验研究［J］. 世界经济, 2016 (12): 72-94.

［34］李春涛, 刘贝贝, 周鹏, 等. 它山之石: QFII 与上市公司信息披露［J］. 金融研究, 2018 (12): 138-156.

［35］李春涛, 宋敏, 张璇. 分析师跟踪与企业盈余管理——来自中国上市公司的证据［J］. 金融研究, 2014 (7): 124-139.

［36］李东阳, 郑磊, 袁秀秀. 国际化程度对企业创新能力的影响——基于中国制造业上市公司的实证检验［J］. 财经问题研究, 2019 (4): 122-128.

［37］李国学. 制度约束与对外直接投资模式［J］. 国际经济评论, 2013 (1): 160-172.

［38］李康宏, 林润辉, 李娅, 等. 管制制度落差对中国跨国公司进入模式的影响［J］. 中国科技论坛, 2016 (9): 78-84.

［39］李磊, 白道欢, 冼国明. 对外直接投资如何影响了母国就业?——基于中国微观企业数据的研究［J］. 经济研究, 2016 (8): 144-158.

［40］李梅, 柳士昌. 对外直接投资逆向技术溢出的地区差异和门槛效应——基于中国省际面板数据的门槛回归分析［J］. 管理世界, 2012 (1): 21-32.

［41］李梅，余天骄．海外研发投资与母公司创新绩效——基于企业资源和国际化经验的调节作用［J］．世界经济研究，2016（8）：101-113．

［42］李平，马晓辉．对外直接投资是否缓解了企业要素错配？——基于中国工业企业数据的实证分析［J］．上海对外经贸大学学报，2019，26（5）：26-38．

［43］李童，皮建才．中国逆向与顺向OFDI的动因研究：一个文献综述［J］．经济学家，2019（3）：43-51．

［44］李新春，肖宵．制度逃离还是创新驱动？——制度约束与民营企业的对外直接投资［J］．管理世界，2017（10）：99-112．

［45］李志斌，章铁生．内部控制、产权性质与社会责任信息披露——来自中国上市公司的经验证据［J］．会计研究，2017（10）：86-92．

［46］李自杰，高璎峻，梁屿汀．新兴市场企业如何推进并进型对外直接投资战略？［J］．科学学与科学技术管理，2017，38（1）：62-74．

［47］林雨晨，林洪，孔祥婷．境内外机构投资者与会计稳健性：谁参与了公司治理？［J］．江西财经大学学报，2015（2）：32-40．

［48］林志帆．中国的对外直接投资真的促进出口吗［J］．财贸经济，2016，37（2）：100-113．

［49］林钟高，郑军，王书珍．内部控制与企业成长研究——来自沪深两市A股的经验分析［J］．财经研究，2007（4）：132-143．

［50］刘海云，毛海欧．制造业OFDI对出口增加值的影响［J］．中国工业经济，2016（7）：91-108．

［51］刘明霞，王学军．中国对外直接投资的逆向技术溢出效应研究［J］．世界经济研究，2009（9）：57-62．

［52］刘志阔，陈钊，吴辉航，等．中国企业的税基侵蚀和利润转移——国际税收治理体系重构下的中国经验［J］．经济研究，2019（2）：21-35．

［53］逯东，王运陈，付鹏．CEO激励提高了内部控制有效性吗？——来自国有上市公司的经验证据［J］．会计研究，2014（6）：66-72．

［54］罗津，贾兴平．企业社会责任行为与技术创新关系研究——基于社会资本理论［J］．研究与发展管理，2017（4）：104-114．

［55］罗炜，朱春艳．代理成本与公司自愿性披露［J］．经济研究，2010（10）：143-155．

[56] 罗长远，李姝醒．出口是否有助于缓解企业的融资约束？——基于世界银行中国企业调查数据的实证研究 [J]．金融研究，2014（9）：1-17.

[57] 罗正英，姜钧乐，陈艳，等．行业竞争、高管薪酬与企业社会责任履行 [J]．华东师范大学学报（哲学社会科学版），2018（4）：153-162.

[58] 马亚明，张岩贵．策略竞争与发展中国家的对外直接投资 [J]．南开经济研究，2000（4）：29-32.

[59] 马妍妍，俞毛毛，程京京．资本市场开放促进企业创新了么？——基于陆港通样本的微观证据 [J]．财经论丛，2019（8）：39-52.

[60] 毛海欧，刘海云，刘贯春．外商撤资降低了企业的自主创新效率吗——来自中国工业企业与专利匹配数据的证据 [J]．国际贸易问题，2019（11）：16-28.

[61] 毛其淋，许家云．中国企业对外直接投资是否促进了企业创新 [J]．世界经济，2014（8）：98-125.

[62] 牟琪，吴柏钧．异质机构持股、政府补贴与企业技术创新 [J]．科技进步与对策，2018，35（22）：95-100.

[63] 倪得兵，李璇，唐小我．供应链中 CSR 运作：相互激励、CSR 配置与合作 [J]．中国管理科学，2015，23（9）：97-105.

[64] 钱爱民，朱大鹏．企业财务状况质量与社会责任动机：基于信号传递理论的分析 [J]．财务研究，2017（3）：3-13.

[65] 钱锡红，徐万里，李孔岳．企业家三维关系网络与企业成长研究——基于珠三角私营企业的实证 [J]．中国工业经济，2009（1）：87-97.

[66] 乔琳，朱炜，綦好东．QFII 网络关系与企业成长——基于中国 A 股上市公司的实证分析 [J]．当代财经，2019，417（8）：128-140.

[67] 乔友庆．国际化程度与产品差异化能力对厂商绩效之影响——台湾大型制造厂商之实证研究 [D]．国立台湾政治大学企业管理研究所博士学位论文，2002.

[68] 权小锋，吴世农，文芳．管理层权力、私有收益与薪酬操纵 [J]．经济研究，2010（11）：73-87.

[69] 权小锋，吴世农，尹洪英．企业社会责任与股价崩盘风险："价值利器"或"自利工具"？[J]．经济研究，2015（11）：49-64.

[70] 荣大聂，提洛·赫恩曼．中国对发达经济体的直接投资：欧洲和美国

的案例［J］. 国际经济评论, 2013 (1): 94-108.

［71］沈春苗, 郑江淮. 中国企业"走出去"获得发达国家"核心技术"了吗？——基于技能偏向性技术进步视角的分析［J］. 金融研究, 2019 (1): 111-127.

［72］沈洪涛, 杨熠, 吴奕彬. 合规性、公司治理与社会责任信息披露［J］. 中国会计评论, 2010 (3): 363-376.

［73］石军伟, 胡立君, 付海艳. 企业社会责任、社会资本与组织竞争优势: 一个战略互动视角——基于中国转型期经验的实证研究［J］. 中国工业经济, 2009 (11): 87-98.

［74］宋建波, 文雯. 董事的海外背景能促进企业创新吗？［J］. 中国软科学, 2016 (11): 109-120.

［75］宋丽娟. 企业社会责任对企业成长影响的微观作用机理——基于效率效应与信誉效应的分析［J］. 商业经济研究, 2016 (13): 127-132.

［76］宋林, 彬彬, 乔小乐. 制度距离对中国海外投资企业社会责任影响研究——基于国际经验的调节作用［J］. 北京工商大学学报 (社会科学版), 2019a (2): 90-103.

［77］宋林, 张丹, 谢伟. 对外直接投资与企业绩效提升［J］. 经济管理, 2019b (9): 57-74.

［78］宋献中, 胡珺, 李四海. 社会责任信息披露与股价崩盘风险——基于信息效应与声誉保险效应的路径分析［J］. 金融研究, 2017 (4): 161-175.

［79］苏莉, 黄新飞, 邱惠民. 对外直接投资加剧财务风险了吗？——基于中国 A 股上市公司的证据［J］. 西安交通大学学报 (社会科学版), 2019, 39 (1): 28-37.

［80］孙淑伟, 何贤杰, 赵瑞光, 等. 中国企业海外并购溢价研究［J］. 南开管理评论, 2017, 20 (3): 77-89.

［81］孙翔宇, 孙谦, 胡双凯. 中国企业海外并购溢价的影响因素［J］. 国际贸易问题, 2019 (6): 145-159.

［82］唐鹏程, 杨树旺. 企业社会责任投资模式研究: 基于价值的判断标准［J］. 中国工业经济, 2016 (7): 109-126.

［83］汪洋, 严军, 马春光. 中国企业对外直接投资过程中的价值侵蚀问题研究［J］. 财政研究, 2014 (7): 41-44.

[84] 王爱群，阮磊，王艺霖．基于面板数据的内控质量、产权属性与企业成长研究 [J]．会计研究，2015（7）：63-70.

[85] 王碧珺．被误读的官方数据——揭示真实的中国对外直接投资模式 [J]．国际经济评论，2013（1）：61-74.

[86] 王海林，王晓旭．企业国际化、信息透明度与内部控制质量——基于制造业上市公司的数据 [J]．审计研究，2018（1）：78-85.

[87] 王建玲，李玥婷，吴璇．企业社会责任与风险承担：基于资源依赖理论视角 [J]．预测，2019，38（3）：45-51.

[88] 王恕立，向姣姣．制度质量、投资动机与中国对外直接投资的区位选择 [J]．财经研究，2015，41（5）：134-144.

[89] 王新，李彦霖，毛洪涛．企业国际化经营、股价信息含量与股权激励有效性 [J]．会计研究，2014（11）：46-53.

[90] 王雪莉，马琳，王艳丽．高管团队职能背景对企业绩效的影响：以中国信息技术行业上市公司为例 [J]．南开管理评论，2013，16（4）：80-93.

[91] 王英，刘思峰．国际技术外溢渠道的实证研究 [J]．数量经济技术经济研究，2008（4）：153-161.

[92] 王永钦，杜巨澜，王凯．中国对外直接投资区位选择的决定因素：制度、税负和资源禀赋 [J]．经济研究，2014（12）：126-142.

[93] 王玉霞，孙治一．领导权结构和 CEO 激励对企业创新的影响——基于战略新兴产业上市公司的经验数据 [J]．经济问题，2019（1）：60-67.

[94] 王跃生，陶涛．再论 FDI 的后发大国模式：基础、优势与条件 [J]．国际经济评论，2010（6）：55-69.

[95] 王站杰，买生．企业社会责任、创新能力与国际化战略——高管薪酬激励的调节效应 [J]．管理评论，2019（3）：193-202.

[96] 魏江，王诗翔．从"反应"到"前摄"：万向在美国的合法性战略演化（1994~2015）[J]．管理世界，2017（8）：136-153.

[97] 温忠麟，叶宝娟．有调节的中介模型检验方法：竞争还是替补？[J]．心理学报，2014，46（5）：714-726.

[98] 温忠麟，张雷，侯杰泰，等．中介效应检验程序及其应用 [J]．心理学报，2004，36（5）：614-620.

[99] 文雯，宋建波．高管海外背景与企业社会责任 [J]．管理科学，

2017, 30（2）：119-131.

［100］吴彬，黄韬．二阶段理论：外商直接投资新的分析模型［J］．经济研究，1997（7）：25-31.

［101］吴德军．公司治理、媒体关注与企业社会责任［J］．中南财经政法大学学报，2016（5）：110-117.

［102］吴剑峰，乔璐．企业社会责任与跨国并购的关系：研究综述与展望［J］．经济管理，2018，40（11）：193-210.

［103］吴先明，黄春桃．中国企业对外直接投资的动因：逆向投资与顺向投资的比较研究［J］．中国工业经济，2016（1）：99-113.

［104］吴晓云，张欣妍．企业能力、技术创新和价值网络合作创新与企业绩效［J］．管理科学，2015，28（6）：12-27.

［105］夏立军，方轶强．政府控制、治理环境与企业成长——来自中国证券市场的经验证据［J］．经济研究，2005（5）：40-51.

［106］小岛清．对外贸易论［M］．周宝廉，译．天津：南开大学出版社，1987.

［107］肖红军，程俊杰，黄速建．社会责任规制会抑制企业对外直接投资吗？［J］．南京大学学报（哲学·人文科学·社会科学），2018（3）：20-29.

［108］肖华，张国清．内部控制质量、盈余持续性与企业成长［J］．会计研究，2013（5）：73-80.

［109］肖慧敏，刘辉煌．中国对外直接投资提升了企业效率吗［J］．财贸经济，2014，35（5）：70-81.

［110］肖文，林高榜．海外研发资本对中国技术进步的知识溢出［J］．世界经济，2011（1）：37-51.

［111］谢建国，周露昭．进口贸易、吸收能力与国际R&D技术溢出：中国省区面板数据的研究［J］．世界经济，2009（9）：68-81.

［112］谢伟，宋林．对外直接投资与高管薪酬——来自中国上市公司的证据［J］．华东经济管理，2018，32（11）：136-145.

［113］辛杰，吴创．企业家文化价值观对企业社会责任的影响机制研究［J］．中南财经政法大学学报，2015（1）：105-115.

［114］熊广勤，周文锋，李惠平．产业集聚视角下融资约束对企业研发投资的影响研究——以中国创业板上市公司为例［J］．宏观经济研究，2019（9）：

88-101.

［115］徐莉，班博．对外直接投资模式的国际比较：一个文献综述［J］．东岳论丛，2012，33（10）：130-134.

［116］徐细雄，朱红艳，淦未宇，等．"海归"高管回流与企业社会责任绩效改善——基于文化趋同视角的实证研究［J］．外国经济与管理，2018（5）：99-112.

［117］徐笑君．文化差异对美资跨国公司总部知识转移影响研究［J］．科研管理，2010（4）：49-58.

［118］杨连星，沈超海，殷德生．对外直接投资如何影响企业产出［J］．世界经济，2019（4）：77-100.

［119］杨平丽，曹子瑛．对外直接投资对企业利润率的影响——来自中国工业企业的证据［J］．中南财经政法大学学报，2017（1）：132-139.

［120］杨清香，廖甜甜．内部控制、技术创新与价值创造能力的关系研究［J］．管理学报，2017，14（8）：1190-1198.

［121］杨清香，俞麟，宋丽．内部控制信息披露与市场反应研究——来自中国沪市上市公司的经验证据［J］．南开管理评论，2012，15（1）：123-130.

［122］杨松令，解晖，张伟．央企控股上市公司内部控制质量与企业成长研究［J］．经济管理，2014（7）：90-99.

［123］杨兴全，吴昊旻，曾义．公司治理与现金持有竞争效应——基于资本投资中介效应的实证研究［J］．中国工业经济，2015（1）：121-133.

［124］杨忠，张骁．企业国际化程度与绩效关系研究［J］．经济研究，2009（2）：32-42.

［125］姚惠泽，张梅．要素市场扭曲、对外直接投资与中国企业技术创新［J］．产业经济研究，2018，97（6）：26-39.

［126］叶宝娟，温忠麟．有中介的调节模型检验方法：甄别和整合［J］．心理学报，2013，45（9）：1050-1060.

［127］叶娇，赵云鹏．对外直接投资与逆向技术溢出——基于企业微观特征的分析［J］．国际贸易问题，2016（1）：134-144.

［128］叶康涛，刘行．公司避税活动与内部代理成本［J］．金融研究，2014（9）：158-176.

［129］尹东东，张建清．我国对外直接投资逆向技术溢出效应研究——基于

吸收能力视角的实证分析［J］.国际贸易问题，2016（1）：109-120.

［130］殷世波，陆蓓蓉，李凯妮.金融机构企业社会责任发展指数与经营绩效相关性分析［J］.统计与决策，2014（4）：186-188.

［131］余官胜，范朋真，都斌.我国企业对外直接投资速度与经营效益——基于管理效率视角的实证研究［J］.产业经济研究，2018（2）：29-38.

［132］余海燕，沈桂龙.对外直接投资对母国全球价值链地位影响的实证研究［J］.世界经济研究，2020（3）：107-120.

［133］余明桂，李文贵，潘红波.民营化、产权保护与企业风险承担［J］.经济研究，2013（9）：112-124.

［134］余明桂，钟慧洁，范蕊.业绩考核制度可以促进央企创新吗？［J］.经济研究，2016（12）：104-117.

［135］袁诚，陆挺.外商直接投资与管理知识溢出效应：来自中国民营企业家的证据［J］.经济研究，2005（3）：69-79.

［136］袁东，李霖洁，余淼杰.外向型对外直接投资与母公司生产率——对母公司特征和子公司进入策略的考察［J］.南开经济研究，2015（3）：38-58.

［137］张春萍.中国对外直接投资的贸易效应研究［J］.数量经济技术经济研究，2012（6）：74-85.

［138］张蒽，魏秀丽，王志敏.中资企业海外社会责任报告质量研究［J］.首都经济贸易大学学报，2017（6）：70-78.

［139］张洁，唐洁.资本错配、融资约束与企业研发投入——来自中国高新技术上市公司的经验证据［J］.科技进步与对策，2019，36（20）：103-111.

［140］张先锋，杨栋旭，张杰.对外直接投资能缓解企业融资约束吗——基于中国工业企业的经验证据［J］.国际贸易问题，2017（8）：133-143.

［141］张璇，刘贝贝，汪婷，等.信贷寻租、融资约束与企业创新［J］.经济研究，2017（5）：161-174.

［142］张学勇，廖理.股权分置改革、自愿性信息披露与公司治理［J］.经济研究，2010（4）：28-39.

［143］张宇燕.全球投资安全审查趋紧，国际投资格局面临重构［J］.国际金融研究，2019（1）：8.

［144］张兆国，向首任，曹丹婷.高管团队异质性与企业社会责任——基于预算管理的行为整合作用研究［J］.管理评论，2018（4）：120-131.

［145］赵宸宇，李雪松．对外直接投资与企业技术创新——基于中国上市公司微观数据的实证研究［J］．国际贸易问题，2017（6）：105-117．

［146］赵春明，何艳．从国际经验看中国对外直接投资的产业和区位选择［J］．世界经济，2002（5）：38-41．

［147］赵海龙，何贤杰，王孝钰，等．海外并购能够改善中国企业公司治理吗［J］．南开管理评论，2016，19（3）：31-39．

［148］郑春美，朱丽君．QFII对创新投入及企业成长的影响［J］．科技进步与对策，2019，36（5）：86-95．

［149］郑丹青．对外直接投资与全球价值链分工地位——来自中国微观企业的经验证据［J］．国际贸易问题，2019（8）：109-123．

［150］中国对外直接投资合作发展报告［R］．中华人民共和国商务部，2017．

［151］2018年度中国对外直接投资统计公报［R］．中华人民共和国商务部、国家统计局、国家外汇管理局，2019．

［152］中科院院士徐冠华：诺奖的缺乏映射了中国原始创新能力的薄弱［EB/OL］．http：//www.sohu.com/a/340679062_118392，2019-09-13．

［153］周超，苏冬蔚．产能过剩背景下跨国经营的实物期权价值［J］．经济研究，2019，54（1）：20-35．

［154］周冬华．证券分析师关心公司治理吗——基于中国资本市场的经验证据［J］．山西财经大学学报，2013（2）：23-34．

［155］周茂，陆毅，陈丽丽．企业生产率与企业对外直接投资进入模式选择——来自中国企业的证据［J］．管理世界，2015（11）：70-86．

［156］周燕，郑涵钰．对外扩张速度与对外投资绩效：对中国上市公司的考察［J］．国际贸易问题，2019（1）：132-146．

［157］周中胜，何德旭，李正．制度环境与企业社会责任履行：来自中国上市公司的经验证据［J］．中国软科学，2012（10）：59-68．

［158］宗芳宇，路江涌，武常岐．双边投资协定、制度环境和企业对外直接投资区位选择［J］．经济研究，2012（5）：71-82．

［159］邹衍．对外直接投资与内资企业成长——基于出口产品质量的视角［J］．世界经济与政治论坛，2016（6）：83-103．

［160］Aggarwal R，Berrill J，Hutson E，et al．What is a Multinational Corporation? Classifying the Degree of Firm-level Multinationality [J]. International Business Review, 2011, 20 (5): 557-577.

[161] Almodóvar P. The International Performance of Standardizing and Customizing Spanish Firms: The M Curve Relationships [J]. Multinational Business Review, 2012, 20 (4): 306-330.

[162] Altamuro J, Beatty A. How does Internal Control Regulation Effect Financial Reporting? [J]. Journal of Accounting and Economics, 2010, 49 (1-2): 58-74.

[163] Arp F. Emerging Giants, Aspiring Multinationals, and Foreign Executives: Leapfrogging, Capability Building, and Competing with Developed Country Multinationals [J]. Human Resource Management, 2014, 53 (6): 851-876.

[164] Attig N, Boubakri N, El Ghoul S, et al. Firm Internationalization and Corporate Social Responsibility [J]. Journal of Business Ethics, 2016, 134 (2): 171-197.

[165] Backhaus K B, Stone B A, Heiner K. Exploring the Relationship Between Corporate Social Performance and Employer Attractiveness [J]. Business and Society, 2002, 41 (3): 292-318.

[166] Banerjee S, Prahbu J C, Chandy R K. Indirect Learning: How Emerging-market Firms Grow in Developed Markets [J]. Journal of Marketing, 2015, 79 (1): 10-28.

[167] Bansal P, Hunter T. Strategic Explanations for the Early Adoption of ISO 14001 [J]. Journal of Business Ethics, 2003, 46 (3): 289-299.

[168] Bansal P, Roth K. Why Companies Go Green: A Model of Ecological Responsiveness [J]. Academy of Management Journal, 2000, 43 (4): 717-736.

[169] Barnea A, Rubin A. Corporate Social Responsibility as a Conflict Between Shareholders [J]. Journal of Business Ethics, 2010, 97 (1): 71-86.

[170] Barnett M L, Salomon R M. Does it Pay to be Really Good? Addressing the Shape of the Relationship between Social and Financial Performance [J]. Strategic Management Journal, 2012, 33 (11): 1304-1320.

[171] Bénabou R, Tirole J. Individual and Corporate Social Responsibility [J]. Economica, 2010, 77 (305): 1-19.

[172] Bennedsen M, Zeume S. Corporate Tax Havens and Transparency [J]. Review of Financial Studies, 2018, 31 (4): 1221-1264.

[173] Berman S L, Wicks A C, Kotha S, et al. Does Stakeholder Orientation Matter? The Relationship between Stakeholder Management Models and Firm Financial Performance [J]. Academy of Management Journal, 1999, 42 (5): 488-506.

[174] Berrill J, Kearney C. Firm-level Internationalisation and the Home Bias Puzzle [J]. Journal of Economics and Business, 2010, 62 (4): 235-256.

[175] Berry H, Kaul A. Replicating the Multinationality-performance Relationship: Is There an S-curve? [J]. Strategic Management Journal, 2016, 37 (11): 2275-2290.

[176] Bertrand O, Capron L. Productivity Enhancement at Home Via Cross-border Acquisitions: The Roles of Learning and Contemporaneous Domestic Investments [J]. Strategic Management Journal, 2015, 36 (5): 640-658.

[177] Bhaumik S K, Driffield N, Pal S. Does Ownership Structure of Emerging-market Firms Affect Their Outward FDI? The Case of the Indian Automotive and Pharmaceutical Sectors [J]. Journal of International Business Studies, 2010, 41 (3): 437-450.

[178] Bird R, Hall A D, Francesco Momentè and Francesco Reggiani. What Corporate Social Responsibility Activities are Valued by the Market? [J]. Journal of Business Ethics, 2007, 76 (2): 189-206.

[179] Boehe D, Cruz L. Corporate Social Responsibility, Product Differentiation Strategy and Export Performance [J]. Journal of Business Ethics, 2010 (91): 325-346.

[180] Brammer S J, Pavelin S, Porter L A. Corporate Charitable Giving, Multinational Companies and Countries of Concern [J]. Journal of Management Studies, 2009, 46 (4): 575-596.

[181] Brammer S J, Pavelin S, Porter L A. Corporate Social Performance and Geographical Diversification [J]. Journal of Business Research, 2006, 59 (9): 1025-1034.

[182] Brammer S, Brooks C, Pavelin S. Corporate Social Performance and Stock Returns: UK Evidence from Disaggregate Measures [J]. Financial Management,

2006, 35 (3): 97-116.

[183] Branco M C, Rodrigues L L. Factors Influencing Social Responsibility Disclosure by Portuguese Companies [J] . Journal of Business Ethics, 2008, 83 (4): 685-701.

[184] Bratti M, Felice G. Are Exporters More Likely to Introduce Product Innovations? [J] . The World Economy, 2012, 35 (11): 1559-1598.

[185] Brauer M, Wiersema M. Analyzing Analyst Research: A Review of Past Coverage and Recommendations for Future Research [J] . Journal of Management, 2017, 44 (1): 218-248.

[186] Buckley P J, Casson M. The Future of the Multinational Enterprise [J] . Southern Economic Journal, 1977, 44 (2): 410.

[187] Buckley P J, Casson M C. The Internalization Theory of the Multinational Enterprise: A Review of the Progress of a Research Agenda after 30 Years [J] . Journal of International Business Studies, 2009, 40 (9): 1563-1580.

[188] Buckley P J, Clegg L J, CrossA R, et al. The Determinants of Chinese Outward Foreign Direct Investment [J] . Journal of International Business Studies, 2007, 38 (4): 499-518.

[189] Bustos, Paula. Trade Liberalization, Exports, and Technology Upgrading: Evidence on the Impact of MERCOSUR on Argentinian Firms [J] . American Economic Review, 2011, 101 (1): 304-340.

[190] Campa J, Kedia S. Explaining the Diversification Discount [J] . Journal of Finance, 2002 (57): 1731-1762.

[191] Campbell D, Craven B, Shrives P. Voluntary Social Reporting in Three FTSE Sectors: A Comment on Perception and Legitimacy [J] . Accounting, Auditing & Accountability Journal, 2003, 16 (4): 558-581.

[192] Carroll A B. A Three-Dimensional Conceptual Model of Corporate Performance [J] . Academy of Management Review, 1979 (4): 497-505.

[193] Cassiman B, Golovko E. Innovation and Internationalization through Exports [J] . Journal of International Business Studies, 2011, 42 (1): 56-75.

[194] Chang H S, Donohoe M, Sougiannis T. Do Analysts Understand the Economic and Reporting Complexities of Derivatives? [J] . Journal of Accounting & Eco-

nomics, 2016, 61 (2-3): 584-604.

[195] Chen T, Harford J, Lin C. Do Analysts Matter for Governance? Evidence from Natural Experiments [J] . Journal of Financial Economics, 2015, 115 (2): 383-410.

[196] Chen V Z, Li J, Shapiro D M. International Reverse Spillover Effects on Parent Firms: Evidences from Emerging-market MNEs in Developed Markets [J] . European Management Journal, 2012, 30 (3): 204-218.

[197] Cheng B, Ioannou I, Serafeim G. Corporate Social Responsibility and Access to Finance [J] . Strategic Management Journal, 2014, 35 (1): 1-23.

[198] Child J, Rodrigues S B. The Internationalization of Chinese Firms: A Case for Theoretical Extension? [J] . Management and Organization Review, 2005 (1): 381-410.

[199] Cho E, Chun S, Choi D. International Diversification, Corporate Social Responsibility, and Corporate Governance: Evidence from Korea [J] . Journal of Applied Business Research, 2015, 31 (2): 743-764.

[200] Cho S Y, Lee C, Pfeiffer R J. Corporate Social Responsibility Performance and Information Asymmetry [J] . Journal of Accounting and Public Policy, 2013, 32 (1): 71-83.

[201] Choi J, Wang H. Stakeholder Relations and the Persistence of Corporate Social Performance [J] . Strategic Management Journal, 2009 (30): 895-907.

[202] Chrisman J J, McMullan E, Hall J. The Influence of Guided Preparation on the Long-term Performance of NewVentures [J] . Journal of Business Venturing, 2005, 20 (6): 769-791.

[203] Chung W, Alcácer J. Knowledge Seeking and Location Choice of Foreign Direct Investment in the United States [J] . Management Science, 2002, 48 (12): 1534-1554.

[204] Cohen W M, Levinthal D A. Absorptive Capacity: A New Perspective on Learning and Innovation [J] . Administrative Science Quarterly, 1990, 35 (1): 128-152.

[205] Contractor F J, Kundu S K, Hsu C C. A Three-stage Theory of International Expansion: The Link between Multinationality and Performance in the Service

Sector [J] . Journal of International Business Studies, 2003, 34 (1): 5-18.

[206] Crescenzi R, Pietrobelli C, Rabellotti R. Innovation Drivers, Value Chains and the Geography of Multinational Corporations in Europe [J] . Journal of Economic Geography, 2014, 14 (6): 1053-1086.

[207] Cui L, Meyer K E, Hu H W. What Drives Firms' Intent to Seek Strategic Assets by Foreign Direct Investment? A study of Emerging Economy Firms [J] . Journal of World Business, 2014, 49 (4): 488-501.

[208] Dastidar P. International Corporate Diversification and Performance: Does Firm Self-Selection Matter? [J] . Journal of International Business Studies, 2009, 40 (1): 71-85.

[209] Delmas M A, Pekovic S. Environmental Standards and Labor Productivity: Understanding the Mechanisms that Sustain Sustainability [J] . Journal of Organizational Behavior, 2013, 34 (2): 230-252.

[210] Deng P. Why do Chinese Firms Tend to Acquire Strategic Assets in International Expansion? [J] . Journal of World Business, 2009, 44 (1): 74-84.

[211] Deng X, Kang J K, Low B S. Corporate Social Responsibility and Stakeholder Value Maximization: Evidence from Mergers [J] . Journal of Financial Economics, 2013, 110 (1): 87-109.

[212] Dey A, Nikolaev V, Wang X. Disproportional Control Rights and Governance Role of Debt [J] . Management Science, 2015, 62 (9): 2581-2614.

[213] Dhaliwal D, Li O, Tsang A, et al. Voluntary Nonfinancial Disclosure and the Cost of Equity Capital: The Initiation of Corporate Social Responsibility Reporting [J] . Accounting Review, 2011, 86 (1): 59-100.

[214] Dittfeld M. Multinationality and Performance: A Context-specific Analysis for German Firms [J] . Management International Reviews, 2017, 57 (1): 1-35.

[215] Douma S, George R, Kabir R. Foreign and Domestic Ownership, Business Groups, and Firm Performance: Evidence from a Large Emerging Market [J] . Strategic Management Journal, 2006 (27): 637-657.

[216] Doyle J, Ge W, McVay S. Determinants of Weaknesses in Internal Control over Financial Reporting [J] . Journal of Accounting and Economics, 2007 (44): 193-223.

［217］Dunning J H, Lundan S M. Institutions and the OLI Paradigm of the Multinational Enterprise ［J］. Asia Pacific Journal of Management, 2008, 25 (4): 573-593.

［218］Dunning J H. Explaining the International Direct Investment Position of Countries: Towards a Dynamic or Developmental Approach ［J］. Review of World Economics, 1981, 117 (1): 30-64.

［219］Dunning J H. Trade, Location of Economic Activity and the MNE: A Search for an Eclectic Approach ［M］. UK: Palgrave Macmillan, 1977.

［220］Duqi A, Jaafar A, Torluccio G. Mispricing and Risk of R&D Investment in European Firms ［J］. European Journal of Finance, 2015, 21 (5): 444-465.

［221］Duru A, Reeb D M. International Diversification and Analysts' Forecast Accuracy and Bias ［J］. Accounting Review, 2002, 77 (2): 415-433.

［222］Easley D, O'Hara M. Information and the Cost of Capital ［J］. Journal of Finance, 2004, 59 (4): 1553-1583.

［223］Eccles R G, Ioannou I, Serafeim G. The Impact of Corporate Sustainability on Organizational Processes and Performance ［J］. Management Science, 2014, 60 (11): 2835-2857.

［224］Edmans A. The Link Between Job Satisfaction and Firm Value, With Implications for Corporate Social Responsibility ［J］. Academy of Management Perspectives, 2012, 26 (4): 1-19.

［225］Edwards T, Edwards P, Ferner A, et al. Multinational Companies and the Diffusion of Employment Practices from Outside the Country of Origin: Explaining Variation Across Firms ［J］. Management International Review, 2010, 50 (5): 613-634.

［226］El Ghoul S, Guedhami O, Kwok C, et al. Does Corporate Social Responsibility Effect Cost of Equity Capital? ［J］. Journal of Banking and Finance, 2011 (35): 2388-2406.

［227］Elfenbein D W, Fisman R, Mcmanus B. Charity as a Substitute for Reputation: Evidence from an Online Marketplace ［J］. Review of Economic Studies, 2012, 79 (4): 1441-1468.

［228］Eriksson K, Johanson J, Majkgard A, et al. Effect of Variation on Knowledge Accumulation in the Internationalization Process [J]. International Studies of Management and Organization, 2000, 30 (1): 26-44.

[229] Erkelens R, Van den Hooff B, Huysman M, et al. Learning from Locally Embedded Knowledge: Facilitating Organizational Learning in Geographically Dispersed Settings [J]. Global Strategy Journal, 2015, 5 (2): 177-197.

[230] Estrin S, Meyer K E, Nielsen B B, et al. Home Country Institutions and the Internationalization of State Owned Enterprises: A Cross-country Analysis [J]. Journal of world business, 2016, 51 (2): 294-307.

[231] Ferrell A, Liang H, Renneboog L. Socially Responsible Firms [J]. Journal of Financial Economics, 2016 (122): 585-606.

[232] Flammer C, Kacperczyk A. The Impact of Stakeholder Orientation on Innovation: Evidence from a Natural Experiment [J]. Management Science, 2016, 62 (7): 1982-2001.

[233] Flammer C, Luo J. Corporate Social Responsibility as an Employee Governance Tool: Evidence from a Quasi-experiment [J]. Strategic Management Journal, 2017, 38 (2): 163-183.

[234] Flammer C. Corporate Social Responsibility and Shareholder Reaction: The Environmental Awareness of Investors [J]. Academy of Management Journal, 2013, 56 (3): 758-781.

[235] Gainet C. Exploring the Impact of Legal Systems and Financial Structure on Corporate Responsibility [J]. Journal of Business Ethics, 2010, 95 (2): 195-222.

[236] Gardberg N A, Fombrun C J. Corporate Citizenship: Creating Intangible Assets across Institutional Environments [J]. Academy of Management Review, 2006, 31 (2): 329-346.

[237] Ge W, Liu M. Corporate Social Responsibility and the Cost of Corporate Bonds [J]. Journal of Accounting and Public Policy, 2015, 34 (6): 597-624.

[238] Godfrey P C. The Relationship between Corporate Philanthropy and Shareholder Wealth: A Risk Management Perspective [J]. Academy of Management Review, 2005, 30 (4): 777-798.

[239] Goss A, Roberts G S. The Impact of Corporate Social Responsibility on the

Cost of Bank Loans [J] . Journal of Banking and Finance, 2011, 35 (7): 1794-1810.

[240] Gregory A, Tharyan R, Whittaker J. Corporate Social Responsibility and Firm Value: Disaggregating the Effects on Cash Flow, Risk and Growth [J] . Journal of Business Ethics, 2014, 124 (4): 633-657.

[241] Gubbi S R, Aulakh P S, Ray S, et al. Do International Acquisitions by E-merging-economy Firms Create Shareholder Value? The Case of Indian firms [J] . Journal of International Business Studies, 2010, 41 (3): 397-418.

[242] Guillén M F, García-Canal E. The American Model of the Multinational Firm and the "New" Multinationals from Emerging Economies [J] . Academy of Management Perspectives, 2009, 23 (2): 23-35.

[243] Gumpert A, Hines J R, Schnitzer M. Multinational Firms and Tax Havens [J] . Review of Economics and Statistics, 2016, 98 (4): 713-727.

[244] Hah K, Freeman S. Multinational Enterprise Subsidiaries and their CSR: A Conceptual Framework of the Management of CSR in Smaller Emerging Economies [J] . Journal of Business Ethics, 2014, 122 (1): 125-136.

[245] Han B S, Park E K. Gaining Legitimacy in Foreign Markets: Corporate Social Responsibility and the Degree of Internationalization of Emerging Market Firms [J] . Journal of International Trade & Commerce, 2017, 13 (3): 29-49.

[246] Harjoto M, Laksmana I. The Impact of Corporate Social Responsibility on Risk Taking and Firm Value [J] . Journal of Business Ethics, 2018, 151 (2): 353-373.

[247] Harzing A. Acquisitions versus Greenfield Investments: International Strategy and Management of Entry Modes [J] . Strategic Management Journal, 2002, 23 (3): 211-228.

[248] Hazarika S, Karpoff J M, Nahata R. Internal Corporate Governance, CEO Turnover, and Earnings Management [J] . Journal of Financial Economics, 2012, 104 (1): 44-69.

[249] Hertenstein P, Sutherland D, Anderson J. Internationalization within Networks: Exploring the Relationship Between Inward and Outward FDI in China's Auto Components Industry [J] . Asia Pacific Journal of Management, 2017, 34 (1):

69-96.

[250] Hines J R. Treasure Islands [J]. Journal of Economic Perspectives, 2010, 24 (4): 103-126.

[251] Hitt M A, Tihanyi L, Miller T, et al. International Diversification: Antecedents, Outcomes, and Moderators [J]. Journal of Management, 2006, 32 (6): 831-867.

[252] Hong H, Kacperczyk M. The Price of Sin: The Effects of Social Norms on Markets [J]. Journal of Financial Economics, 2009 (93): 15-36.

[253] Hong J, Wang C, Kafouros M. The Role of the State in Explaining the Internationalization of Emerging Market Enterprises [J]. British Journal of Management, 2015, 26 (1): 45-62.

[254] Hope O K, Thomas W B. Managerial Empire Building and Firm Disclosure [J]. Journal of Accounting Research, 2008, 46 (3): 591-626.

[255] Hsu C W, Lien Y C, Chen H. International Ambidexterity and Firm Performance in Small Emerging Economies [J]. Journal of World Business, 2013, 48 (1): 58-67.

[256] Hsu F J, Chen Y C. Is a Firm's Financial Risk Associated with Corporate Social Responsibility? [J]. Management Decision, 2015, 53 (9): 2175-2199.

[257] Hurst L. Comparative Analysis of the Determinants of China's State-owned Outward Direct Investment in OECD and Non-OECD Countries [J]. China & World Economy, 2011, 19 (4): 74-91.

[258] Hussain W, Moriarty J. Accountable to Whom? Rethinking the Role of Corporations in Political CSR [J]. Journal of Business Ethics, 2018, 149 (3): 1-16.

[259] Hymer S H. International Operations of National Firms: A Study of Direct Foreign Investment [D]. Doctoral Dissertation of Massachusetts Institute of Technology, 1960.

[260] Jensen R, Szulanski G. Stickiness and the Adaptation of Organizational Practices in Cross-Border Knowledge Transfers [J]. Journal of International Business Studies, 2004, 35 (6): 508-523.

[261] Johanson J, Vahlne J E. Markets as Networks: Implications for Strategy-

making [J] . Journal of the Academy of Marketing Science, 2011, 39 (4): 484-491.

[262] Johanson J, Vahlne J E. The Uppsala Internationalization Process Model Revisited: From Liability of Foreignness to Liability of Outsidership [J] . Journal of International Business Studies, 2009, 40 (9): 1411-1431.

[263] Johnson R A, Greening D W. The Effects of Corporate Governance and Institutional Ownership Types on Corporate Social Performance [J] . Academy of Management Journal, 1999, 42 (5): 564-576.

[264] Johnson S, Porta R L, Lopez – de – Silanes, Shleifer A. Tunneling [J] . American Economic Review, 2000, 90 (2): 22-27.

[265] Jones D A, Willness C R, Madey S. Why Are Job Seekers Attracted by Corporate Social Performance? Experimental and Field Tests of Three Signal – Based Mechanisms [J] . Academy of Management Journal, 2014, 57 (2): 383-404.

[266] Jordan B D, Kim S, Liu M H. Growth Opportunities, Short–term Market Pressure, and Dual–class Share Structure [J] . Journal of Corporate Finance, 2016 (41): 304-328.

[267] Kafouros M I, Buckley P J, Clegg J. The Effects of Global Knowledge Reservoirs on the Productivity of Multinational Enterprises: The Role of International Depth and Breadth [J] . Research Policy, 2012, 41 (5): 848-861.

[268] Kang J. The Relationship between Corporate Diversification and Corporate Social Performance [J] . Strategic Management Journal, 2013, 34 (1): 94-109.

[269] Katila R, Ahuja G. Something Old, Something New: A Longitudinal Study of Search Behavior and New Product Introduction [J] . Academy of Management Journal, 2002, 45 (6): 1183-1194.

[270] Kim H, Kim H, Hoskisson R E. Does Market – oriented Institutional Change in an Emerging Economy Make Business–group–affiliated Multinationals Perform Better? An Institution–based View [J] . Journal of International Business Studies, 2010, 41 (7): 1141-1160.

[271] Kirca A H, Fernandez W D, Kundu S K. An Empirical Analysis and Extension of Internalization Theory in Emerging Markets: The Role of Firm–specific Assets and Asset Dispersion in the Multinationality–performance Relationship [J] . Journal of

World Business, 2016, 51（4）：628-640.

［272］Kogut B, Zander U. Knowledge of the Firm, Combinative Capabilities, and the Replication of Technology ［J］. Organization Science, 1992（3）：383-397.

［273］Kostova T, Zaheer S. Organizational Legitimacy under Conditions of Complexity：The Case of the Multinational Enterprise ［J］. Academy of Management Review, 1999（1）：64-81.

［274］Kotabe M, Dunlap-Hinkler D, Parente R, et al. Determinants of Cross-national Knowledge Transfer and its Effect on Firm Innovation ［J］. Journal of International Business Studies, 2007, 38（2）：259-282.

［275］Jain N K, Prakash P. Multinationality and Performance ［J］. International Studies of Management & Organization, 2016, 46（1）：35-49.

［276］Lall S. The New Multinationals：The Spread of Third World Enterprises ［M］. New York：John Wiley and Sons, 1983.

［277］Lang M H, Lins K V, Miller D P. ADRs, Analysts, and Accuracy：Does Cross Listing in the United States Improve a Firm's Information Environment and Increase Market Value? ［J］. Journal of Accounting Research, 2003（2）：317-345.

［278］Larkin Y. Brand Perception, Cash Flow Stability, and Financial Policy ［J］. Journal of Financial Economics, 2013, 110（1）：232-253.

［279］Lee S H, Makhija M. Flexibility in Internationalization：Is it Valuable during an Economic Crisis? ［J］. Strategic Management Journal, 2009, 30（5）：537-555.

［280］Li D, Xin L, Chen X, et al. Corporate Social Responsibility, Media Attention and Firm Value：Empirical Research on Chinese Manufacturing Firms ［J］. Quality & Quantity, 2017, 51（4）：1563-1577.

［281］Li H, Atuahene-Gima K. The Adoption of Agency Business Activity, Product Innovation, and Performance in Chinese Technology Ventures ［J］. Strategic Management Journal, 2002, 23（6）：469-490.

［282］Li S, Qiu J, Wan C. Corporate Globalization and Bank Lending ［J］. Journal of International Business Studies, 2011（42）：1016-1042.

［283］Li S, Song X, Wu H. Political Connection, Ownership Structure, and Corporate Philanthropy in China：A Strategic-Political Perspective ［J］. Journal of

Business Ethics, 2015, 129 (2): 399-411.

[284] Li S, Tallman S. MNC Strategies, Exogenous Shocks, and Performance Outcomes [J]. Strategic Management Journal, 2011, 32 (10): 1119-1127.

[285] Li T, Zaiats N. Corporate Governance and Firm Value at Dual Class Firms [J]. Review of Financial Economics, 2017, 36 (1): 47-71.

[286] Li Y H, Foo C T. A Sociological Theory of Corporate Finance Societal Responsibility and Cost of Equity in China [J]. Chinese Management Studies, 2015, 9 (3): 269-294.

[287] Liu H, Luo J H, Cui V. The Impact of Internationalization on Home Country Charitable Donation: Evidence from Chinese Firms [J]. Management International Review, 2018, 58 (2): 313-335.

[288] Lord M D, Ranft A L. Organizational Learning about New International Markets: Exploring the Internal Transfer of Local Market Knowledge [J]. Journal of International Business Studies, 2000, 31 (4): 573-589.

[289] Lu J W, Beamish P W. International Diversification and Firm Performance: The S-curve Hypothesis [J]. Academy of Management Journal, 2004, 47 (4): 598-609.

[290] Luo Y D, Tung R L. International Expansion of Emerging Market Enterprises: A Springboard Perspective [J]. Journal of International Business Studies, 2007, 38 (4): 481-498.

[291] Ma H Y, Zeng S X, Shen Q P. International Diversification and Corporate Social Responsibility: An Empirical Study of Chinese Contractors [J]. Management Decision, 2016, 54 (3): 750-774.

[292] Madhok A, Keyhani M. Acquisitions as Entrepreneurship: Asymmetries, Opportunities, and the Internationalization of Multinationals from Emerging Economies [J]. Global Strategy Journal, 2012, 2 (1): 26-40.

[293] Manner M H. The Impact of CEO Characteristics on Corporate Social Performance [J]. Journal of Business Ethics, 2010, 93 (1): 53-72.

[294] Marano V J, Arregle M, Hitt E, et al. Home Country Institutions and the Internationalization-performance Relationship [J]. Journal of Management, 2016, 42 (5): 1075-1110.

［295］ Martin J D, Sayrak A. Corporate Diversification and Shareholder Value: A Survey of Recent Literature ［J］. Journal of Corporate Finance, 2003, 9 (1): 37-57.

［296］ Martin P R, Moser D V. Managers' Green Investment Disclosures and Investors' Reaction ［J］. Journal of Accounting & Economics, 2016, 61 (1): 239-254.

［297］ Martynova M, Renneboog L. Spillover of Corporate Governance Standards in Cross-border Mergers and Acquisitions ［J］. Journal of Corporate Finance, 2008, 14 (3): 200-223.

［298］ Mathews J A. Competitive Advantages of the Latecomer Firm: A Resource-Based Account of Industrial Catch-Up Strategies ［J］. Asia Pacific Journal of Management, 2002, 19 (4): 467-488.

［299］ Mathews J A. Dragon Multinationals: New Players in 21st Century Globalization ［J］. Asia Pacific Journal of Management, 2006, 23 (1): 5-27.

［300］ Mathews J A. Dragon Multinationals Powered by Linkage, Leverage and Learning: A Review and Development ［J］. Asia Pacific Journal of Management, 2017, 34 (4): 769-775.

［301］ Matysiak L, Bausch A. Antecedents of MNE Performance: Blinded by the Obvious in 35 Years of Literature ［J］. Multinational Business Review, 2012, 20 (2): 178-211.

［302］ Mauri A J, Lin J, Figueiredo J N D. The Influence of Strategic Patterns of Internationalization on the Accuracy and Bias of Earnings Forecasts by Financial Analysts ［J］. International Business Review, 2013, 22 (4): 725-735.

［303］ McWilliams A, Siegel D S. Creating and Capturing Value Strategic Corporate Social Responsibility, Resource-Based Theory, and Sustainable Competitive Advantage ［J］. Journal of Management, 2011, 37 (5): 1480-1495.

［304］ McWilliams A, Siegel D. Corporate Social Responsibility: A Theory of the Firm Perspective ［J］. Academy of Management Review, 2001 (28): 117-127.

［305］ McWilliams A, Siegel D. Corporate Social Responsibility and Financial Performance: Correlation or Misspecification? ［J］. Strategic Management Journal, 2000, 21 (5): 603-609.

［306］Meyer K E, Thaijongrak O. The Dynamics of Emerging Economy MNEs: How the Internationalization Process Model Can Guide Future Research ［J］. Asia Pacific Journal of Management, 2013, 30（4）: 1125-1153.

［307］Modi S B, MishraS. What Drives Financial Performance: Resource Efficiency or Resource Slack? Evidence from U. S. Based Manufacturing Firms from 1991 to 2006 ［J］. Journal of Operations Management, 2011, 29（3）: 254-273.

［308］Musteen M, Datta D K, Francis J. Early Internationalization by Firms in Transition Economies into Developed Markets: The Role of International Networks ［J］. Global Strategy Journal, 2014, 4（3）: 221-237.

［309］Nam K M, Li X. Out of Passivity: Potential Role of OFDI in IFDI-based Learning Trajectory ［J］. Industrial and Corporate Change, 2013, 22（3）: 711-743.

［310］Narula R, Dunning J H. Multinational Enterprises, Development and Globalisation: Some Clarifications and a Research Agenda ［J］. Oxford Development Studies, 2010, 38（3）: 263-287.

［311］Park J, Lee H, Kim C. Corporate Social Responsibilities, Consumer Trust and Corporate Reputation: South Korean Consumers' Perspectives ［J］. Journal of Business Research, 2014（67）: 295-302.

［312］Penner-Hahn J, Shaver J M. Does International Research and Development Increase Patent Output? An Analysis of Japanese Pharmaceutical Firms ［J］. Strategic Management Journal, 2005, 26（2）: 121-140.

［313］Persson M. The Impact of Operational Structure, Lateral Integrative Mechanisms and Control Mechanisms on Intra-MNE Knowledge Transfer ［J］. International Business Review, 2006, 15（5）: 547-569.

［314］Petersen M A. Estimating Standard Errors in Finance Panel Data Sets: Comparing Approaches ［J］. Review of Financial Studies, 2009, 22（1）: 435-480.

［315］Powell S K. From M-P to MA-P: Multinationality Alignment and Performance ［J］. Journal of International Business Studies, 2014, 45（2）: 211-226.

［316］Prange C, Pinho J C. How Personal and Organizational Drivers Impact on SME International Performance: The Mediating Role of Organizational Innovation ［J］. International Business Review, 2017, 26（6）: 1114-1123.

［317］ Prashantham S, Dhanaraj C. MNE Ties and New Venture Internationaliza-tion: Exploratory Insights fromIndia ［J］. Asia Pacific Journal of Management, 2015, 32 (4): 901-924.

［318］ Rabbiosi L, Elia S, Bertoni F. Acquisitions by EMNCs in Developed Mar-kets: An Organisational Learning Perspective ［J］. Management International Review, 2012, 52 (2): 193-212.

［319］ Ramasamy B, Yeung M, Laforet S. China's Outward Foreign Direct In-vestment: Location Choice and Firm Ownership ［J］. Journal of World Business, 2012, 47 (1): 17-25.

［320］ Salomon R, Martin X. Learning, Knowledge Transfer, and Technology Im-plementation Performance: A Study of Time-to-Build in the Global Semiconductor In-dustry ［J］. Management Science, 2008 (54): 1266-1280.

［321］ Sanna-Randaccio F, Veugelers R. Multinational Knowledge Spillovers with Decentralised R&D: A Game-theoretic Approach ［J］. Journal of International Business Studies, 2007, 38 (1): 47-63.

［322］ Santos J, Doz Y, Williamson P. Is Your Innovation Process Global? ［J］. MIT Sloan Management Review, 2004, 45 (4): 31-37.

［323］ Simerly R L, Li M F. Environmental Dynamism, Capital Structure and Performance: A Theoretical Integration and an Empirical Test ［J］. Strategic Manage-ment Journal, 2000, 21 (1): 31-49.

［324］ Siotis G. Foreign Direct Investment Strategies and Firms' Capabilities ［J］. Journal of Economics and Management Strategy, 1999, 8 (2): 215-270.

［325］ Soana M G. The Relationship Between Corporate Social Performance and Corporate Financial Performance in the BankingSector ［J］. Journal of Business Eth-ics, 2011, 104 (1): 133-148.

［326］ Srinivasan R, Haunschild P, Grewal R. Vicarious Learning in New Prod-uct Introductions in the Early Years of a Converging Market ［J］. Management Sci-ence, 2007, 53 (1): 16-28.

［327］ Strike V M, Gao J, Bansal P. Being Good While Being Bad: Social Re-sponsibility and the International Diversification of US Firms ［J］. Journal of Interna-tional Business Studies, 2006, 37 (6): 850-862.

［328］Svensson G. A Conceptual Framework for the Analysis of Vulnerability in Supply Chains［J］. International Journal of Physical Distribution & Logistics Management, 2013, 30（9）: 731-750.

［329］Tian X, Wang T Y. Tolerance for Failure and Corporate Innovation［J］. Review of Financial Studies, 2014, 27（1）: 211-255.

［330］Torugsa N, O'Donohue W, Hecker R. Capabilities, Proactive CSR and Financial Performance in SMEs: Empirical Evidence from an Australian Manufacturing Industry Sector［J］. Journal of Business Ethics, 2012, 109（4）: 483-500.

［331］Vermeulen F, Barkema H. Pace, Rhythm, and Scope: Process Dependence in Building a Profitable Multinational Corporation［J］. Strategic Management Journal, 2002, 23（7）: 637-653.

［332］Vilanova M, Lozano J M, Arenas D. Exploring the Nature of the Relationship Between CSR and Competitiveness［J］. Journal of Business Ethics, 2009, 87（1）: 57-69.

［333］Walcott S. Capitalist China Comes to the Southeastern United States: Localizing Foreign Direct Investment in the Carolinas and Georgia［J］. Southeastern Geographer, 2014, 54（3）: 291-307.

［334］Wan W P, Hoskisson R E. Home Country Environments, Corporate Diversification Strategies and Firm Performance［J］. Academy of Management Journal, 2003（46）: 27-45.

［335］Wang C, Yi J, Kafouros M, et al. Under What Investortutional Conditions Do Business Groups Enhance Innovation Performance?［J］. Journal of Business Research, 2015, 68（3）: 694-702.

［336］Wartick S L, Cochran P L. The Evolution of the Corporate Social Performance Model［J］. Academy of Management Review, 1985, 10（4）: 758-769.

［337］Wells L T. The Internationalization of Firms from Developing Countries［M］//Tamir Agmon, Charles P K. Multinationals from Small Countries. Massachusetts: MIT Press, 1977.

［338］Wood D J, Jones R E. Stakeholder Mismatching: A Theoretical Problem in Empirical Research on Corporate Social Performance［J］. International Journal of Organizational Analysis, 1995（3）: 229-267.

［339］Von Zedtwitz M, Gassmann O. Market Versus Technology Drive in R&D Internationalization: Four Different Patterns of Managing Research and Development ［J］. Research Policy, 2002, 31 (4): 569-588.

［340］Xu S, Liu D, Huang J. Corporate Social Responsibility, the Cost of Equity Capital and Ownership Structure: An Analysis of Chinese Listed Firms ［J］. Australian Journal of Management, 2015, 40 (2): 245-276.

［341］Xu S, Liu D. Corporate Social Responsibility (CSR) and Corporate Diversification: Do Diversified Production Firms Invest More in CSR? ［J］. Applied Economics Letters, 2017, 24 (4): 254-257.

［342］Yang X, Rivers C. Antecedents of CSR Practices in MNCs' Subsidiaries: A Stakeholder and Institutional Perspective ［J］. Journal of Business Ethics, 2009, 86 (2): 155-169.

［343］Yang X, Stoltenberg C D. A Review of Investortutional Influences on the Rise of Made-in-China Multinationals ［J］. International Journal of Emerging Markets, 2014, 9 (2): 162-180.

［344］Zaheer S, Nachum L. Sense of Place: From Location Resources to MNE Locational Capital ［J］. Global Strategy Journal, 2011, 1 (1-2): 96-108.

［345］Zahra S A, George G. Absorptive Capacity: A Review, Reconceptualization, and Extension ［J］. Academy of Management Review, 2002, 27 (2): 185-203.

［346］Zeng K, Eastin J. Do Developing Countries Invest Up? The Environmental Effects of Foreign Direct Investment from Less-Developed Countries ［J］. World Development, 2012, 40 (11): 2221-2233.

［347］Zeng S X, Ma H Y, Lin H, et al. Social Responsibility of Major Infrastructure Projects in China ［J］. International Journal of Project Management, 2015, 33 (3): 537-548.

［348］Zhang J, Zhou C, Ebbers H. Completion of Chinese Overseas Acquisitions: Investortutional Perspectives and Evidence ［J］. International Business Review, 2011, 20 (2): 226-238.

［349］Zhang Y, Li H. Innovation Search of New Ventures in a Technology Cluster: The Role of Ties with Service Intermediaries ［J］. Strategic Management Journal,

2010, 31 (1): 88-109.

[350] Zhao H Y, Zhang F H, Kwon J. Corporate Social Responsibility Research in International Business Journals: An Author Co-Citation Analysis [J]. International Business Review, 2018, 27 (2): 389-400.

[351] Zou H, Ghauri P N. Learning through International Acquisitions: The Process of Knowledge Acquisition in China [J]. Management International Review, 2008, 48 (2): 207-226.